両界曼荼羅の源流

田中公明
Tanaka Kimiaki

春秋社

胎蔵界曼荼羅［染川英輔筆、観蔵院曼荼羅美術館所蔵］

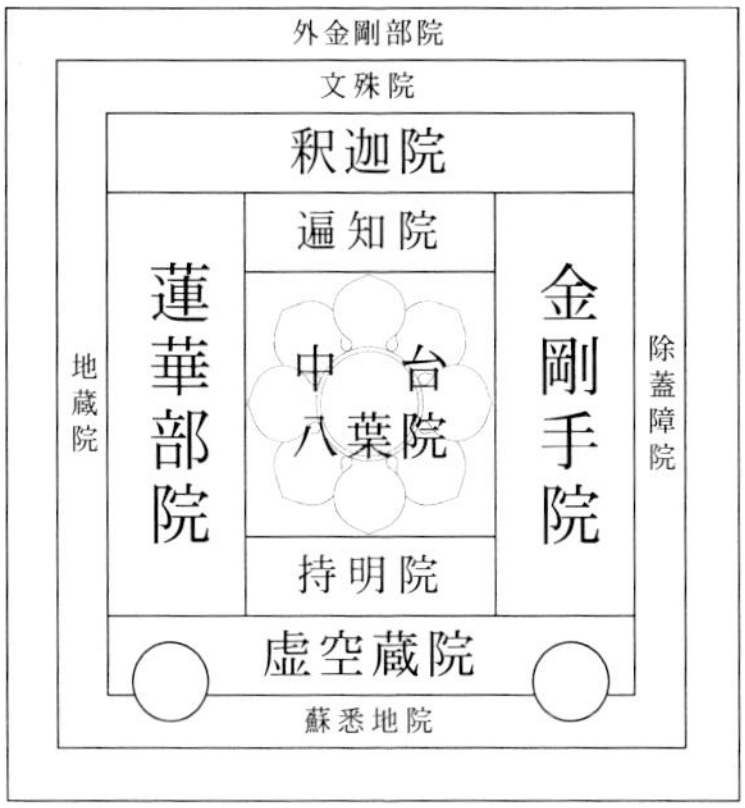

金剛界曼荼羅［染川英輔筆、観蔵院曼荼羅美術館所蔵］

四印会	一印会	理趣会
供養会	成身会	降三世会
微細会	三昧耶会	降三世三昧耶会

はじめに

二〇二三年に、真言宗が立教開宗一二〇〇年を迎えることもあって、最近は各地で密教に関する展覧会やイベントが行われている。平安時代には入唐八家《にっとうはっけ》と呼ばれる留学僧が唐から仏教を伝えたが、その中でも空海の請来したものは質量ともに群を抜いている。そのため空海以後の入唐僧は、あたかも落ち穂拾いのように、空海が伝えなかった教法や資料を争って求めなければならなかったほどである。

そして両界曼荼羅は、空海が唐から請来した文化財の中でも、もっとも重要なものといえる。それは真言密教の根本聖典である『大日経』と『金剛頂経』に基づき、二つの画面で密教の世界観を図示した宗教美術に他ならない。

曼荼羅とは何かを、簡単に定義することは難しい。しかし著者は「仏教で信仰される尊格《そんかく》（仏神）を、一定の幾何学的パターンに配置することで、仏教の世界観を表したもの」と答えることにしている。

しかし両界曼荼羅のような幾何学的パターンをもつ曼荼羅は、一日して成ったものではない。

また幾何学的パターンで思想が表現できるのは、そこに配置される尊格に、さまざまの教理概念が当てはめられているからに他ならない。そしてこのような象徴体系は、インドにおける仏教思想と美術の展開とともに、しだいに形成されてきた。古代から礼拝像に見られた三尊形式は、曼荼羅の原初形態へと発展し、鳥瞰的な風景描写を伴った礼拝用仏画から、幾何学的なパターンをもった曼荼羅が出現したのである。

『大日経』に説かれる胎蔵界曼荼羅は、三尊形式から発展した曼荼羅が、さまざまな試行錯誤を経てたどり着いた最終的到達点である。そして本書第一部では、複雑な構造をもつ胎蔵界曼荼羅が、原始的な叙景曼荼羅から、どのようにして発展したのかを解明する。

これに対して金剛界曼荼羅は、従来にない五元論の体系を導入した、新しい曼荼羅の革命的出発点ともいうべきものであった。

金剛界曼荼羅を説く『金剛頂経』は真言八祖の一人、龍猛《りゅうみょう》（ナーガールジュナ）が南天鉄塔で感得《かんとく》、つまり霊感によって発見したものといわれる。南天鉄塔については、古来から種々の説が唱えられてきたが、高野山の密教学を近代化した栂尾祥雲《とがのおしょううん》は『秘密仏教史』において、南天鉄塔のモデルは、南インドのクリシュナ河（キストナ河ともいう）流域にあるアマラーヴァティー大塔であるとの説を唱えた。

しかし南天鉄塔のモデルとされたアマラーヴァティー大塔は、アショーカ王時代に遡りうる仏塔で、現在の規模となったのは、八宗の祖とされる龍樹（ナーガールジュナ）が活躍した二〜三世紀頃とされている。したがってアマラーヴァティー大塔が、当初から曼荼羅的な構造をもっていたとは考えられない。

それならば、密教が現れるはるか以前に成立したアマラーヴァティーの大塔が、なぜ『金剛頂経』系密教の発祥地とされるようになったのか、また石灰石のプレートで覆われた仏塔が、なぜ鉄塔と伝えられたのだろうか？

本書第二部では、胎蔵曼荼羅のような三部立ての曼荼羅から、どのようにして五元論を特徴とする金剛界曼荼羅が成立したのかを明らかにし、南天鉄塔の謎を解明する。

さらに本書の第三部では、日本に伝播した両界曼荼羅の後日譚、第四部では、インドで金剛界の系統がさらに発展した後期密教の曼荼羅を紹介する。

なおチベットに伝えられる後期密教の曼荼羅については、著者はすでに『曼荼羅イコノロジー』（平河出版社）で詳しく紹介している。同著は現在も版を重ねているので、本書では重複を避け、両界曼荼羅に関するトピックのみを概観するにとどめた。

このように本書は、両界曼荼羅を空海が請来した完成態から見るのではなく、仏教の故国インドに、その原形が現れてから、現在の姿になるまでのプロセスを、最新の発掘成果や文献研究に基づいて解明することを目的としている。本書のタイトルを『両界曼荼羅の源流』としたのは、そのためである。

著者が前著『両界曼荼羅の誕生』（春秋社）を刊行してから一五年あまり、世界の曼荼羅研究は、長足の進歩を遂げた。またデジタルカメラの普及によって、われわれ研究者が、厖大な画像データを蓄積することが可能になった。これらに加え、著者が講義・講演のために制作した図表などの資料を活用し、前著の至らなかった点を補い、本書のみで曼荼羅に関する高度な知識が身につく本づくりを目指した。そして全編のハイライトともいうべき南天鉄塔と金剛界曼荼羅の関係については、全巻を通じて提示してきた事実が、最終的に一つの結論に収束するように配慮した。

曼荼羅は現在、世界の知識人の注目を集めている。しかし欧米でマンダラといった場合は、両界曼荼羅に代表される中国・日本密教の曼荼羅ではなく、チベット仏教系の曼荼羅を指すことが多い。かくいう著者も、一般にはチベットの曼荼羅の専門家のようにいわれているが、本書ではあえて、チベット系の資料については最小限の言及に止めた。

それを創りあげた空海の師、恵果《けいか》が、この事実を知っていたかは定かではないが、両界曼荼羅は、初期密教からの曼荼羅発展の総決算ともいうべき胎蔵界と、後期密教への革命的出発点になった金剛界の二つからなっている。したがって、この二つの曼荼羅は、日本だけでなくインド密教の歴史上も、きわめて重要な意味をもっている。したがって欧米の研究者が、この二つの曼荼羅を軽視するのは、過小評価の謗りを免れない。空海が真言宗を開いて一二〇〇年となるいま、本書の刊行が、その意義を再評価する一助になれば幸いである。

両界曼荼羅の源流　目次

第1部　胎蔵曼荼羅

第3部　曼荼羅の日本的展開

エピローグ

本書は『両界曼荼羅の誕生』（二〇〇四年刊）を大幅に改訂、増補したものである。

両界曼荼羅の源流

プロローグ

第一章　両界曼荼羅の伝播

1　青龍寺の出会い

今を去ること一二〇〇年ほど前の八〇五年八月上旬頃、唐の都長安の東南にあった青龍寺《せいりょうじ》で、後の弘法大師空海は、中国密教の第一人者であった恵果阿闍梨《けいかあじゃり》から、阿闍梨位の伝法灌頂《でんぽうかんじょう》を受けた（写真1）。長安の西明寺にいた空海が、同じ寺に住んでいた数名の僧侶とともに恵果を訪ねたとき、彼は「われ先きより、汝の来れるを知り、相待つこと久し。今日、相まみゆるは、大いに好し大いに好し。報命《ほうみょう》つきなんとするに、付法する人なし。必ずすべからく速かに香花《こうげ》を弁じ、灌頂壇に入るべし」（『御請来目録』）と語った。

恵果は時に六〇歳、死期の近いことを悟って、この異国からの留学生に日本への密教開教を託したのである。そして空海は、わずか三カ月ばかりの間に、恵果の伝えていた『大日経』と『金剛頂経』系の密教のすべてを伝授されたのであった。

通常、密教の学習には数年を要するのが常である。とくに密教を弟子に授けることができる阿闍梨位の伝法灌頂は、よく弟子の資質を見きわめ、器量のない者には授けてはならないとされていた。恵果の数多い高弟の中でも、伝法灌頂を受けたのは、わずか六人であったことからも、恵果が空海に与えた待遇が、いかに破格のものだったがわかる。

そしてこの出会いは、日本密教だけでなく、中国密教の歴史上も重要な事件となった。中国の密教は、その後の廃仏によって衰え、恵果の法系も断絶するに至ったからである。現在、中国本土には、いくつかの密教教団が残存しているが、それらは元《げん》以後に伝来したチベット密教(蔵密)と、近代に日本から逆輸入された真言密教(東密)のみである。したがって青龍寺の出会いがなかったら、かつての中国密教は地を掃うに至っていたのである。

さらに恵果は、李真らの画工を招いて、曼荼羅や密教の歴代祖師の影《えい》(肖像)を描かせ、空海に与えた。このうち真言七祖像(五点)は、今も東寺に伝存しているが、国宝に指定されていることからもわかるように、唐でも一級の作品だったのである。また五点の曼荼羅の中には、大毗盧遮那大悲胎蔵曼荼羅(胎蔵界曼荼羅)と金剛界九会曼荼羅が含まれていた。

この二つは、真言密教の根本聖典『大日経』(胎蔵)と『金剛頂経』(金剛界)に説かれる曼荼羅で、ともに一丈六尺(四・八メートル)の法量をもち、当初から一具として製作されたことがわかる。そしてこの二つの曼荼羅こそ、インドから伝えられた文献と図像を参照しながら、

写真１：青龍寺恵果空海記念堂

恵果が心血を注いで作り上げたものだったのである。

　恵果から空海に与えられたこの二つの曼茶羅は、正しくは「両部曼茶羅」というが、天台密教を大成した五大院安然《ごだいいんあんねん》によって、「両界曼茶羅」と呼ばれるようになった。そのため真言宗の学者は、現在でも両部曼茶羅の名を用いることが多いが、現在では美術史家の間で、両界曼茶羅が広く用いられ、文化財の指定もこの名称で行われているので、本書でもこれからは、両界曼茶羅の呼称を用いることにしたい。

　また本書では、恵果によって両界曼茶羅に組み入れられる前の胎蔵曼茶羅については、「界」の字を付けず、単に「胎蔵曼茶羅」と呼ぶことにする。胎蔵界の「界」は、両界曼茶羅の呼称が定着してから、金剛界にならって付けられたからである。

また両界曼荼羅のうち、現行の胎蔵界曼荼羅は「現図《げんず》曼荼羅」、現行の金剛界曼荼羅は「九《く》会《え》曼荼羅」と呼ぶのが正しい。最近は美術史家の間で、九会曼荼羅まで「現図」と呼ぶ例があるが、本書ではこのような呼び方はしない。

残念ながら李真の描いた原本は、空海の晩年には、すでに破損、剥落が著しく、使用に耐えなくなってしまった。そこで八二一年には最初の転写本（弘仁本）が作られ、現在東寺で使用されているのは、五代目の転写本にあたる元禄本である。

またその図像は、平安時代から広く研究され、日本の仏教図像の根本として尊重されつづけた。さらに空海は、種々の著作を通じて、両界曼荼羅に哲学的解釈をほどこし、密教の思想体系を樹立した。

しかし日本には、恵果によって完成の域に達した曼荼羅だけが伝えられたため、現行の両界曼荼羅と同じものが、かつてはインドにも存在したかのように思われてきた。これに対して両界曼荼羅、とくに現図胎蔵界曼荼羅が、中国に伝えられた諸資料を参照しつつ、さまざまの試行錯誤を経て成立したことを明らかにしたのが、石田尚豊（一九二二〜二〇一六）博士である。

しかし石田博士の研究も、両界曼荼羅の原形が形成されたインドにまでは及んでいない。

石田博士が現図曼荼羅の成立過程を解明してから四〇年ほどの間に、インドにおける仏教遺跡の発掘は大きく進展した。残念ながらインドの考古学者は、日本密教の源流であるインド中期密教については、十分な知識をもっていなかった。しかし種智院、高野山、嵯峨美術短大など、真言系大学の研究者が発掘現場を調査したところ、両界曼荼羅の源流をなすインド密教美術がつぎつぎと発見、同定されるようになった。そしてこのような知見の拡大は、現在もなお進行中である。

本書は両界曼荼羅を、その完成態から見るのではなく、仏教の故国インドに、その原形が現れてから、現在のすがたになるまでのプロセスを、最新の発掘成果や文献研究に基づいて解明することを目的としている。本書のタイトルを『両界曼荼羅の源流』としたのは、そのためである。

2　真言八祖と両界曼荼羅の伝持

真言密教は、大日如来の説法を金剛薩埵《こんごうさった》が結集し、南天鉄塔《なんてんてっとう》つまり南インドの鉄塔に秘匿したものといわれる。そしてこの教えは、真言八祖（伝持）の第一祖とされる龍猛《りゅうみょう》（ナーガールジュナ）によって南天鉄塔で感得《かんとく》、つまり霊感によって発見されたと伝えられる。

龍猛（ナーガールジュナ）は、二〜三世紀に活躍し「八宗の祖」と呼ばれた大乗仏教の思想家、龍樹（ナーガールジュナ）と同名であるが、歴史的には六〜七世紀に活躍し、金剛智《こんごうち》（ヴアジュラボーディ）に『金剛頂経』を伝えた龍智《りゅうち》（ナーガボーディ）の師匠と考えられる。

ところが真言密教の伝承では、この二人のナーガールジュナを同一人物とし、二～三世紀のナーガールジュナと八世紀の金剛智の間をうめるため、龍智が七〇〇年の長寿を保ったことになっている（次頁図）。

いっぽう『大日経』系の密教は、達磨掬多《だるまきくた》から善無畏《ぜんむい》（シュバーカラシンハ）に伝えられたとされるが、後の真言密教では達磨掬多と龍智を同一視するようになった。

善無畏は七一六年に唐の長安に到着し、禅と天台の学者であった一行《いちぎょう》とともに『大日経』を訳出した。そして善無畏による『大日経』の講義を一行が筆記したのが、『大日経疏《しょ》』である。一行は「大衍暦《たいえんれき》」を編集するなど、当代一流の文化人であったが、惜しくも師の善無畏より先に没した。

いっぽう金剛智は、善無畏に遅れること三年の七一九年に、海路で唐の広州に到着し、『金剛頂経』系の密教を、はじめて中国に紹介した。しかし金剛智の伝えた『金剛頂経』系の密教は、まだ完全なものではなかった。そこで金剛智の弟子、不空《ふくう》（アモーガヴァジュラ）は、師の没後、インドに渡って『金剛頂経』系の密教を学び、七四六年に帰国した。

その後、安史の乱が起こると、不空は反乱鎮圧のために祈祷を行い、唐帝室の絶大な信頼を得るようになった。そして彼は、インドから持ち帰った厖大な密教聖典を翻訳し、鳩摩羅什《くまらじゅう》、

真言八祖

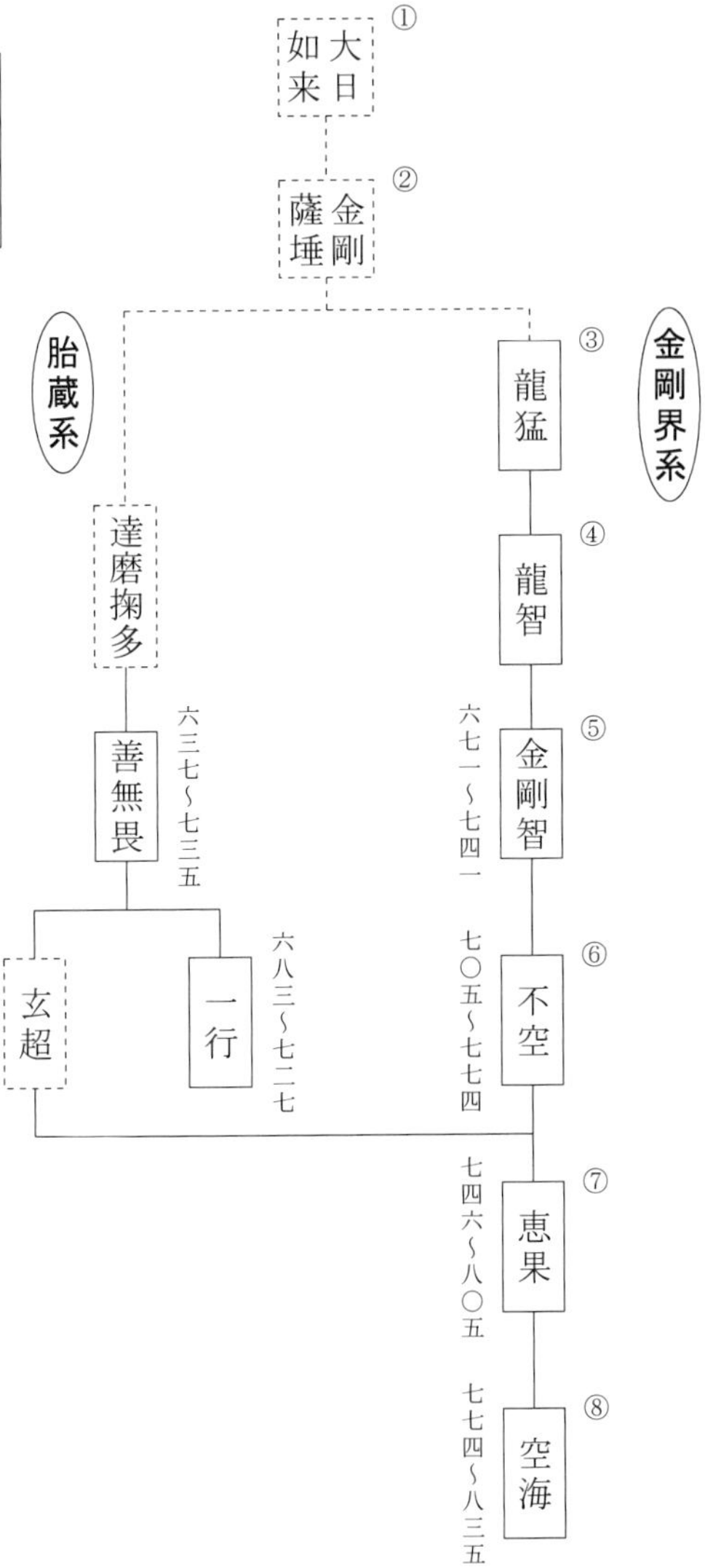
①大日如来
②金剛薩埵
胎蔵系
金剛界系
③龍猛
④龍智
⑤金剛智
六七一～七四一
⑥不空
七〇五～七七四
⑦恵果
七四六～八〇五
⑧空海
七七四～八三五
達磨掬多
善無畏
六三七～七三五
玄超
一行
六八三～七二七

真諦《しんだい》、玄奘《げんじょう》とともに、中国の四大訳経家の一人に数えられた。中国密教は、彼の時代に最盛期を迎えたといっても過言ではない。

なお真言宗では、空海を不空の生まれ変わりと考えている。不空が没した七七四年に、空海が誕生したからである。現在でも真言宗では、六月一五日を空海の誕生日として、青葉祭を祝っているが、空海の誕生日は、いかなる史料にも記録されていない。そこで不空の命日である六月一五日を、空海の誕生日としたのである。

そして空海の師、恵果はこの不空の六大弟子の一人で、不空から『金剛頂経』を、また善無畏の弟子、玄超から『大日経』を相承し、この二つの体系を統合して両部曼荼羅を作り上げた。

恵果は不空の没後、代宗、徳宗、順宗と三代の皇帝の帰依を受け、「三朝の国師」と称されていた。この恵果から、空海が破格の待遇を受けたことは、前節で見た通りである。

そこで日本真言宗では、『金剛頂経』を伝えた大日如来・金剛薩埵・龍猛・龍智・金剛智・不空・恵果・空海を「付法の八祖」、これから歴史上の人物ではない大日如来と金剛薩埵を除き、『大日経』系の善無畏と一行を加えた八名を、「伝持の八祖」と呼んでいる。

3 天台密教の相承系譜

いっぽう空海と同じ第一六回遣唐使の第二船で唐に渡った最澄は、天台宗の祖山であった天台山に登り、中国天台の第七祖、行満《ぎょうまん》と道邃《どうすい》から天台の付法を受けた。これで留学の主な目的は達せられたが、日本への帰途、越州で順暁《じゅんぎょう》から密教の教えも承けた（次頁図）。

順暁は善無畏の孫弟子に当たるので、最澄の受けた密教も『大日経』系ではないかと推測されていた。ところが京都の青蓮院《しょうれんいん》に伝来した金剛界曼荼羅諸尊図様は、最澄が順暁から承けた金剛界曼荼羅の図像であり、金剛智・不空系とは別系統であることが判明した。

空海より先に帰朝した最澄は、密教を伝えたことが評判となり、高雄山に日本最初の曼荼羅壇を築いて灌頂を授けたが、このとき製作されたのも金剛界曼荼羅と思われる。このようなことから考えて、最澄は胎蔵よりも金剛界を得意としていたようである。

ところが八〇六年に、長安で密教を学んだ空海が帰朝すると、最澄は、自らの伝えた密教が不十分なものであることを思い知らされた。そこで最澄は、八一二年に高雄山で空海から灌頂を受け、密教の伝授を求めた。二人の親交はしばらく続くが、やがて『理趣釈経《りしゅしゃくきょう》』の借覧問題や、最澄の弟子泰範《たいはん》をめぐる問題で、決裂することになる。

そこで日本天台宗は、真言宗とは別に唐に留学生を派遣し、新たに密教の法統を承けなければならなくなった。そしてこの課題は、最澄の弟子、円仁《えんにん》によって果たされる。

円仁は八三八年に入唐し、恵果の弟子であった義真《ぎしん》、法全《はっせん》に師事して、胎蔵・金剛界に加え、蘇悉地《そしつじ》の法を承けた。しかしその後、唐の武宗による廃仏が起こり、円仁は各地を転々とした

台密の相承

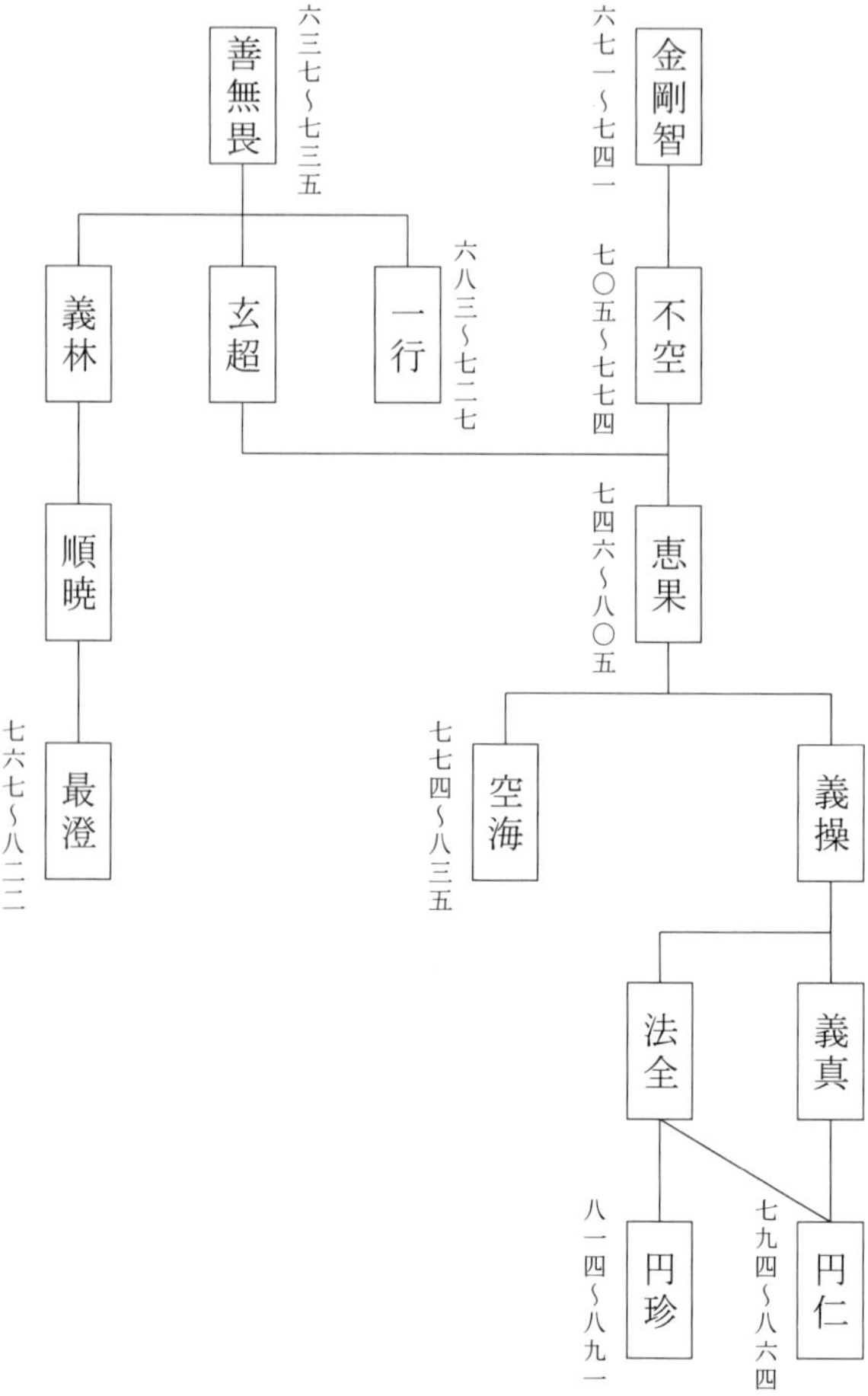
金剛智
六七一～七四一
善無畏
六三七～七三五
不空
七〇五～七七四
一行
六八三～七二七
玄超
義林
恵果
七四六～八〇五
順暁
義操
空海
七七四～八三五
最澄
七六七～八二二
義真
法全
円仁
七九四～八六四
円珍
八一四～八九一

後、新羅の商船に便乗して、辛うじて帰国することができた。
なお天台密教（台密）では、真言宗の両部大経に対して、『大日経』『金剛頂経』『蘇悉地経』を「真言三部経」と称して重視する。しかし『蘇悉地経』は初期密教に属し、大規模な曼荼羅を説かないので、台密でも曼荼羅としては両界曼荼羅を用いた。ただし金剛界曼荼羅としては、九会曼荼羅ではなく、九会曼荼羅の成身会《じょうじんえ》のみを独立させた金剛界八十一尊曼荼羅を用いることが多い。

いっぽう最澄の孫弟子に当たる円珍《えんちん》は、八五三年に入唐し、法全に師事して密教を学んだ。なお本書で取り上げる両界曼荼羅の異本、「胎蔵図像」「胎蔵旧図様」「五部心観」などは、みな円珍が、この時に蒐集したものである。

その後、円珍の一派は比叡山の座主《ざす》職を円仁の弟子たちと争い、ついに比叡山を下りて園《おん》城寺《じょうじ》を本拠とした。これを天台寺門宗《じもんしゅう》という。

中国天台宗は、天台智顗《ちぎ》が開いた『法華経』に基づく宗派であった。ところが日本天台宗は、当初から『法華経』に基づく止観業《しかんごう》と、密教を中心とした遮那業《しゃなごう》の二つの修学課程をもっていた。これは朝廷を中心に、鎮護国家への期待が大きかったという面もあるが、善無畏を助けて『大日経』を訳出した一行が中国天台の学者で、『法華経』と『大日経』は思想的に一致すると考えていたことも見逃せない。

第二章　曼荼羅のあけぼの

1　仏像不表現の時代

本書は、インドに両界曼荼羅の原形が現れてから、現在のすがたになるまでのプロセスを解明することを目的としている。しかし曼荼羅の歴史的発展を解明するためには、インド仏教美術の歴史を知ることが必要である。そこで本章では、インドに仏教美術が現れてから、両界曼荼羅の主要な構成要員である胎蔵・金剛界の五仏が現れるまでの歴史を概観してみたい。

仏教は、開祖であるブッダの時代から数えると、ほぼ二五〇〇年の歴史を有している。仏教美術も、紀元前二世紀から現存作品が確認できるが、当初から仏像を礼拝対象としていたわけではなかった。

インド中部、マディヤプラデシ州にあるサーンチー大塔は、アショーカ王の建てた仏塔をシュンガ朝時代（紀元前二世紀末）に拡張整備したもので、インドに現存する古代の仏塔の中で

写真２：エーラパトラ龍王の帰仏（バールフット出土、インド博物館）

は、最も保存状態がよい。仏塔の東西南北には、紀元前後にトーラナという鳥居状の門が建てられ、その柱と横梁には仏伝やジャータカの物語が精緻に浮き彫りされている。

また同じマディヤプラデシ州バールフットの仏塔遺跡（紀元前二〜一世紀）は、カニンガムによって一八七三年に発見された時には、その半ば以上が崩壊していた。しかし発見の翌年には、残存していた東側のトーラナと欄《らん》楯《じゅん》などがカルカッタ（現コルカタ）のインド博物館に移送され、復元展示されている（写真2）。

これらの仏塔に見られる最初期の仏教彫刻を見ると、仏弟子や在家信徒などは人間の姿で表しているが、ブッダの存在は菩提樹、法輪、足跡などで表現され、人間の姿では描かれていない。これを仏像不表現、あるいは仏像不出現という。

そのため初期の仏教は、偶像崇拝を否定していたともいわれるが、サーンチーやバールフットでも、梵天《ぼんてん》・帝釈天《たいしゃくてん》や四天王などのインドの神々は、人間の姿で表現されている。

これに対して最初期の大乗仏典とされる『金剛般若経《こんごうはんにゃきょう》』には、つぎのような一節が見られる。

「かたちによってわたし（＝ブッダ）を見、声によって、わたしを求めるものは、
まちがった努力にふけるもの、かの人たちは、わたしを見ないのだ」

また後には、この一句に、つぎのような句が加えられるようになった。


「目ざめた人々（＝ブッダ）は、法によって見られるべきだ。

もろもろの師たちは、法を身とするものだから。

そして法の本質は、知られない。知ろうとしても、知られない」（中村元　紀野一義訳）

このように仏教では、ブッダをブッダたらしめているのは、ブッダの肉体ではなく、ブッダ

の悟った法（ダルマ）であると考えた。初期の仏教美術に仏像が現れないのは、このような思想に基づくものと思われる。

そして後に『金剛般若経』に付加された部分では、ブッダが法（ダルマ）を身体とすることが、明確に説かれている。そしてこのような教説から、ブッダの身体に、肉体的な色身と、ダルマを身体とする法身を説く、二身説が現れるようになった。

そして「法の本質は、知られない。知ろうとしても、知られない」とあるように、ダルマは凡夫の理解を超えた抽象的理法と考えられた。そこで仏像不表現の時代が終わっても、ダルマを象徴する法輪や、ブッダの涅槃《ねはん》を象徴する仏塔は、仏教のシンボルとして用いられ続けた。そしてこのような伝統から、曼荼羅に集約される密教の象徴体系が発展してゆくのである。

2　仏伝図と印（ムドラー）の成立

印とは、サンスクリット語のムドラーの訳である。中国で「印」と訳されたのは、ムドラーが印章を意味したからである。

インドには古来、特定の手の形により、人間の感情や活動を表現する習慣があった。このような特定の手の形がムドラーであり、インドの図像学と古典舞踊に典型的に見いだされる。

仏教美術における、触地印《そくじいん》、転法輪印《てんぼうりんいん》、禅定印《ぜんじょういん》、与願印《よがんいん》、施無畏印《せむいいん》などの印は、仏伝の主

写真３：金剛宝座如来像（ブッダガヤ）

写真４：転法輪如来像（サールナート考古博物館）

要場面に現れるブッダの手の形が、後に図像として定着したものである。このような印の原形は、仏像不表現の伝統を破って、はじめて仏像を製作したガンダーラ彫刻に、すでに見ることができる。

たとえば触地印は、ブッダが悟りを開く前、ブッダガヤで魔王の誘惑を受けたとき、右手を大地に触れて大地の女神スターヴァラー（堅牢地神）を呼び出し、魔を退散させて悟りを開いた（降魔成道《ごうまじょうどう》）という故事に基づく（写真3）。

いっぽう仏の説法を象徴する転法輪印は、胸前で両手の人差し指と拇指を捻じ、左手で形づくる円形は、説法の象徴である法輪をかたどり、右手はこれを回転させるしぐさであるといわれる。

この印もガンダーラ彫刻から現れ、とくにグプタ朝時代のサールナートに、優れた転法輪印の如来像を見ることができる。サールナートは初転法輪《しょてんぼうりん》の聖地であり、この地に祀られた釈迦如来像がこの印相であったことが、仏の説法の象徴として、この印が定着する原因の一つになったと思われる（写真4）。

そして後に確立する仏伝八相では、降魔成道、初転法輪だけでなく、三道宝階降下は与願印、獼猴奉蜜《みこうほうみつ》は禅定印、酔象調伏《すいぞうちょうぶく》は施無畏印というように、仏伝の各場面には特定の印相が現れるようになる。このように仏伝の特定の場面に現れるブッダの手のポーズが、しだいに印として定着するようになるのである。

やがてこれらの印は、釈迦牟尼《しゃかむに》以外の仏にも転用され、曼荼羅が成立すると、触地印は東方阿閦《あしゅく》如来、与願印は南方宝生《ほうしょう》如来というように、曼荼羅の五方に配される五仏は、それぞれ異なった印で区別されるようになった。

3　他土仏信仰の成立

他土仏とは、「他土」つまりわれわれの住む娑婆《しゃば》世界以外の世界の仏を意味する。

仏教では、仏教の真理（ダルマ）の普遍性を強調する。そこで釈迦牟尼以前にも、彼と同じように出家修行し、悟りを開いた仏がいたと考えて、過去仏信仰が生まれた。さらに大乗仏教では、ダルマを時間的だけでなく空間的にも普遍な原理と考え、娑婆以外の世界にも、釈迦牟尼と同じように出家修行し、悟りを開いた仏がいると考えるようになった。

なお近年の研究では、すでに若干の進歩的な部派が、他土仏の存在を認めていたことが明らかになっている。また保守的な東南アジアのテーラヴァーダ仏教にも、大乗仏教のものとは異なる他土仏の名が伝えられている。

しかし他土仏信仰が普及するのは、大乗仏教の時代に入ってからである。ブッダの滅後、歳月がたつにつれ、ブッダへの追慕が高まり、ついには他の世界で現在も教えを説いている仏の許に生まれ変わるという観念が生じた。

そして代表的他土仏として、広く信仰されるようになったのが、東方妙喜《みょうき》世界（アビラティ）の阿閦如来と西方極楽世界（スカーヴァティー）の阿弥陀《あみだ》如来である。

なお他土仏の中では、東方阿閦如来の信仰が最も早く成立したと考えられる。阿閦如来を説く『阿閦仏国経《あしゅくぶっこくきょう》』が、早くも後漢時代に漢訳されたことに加え、阿弥陀如来を説く『阿弥陀経』では「六方段」（後述）で阿閦如来が説かれるのに対し、『阿閦仏国経』には阿弥陀如来への言及が見られないからである。

そしてこの阿閦如来より、さらに大きな救済力を持った仏として西方極楽浄土の阿弥陀如来が登場し、他土仏を代表する存在となった。

その後、大乗仏教が発展すると、東方浄瑠璃《じょうるり》世界の薬師《やくし》如来のような新たな他土仏も登場した。しかしインドでは、密教の五仏を除けば、阿弥陀以外の他土仏の像の存在は、いまだ確認されていない。このように他土仏信仰は、大乗仏教とともにアジア各地に流布したが、インドにおけるその信仰は、かなり限定的なものだったと思われる。

4　『阿弥陀経』の六方段

他土仏信仰は、大乗仏教の発展とともに盛んになり、大乗仏典には、比較的初期に成立したものの中にも、多くの他土仏が説かれている。しかし初期大乗経典に説かれる他土仏の名は、それぞれのテキストによって異なり、ほとんど一致を見ない。たとえば『法華経』「化城喩品《けじょうゆほん》」には、過去に釈迦牟尼と兄弟だった十六王子が、『法華経』を弘めた功徳によって十方世界で成仏したと説かれ、その中には東方阿閦如来と西方阿弥陀如来が含まれるが、他の仏の名は、他の大乗仏典に説かれる他土仏と、ほとんど一致しない。

その中で、後の曼荼羅に影響を与えた他土仏の組み合わせが、初期大乗経典の一つ『阿弥陀経』に説かれている（次頁図）。『阿弥陀経』には、極楽浄土の教えが、この娑婆世界だけでなく他の世界でも信仰されている証拠として、東西南北と上下の六方の世界の仏の名を挙げる「六方段」という一節がある。ここには東方阿閦、西方無量寿《むりょうじゅ》（これが阿弥陀如来と同体であるかどうかについては議論がある）だけでなく、西方宝相《ほうそう》仏、北方最勝音仏という他土仏が説かれている。

このうち宝相仏はサンスクリット語でラトナケートゥとなり、後述する『金光明経《こんこうみょうきょう》』の四方四仏の南方仏に相当する。また最勝音仏の原語はドゥンドゥビスヴァラ・ニルゴーシャで、金光明四仏の北方、微妙音《みみょうおん》（ドゥンドゥビスヴァラ）如来に相当する。このように『阿弥陀経』の「六方段」は、後期大乗経典の四方四仏説に影響を与えたと推定される。

数多い大乗仏典の中でも『阿弥陀経』に説かれる他土仏の組み合わせが、『金光明経』を経

阿弥陀経六方段と四方四仏

『阿弥陀経』六方段

『阿弥陀経』サンスクリット本

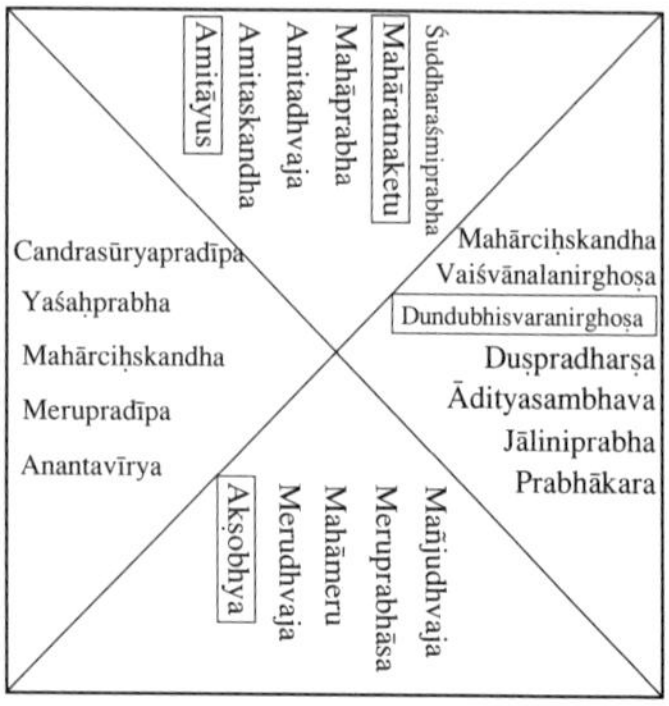

『称讃浄土仏摂受経』十方段

『金光明経』の四方四仏

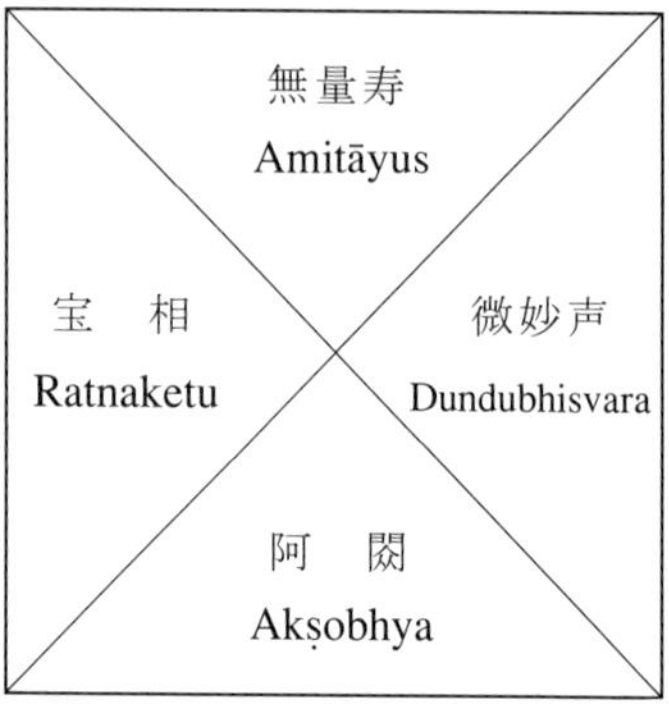

『阿弥陀経』とその異本『称讃浄土仏摂受経』に説かれる他土仏の名を、『金光明経』の四方四仏と比較しても尊名が一致しないように思われるが、サンスクリットの原語を参照すると、四角でくくった四仏が一致することがわかる。

写真5：サーンチー大塔

て曼荼羅の四仏にまで発展したのは、この経典が浄土信仰の根本聖典として篤い信仰を集めたことと、短篇であるため読誦しやすく、広く人口に膾炙したためではないかと思われる。

5　サーンチー大塔と『金光明経』

このようにインドでは、初期大乗経典から多数の他土仏が説かれ、四方、六方、十方の他土仏に言及することも稀ではなかった。しかしながら、これらを図像的に表現した作品は、阿弥陀如来を除いては、ほとんど発見されていない。その中で著者は、前述のサーンチー大塔に安置された四仏に注目している（写真5、次頁写真）。

サーンチーの浮き彫りは、仏像不表現の伝統を守り、ブッダの姿を菩提樹や法輪、仏の足跡などの象徴物で表現しているが、五世紀前半に

サーンチー大塔の四方四仏

北方仏

東方仏

西方仏

南方仏

なって、トーラナをくぐった東西南北の基壇部に、四体の如来像が安置された。この如来像は、左右に菩薩（南方仏のみ梵天・帝釈天）の脇侍《わきじ》を伴っているので、大乗の信徒によって寄進されたと考えられる。そして著者は、この四体こそ、インドで四方四仏を表現した最初の例ではないかと考えている。

この像が作られたグプタ朝時代に成立したと考えられる『金光明経』「寿量品」によれば、王舎城《おうしゃじょう》に住んでいた信相（ルチラケートゥ）菩薩が、過去世から数え切れない善根を積んできたブッダの寿命が、わずか八〇年しかないことに疑問をもつと、東方阿閦、南方宝相、西方無量寿、北方微妙声の四仏が出現し、釈迦如来の寿命は無量であると説いたといわれる。

サーンチーの大塔は、ブッダの遺骨「舎利《しゃり》」を祀る仏塔であり、涅槃に入った釈迦牟尼を象徴するものと考えられる。そしてグプタ朝時代に大乗の信徒によって、その東西南北に四体の仏像が安置されたのは、大塔に祀られる釈迦如来が、現在もなお不滅であることを示す意図があったのではないだろうか。

なおサーンチーの四仏は四体とも禅定印を示し、両界曼荼羅のように四仏が異なる印を結んではいない。したがってこれら四体の仏像が四方四仏であるかを、学問的に検証することは難しい。しかしグプタ朝時代に、四方四仏の説が出現し、それがブッダの永遠性というテーマと関連づけられていたことは注目に値するだろう。

6　ギャラスプルの四仏

いっぽうサーンチーから北東に五〇キロほど離れたギャラスプルは、かつて中央インド屈指の商業都市として栄えたヴィディシャーの郊外にあたり、グプタ朝時代にさかのぼる仏塔が遺されている。この仏塔の東西南北には仏龕《ぶつがん》が設けられ、四体の高浮き彫りの仏像が安置されていた（現在はインド政府考古局の収蔵庫に保管）。

サーンチーの四仏が、すべて禅定印を示すのに対し、ギャラスプルの四仏は東が禅定印、南が与願印、西が転法輪印、北が禅定印と、それぞれ異なった印を結んでいる（次頁写真）。しかし両界曼荼羅と合致するのは、南の与願印像が金剛界曼荼羅の南方尊、宝生如来と一致することだけである。

いっぽう西に転法輪印像が安置されるのは、インドで発見された五仏以外の阿弥陀如来像に転法輪印を結ぶ例があることを考えると、興味深い。

様式的に見ると、ギャラスプルの四仏が、当初から一具として制作されたかについては疑問の余地がある。しかし禅定印が二つで、残りが与願印と転法輪印という組み合わせは、仏伝の主要場面を仏塔の四方四維に配する仏伝八相型仏塔とは関連づけることができず、これらが四方四仏として造られたことは、間違いないと思われる。

ギャラスプル仏塔の四方四仏

北方仏

東方仏

西方仏

南方仏

『金光明経』と同じタイプの四方四仏は、後期の大乗仏典や初期の密教経典にしばしば現れるが、これらの経典には四仏の尊名は説かれても、印相についてはほとんど言及がない。したがって四仏を、どのように表現するかについては、いまだ定説がなかったことになる。

そしてギャラスプルの四仏が、両界曼荼羅とは異なった印を示すことは、四仏の尊名と図像に関しても、いくつかの異説が存在し、それが種々の試行錯誤を経て両界曼荼羅、とくに金剛界曼荼羅に見られる定説へと収斂していったことを暗示するものといえよう。

7　宇宙的ほとけ大日如来

これまでの各節では、大乗仏典に説かれた他土仏の中から、四方四仏が成立するまでを見てきた。これに対して両界曼荼羅の主尊となる大日如来は、密教の時代になって新たに成立した仏である。しかしその源流は、大乗仏典に説かれた毘盧遮那《びるしゃな》仏に求められる。

初期大乗経典の一つ『華厳経《けごんぎょう》』は、ブッダガヤの菩提樹のもとで悟りを開き、ダルマと一体となったブッダを、光り輝く仏「ヴァイローチャナ」（盧舎那《るしゃな》仏、毘盧遮那仏）と表現した（写真6）。

『華厳経』でも初期に成立した部分では、ヴァイローチャナは釈迦牟尼の異名で、別の尊格とは考えられていなかったが、成立の遅れる部分では、過去・現在・未来の三世、東西南北に四

写真６：盧舎那仏（東大寺）

つの中間方位と上下を加えた十方の諸仏を統合する、宇宙的な仏とされるようになった。

　そしてここから、密教の大日如来が展開したのである。しかし『華厳経』の毘盧遮那仏の性格については、種々の議論がある。『華厳経』が成立した時代には、前述の法身《ほっしん》、色身《しきしん》の二身説が行われ、中期大乗仏教から導入される「報《ほう》身《じん》」という観念は、いまだ成立していなかったからである。

　この報身とは、前述の『金光明経』のように、ブッダの寿命が八〇年では、前世から積んできた莫大な善根の果報を享受できないと考えられたため、当初はそれを享受する身体として立てられたようである。ところが大乗の教理がさらに発展すると、報身は色究竟天《しきくきょうてん》から動かず、自ら悟った法（ダルマ）の楽を享受（自受用《じじゅゆう》）

するだけでなく、高位の菩薩たちに大乗の教えを説く（他受用《たじゅゆう》）とされるようになった。

そして報身の観念が確立すると、従来の色身は応身《おうじん》と呼ばれるようになり、法身・報身・応身の三身説が成立した。そして釈迦牟尼のように、人間界に生まれて出家、修行して悟りを開く仏は応身、ヴァイローチャナ（毘盧遮那仏）は報身に相当すると考えられた。

なお報身の座とされる色究竟天は、物質的身体をもつ衆生の世界（色界）の最上位にある四《し》禅天《ぜんてん》の最高処である。またブッダは、禅定のレベルを色界の最高処に相当する四禅に置いて悟りを開き、入滅の時も四禅から涅槃に入ったとされている。

仏教の世界観によれば、世界は「劫《ごう》」と呼ばれる天文学的な周期で生成と消滅を繰り返している。劫の終末には「劫火」と呼ばれる大火が起こり、地獄から天界までのすべてを焼き尽くすが、色界の最高処にある色究竟天のみは焼け残り、そこからつぎの生成が始まるとされている。

仏の寿命が無量であることを説く、有名な『法華経』「寿量品」には「衆生見劫盡　大火所焼時　我此土安穏　天人常充満」（衆生が、劫末にこの世界が劫火に焼かれると見る時も、わが仏国土は安穏で、天人たちで満ちあふれている）とあるが、これが譬喩ではなく実際に可能となるためには、仏の住処は色究竟天になくてはならない。

つまり抽象的な理法である法身とは異なり、報身は色身の一種なので、物質的なよりどころをもたねばならない。生成と消滅を繰り返す世界の中で、常住なる報身の座は、色究竟天以外に設定することができなかったのである。

『華厳経』の成立以後、ヴァイローチャナの名は、中後期大乗経典にはほとんど現れず、忘れ去られた観すらあった。後期大乗仏典である『金光明経』でさえ、本尊は無量の寿命をもつ釈迦牟尼とされたのである。

ところが密教の時代に入ると、ヴァイローチャナは「大いなるヴァイローチャナ」＝大日如来となって、ふたたび仏教の主役の座に躍り出る。そしてヴァイローチャナの復活に大きな役割を果たした経典こそ、胎蔵曼荼羅を説く『大日経』だったのである。

ところで、この大日如来に関しては、日本とチベットの密教では、解釈が異なっている。日本では、両界曼荼羅の主尊を大日如来（マハーヴァイローチャナ）と呼ぶが、チベットでは、胎蔵、金剛界曼荼羅の主尊は、単にヴァイローチャナと呼ばれている。

また日本では、両界曼荼羅の主尊＝大日如来を法身と見るが、チベットでは報身あるいは現《げん》等覚身《とうがくしん》（ブッダガヤで悟りを開いた時の仏で、一瞬間後には報身となる）と考えている。

そこで主にチベット・ネパール系の曼荼羅を扱った前著『曼荼羅イコノロジー』（平河出版社）では、意図的に「大日如来」の名を使用しなかった。これに対して本書は、両界曼荼羅の成立課程を論じるので、両界曼荼羅の主尊に限っては、大日如来を使用することにしたい。

8　胎蔵・金剛界四仏の分化

密教では、『華厳経』に説かれた宇宙的なほとけヴァイローチャナと、『金光明経』で確立した四方四仏が組み合わされ、曼荼羅の中央と東西南北に描かれる五仏が成立した。しかし、その成立過程は一直線ではなく、最終的に金剛界曼荼羅の五仏が成立するまでには、さまざまの紆余曲折があったことが文献的に確認できる（次々頁図）。

初期密教経典の一つである『一字仏頂輪王経《いちじぶっちょうりんのうきょう》』では、『金光明経』と同じく釈迦如来を中尊としながら、東方宝幢《ほうどう》、南方開敷華王《かいふけおう》、西方阿弥陀、北方阿閦とする五仏が説かれている。

これは金光明四仏にはなかった開敷華王（サムクスミタ・ラージェーンドラ）が加わり、それに伴って南方宝幢が東方に、東方阿閦が北方に移動した結果と解釈することができる。なお開敷華王如来は、初期密教経典の一つ『文殊師利根本儀軌経《もんじゅしりこんぽんぎききょう》』（後半部分は成立が遅れる）に、文殊菩薩の本国である東北方開華世界の教主として登場する。またいくつかの陀羅尼経典にもその名が現れ、他土仏の中では信仰を集めていたことがうかがえる。

そして『一字仏頂輪王経』の五仏の中尊を釈迦如来から毘盧遮那仏（大日如来）に換えると、『大日経』「具縁品《ぐえんぼん》」所説の五仏となる。いっぽう『大日経』と関連の深い中期密教経典で、チベット訳のみが伝存する『金剛手灌頂《こんごうしゅかんじょう》タントラ』も、これと同じ五仏を説いている。

さらに『大日経』後半の「入秘密漫荼羅位品《にゅうひみつまんだらいほん》」では、北方の阿閦如来が鼓音《くおん》（現図曼荼羅では天鼓雷音）如来となった五仏が説かれ、現在の胎蔵界曼荼羅は、この五仏を採用している。このように一つの経典の前後で、曼荼羅の根幹をなす五仏の尊名が相違するのは奇妙だが、『金光明経』の四方四仏に、後から開敷華王如来が割り込んだという事情を想定すれば、このような不一致を合理的に説明することができる。

いっぽう初期密教経典の一つ『不空羂索神変真言経《ふくうけんさくじんぺんしんごんきょう》』では、『金光明経』と同じく釈迦如来を中尊としながら、東方阿閦、南方宝生、西方阿弥陀、北方世間王（ローケーンドララージャ）とする五仏が説かれている。この五仏では、開敷華王の割り込みがなかったかわりに、南方仏の尊名が宝幢から宝生に、北方仏が鼓音から世間王に替わっている。そして『不空羂索神変真言経』の五仏の中尊を大日如来とし、北方仏の尊名を不空成就《ふくうじょうじゅ》に替えると、『金剛頂経』所説の五仏、つまり金剛界曼荼羅の五智如来となる。この不空成就（アモーガシッディ）という尊名の仏は、その起源が不明だったが、最近の研究で、初期密教経典の『トリサマヤ・タントラ』や『不空羂索神変真言経』に説かれることが明らかになった。

なお後期密教聖典の一つ『秘密集会《ひみつしゅうえ》タントラ』では、金剛界曼荼羅の毘盧遮那（大日）と東方阿閦を入れ替えた五仏が説かれるが、そこでは南方宝生如来が宝幢（ラトナケートゥ）と呼ばれている。また『秘密集会』曼荼羅の儀軌『ピンディークラマ』（八世紀後半）には、北

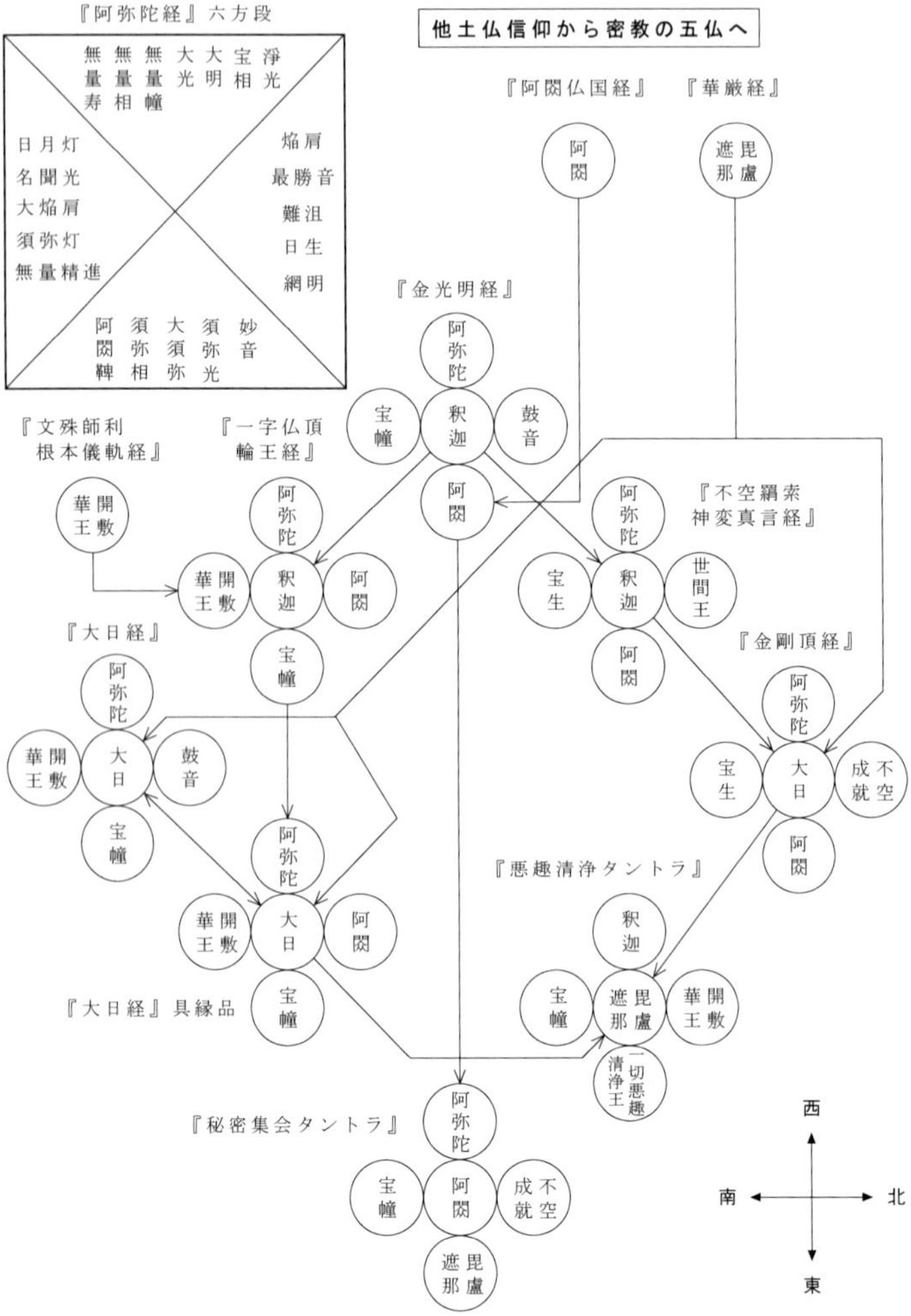
他土仏信仰から密教の五仏へ
『阿弥陀経』六方段
無量寿 無量相 無量幢 大光 大明 宝相 浄光
日月灯 名聞光 大焔肩 須弥灯 無量精進
焔肩 最勝音 難沮 日生 網明
阿閦鞞 須弥相 大須弥 須弥光 妙音
『阿閦仏国経』
阿閦
『華厳経』
遮毘那盧
『金光明経』
阿弥陀 宝幢 釈迦 鼓音 阿閦
『文殊師利根本儀軌経』
華開王敷
『一字仏頂輪王経』
阿弥陀 華開王敷 釈迦 阿閦 宝幢
『不空羂索神変真言経』
阿弥陀 宝生 釈迦 世間王 阿閦
『金剛頂経』
阿弥陀 宝生 大日 成不就空 阿閦
『大日経』
阿弥陀 華開王敷 大日 鼓音 宝幢
阿弥陀 華開王敷 大日 阿閦 宝幢
『大日経』具縁品
『悪趣清浄タントラ』
釈迦 宝幢 遮毘那盧 華開王敷 一切悪趣清浄王
『秘密集会タントラ』
阿弥陀 宝幢 阿閦 成不就空 遮毘那盧
西
南
北
東

方不空成就如来を鼓音（ドゥンドゥビスヴァラ）と呼んだ箇所が見られる。これは金光明四仏と金剛界の四仏が基本的に同一であることが、少なくともインドでは意識されていたことを示している。

このように両界曼荼羅の根幹をなす胎蔵と金剛界の五仏は、ともに『華厳経』の毘盧遮那仏と『金光明経』の四方四仏を組み合わせて成立した。しかしその成立過程は一直線ではなく、胎蔵系が開敷華王如来が割り込んだ体系を継承するのに対して、金剛界系は、方位の上では『金光明経』の四仏をより忠実に継承しており、別系統であると考えられるのである。

第1部　胎蔵曼荼羅

第三章　三部の成立

1　釈迦・観音・金剛手の三尊形式

前章では、インドに仏教美術が現れてから、両界曼荼羅の主要な構成要員である胎蔵、金剛界の五仏が登場するまでの歴史を概観した。五仏と並んで、曼荼羅を構成する重要な要素となるのが、複数の尊格をグループにした「部」の観念である。本章ではまず、胎蔵曼荼羅を構成する三部が、どのように成立したかを見てゆきたい。

仏像不表現の伝統を破って、初めて仏像を作ったガンダーラ彫刻では、初期から礼拝像の形式として三尊形式が行われた。有名なカニシカ王の舎利容器では、ブッダの坐像の左右に梵天《ぼんてん》、帝釈天《たいしゃくてん》が侍立している。これはブッダが天界に昇って説法をしたあと、梵天・帝釈天を左右に従えて、地上に降りたという「三道宝階降下」の伝説に基づき、インドの神々を崇拝するバラモン教に対する、仏教の優位を示すと解釈できる。

写真７：マトゥラー仏三尊像（ニューデリー国立博物館、２世紀）

また左右に二体の菩薩を伴った如来像も、しばしば見られる。銘文がなく、尊名を確定できない作品が多いが、一般には釈迦・弥勒《みろく》・観音《かんのん》の三尊と考えられている。

なお釈迦・弥勒・観音の三尊像は、インドでは東インドを中心に、パーラ朝時代まで連綿として造られつづけた。その理由は、降魔成道の聖地である金剛宝座（ヴァジュラーサナ）の本尊像が、このタイプの三尊像であったからと思われる。

いっぽうインドでは、古代北パンチャーラ国の首都だったアヒチャトラーから、左右に蓮華を持った菩薩と護法神金剛手《こんごうしゅ》を伴った、マトゥラー様式の如来像（写真7）が出土している。このうち金剛手は、首に蛇を巻き付けており、菩薩に昇格する以前の夜叉《やしゃ》神の姿をとどめている。

この釈迦・観音・金剛手の三尊は、東インドより西インドやオリッサ（オディシャと改称）に多く見られる。なお有名なアジャンター第一窟壁画の蓮華手・金剛手については、最近になって、菩薩ではなく守門神であるとする説が現れた。しかし本尊仏と観音、金剛手の三尊像が、西インドの石窟寺院を通じて、広く見られることは事実である。そしてこの三尊形式は、後に胎蔵曼荼羅の三部へと発展してゆくのである。

2　叙景曼荼羅の誕生

このようにインドでは、釈迦・観音・金剛手の三尊が成立し、西インドやオリッサを中心にかなりの作例を遺すようになった。やがてこの三尊形式は、原初的な曼荼羅へと発展してゆく。

西インド、ムンバイの北郊外にあるカーンヘーリー第九〇窟には、このような三尊形式が発展した群像の浮き彫りがあり、曼荼羅の原初形態ではないかと注目を集めている（写真8）。この作品では、転法輪印如来像を中尊とする三尊像を中心に、菩薩、女神、龍神などからなる群像表現が見られる。また外縁部には、四方仏あるいは八方仏と思われる仏像を配し、曼荼羅に類した作品といえる。

しかしこの作品には、後の曼荼羅を特徴づける仏菩薩の集会する楼閣が表現されていない。また周囲に描かれる四方仏、八方仏も、すべて転法輪印の倚像や施無畏印の立像となり、それぞれの図像に個性が見られない。インドで五世紀から八世紀に成立した初中期の密教経典には、パタ（幢《どう》）と呼ばれる礼拝用の軸装仏画の描き方を説くものがある。パタには、曼荼羅を特徴づける幾何学的パターンがなく、すべての尊格は鳥瞰的に描かれる。したがってカーンヘーリーの仏説法図も、礼拝用仏画を彫刻化したものの域に留まると思われる。

これに対して日本には、三尊形式から発展した曼荼羅の原初形態が伝えられている。雨乞い

写真８：カーンヘーリー第90窟仏説法図

に用いられた請雨経《しょううぎょう》曼荼羅は、このような初期の曼荼羅の一例である（写真９）。

この曼荼羅は、中央の楼閣中に釈迦・観音・金剛手の三尊を描く。そして楼閣の外は一面の大海原となり、その中から頭上に龍頭を戴いた龍神が現れ、楼閣の中央に坐すブッダを礼拝している。これによってブッダから龍神に命令を下して、雨を降らせることを表したのである。

写真９：請雨経曼荼羅（東寺所蔵）

この請雨経曼荼羅には、のちの曼荼羅に見られる幾何学的パターンがなく、三尊が集会する日本の木造建築のような楼閣が、鳥瞰的に描かれている。これは諸尊の集会する楼閣を展開した、方形の外郭構造が現れる前の原初的な形態であり、石田尚豊博士によって「叙景《じょけい》曼荼羅」と命名された。

この他、原初的な叙景曼荼羅の例としては、『宝楼閣経《ほうろうかくきょう》』に説かれる宝楼閣曼荼羅、『菩提《ぼだい》場荘厳経《じょうしょうごんきょう》』に基づく菩提場経曼荼羅などがある。

これらの曼荼羅は三尊形式から発展したもので、礼拝用の仏画と曼荼羅の中間的存在といえ

ハラホト出土宝楼閣曼荼羅

エルミタージュ美術館蔵

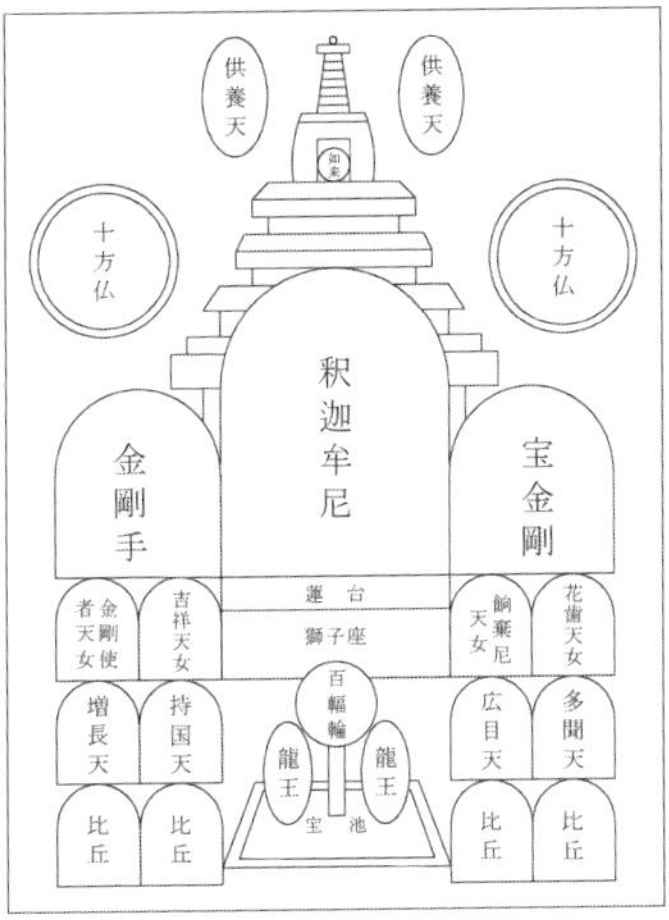

る。また『宝楼閣経』では、「画像品」に礼拝用の仏画、「建立曼荼羅品」には同じ尊格を壇上の曼荼羅に描く場合の規定が説かれ、両者の将来における分化を暗示している。

しかし叙景曼荼羅の遺品が伝存するのは、日本だけである。そして日本では、諸尊の集会する楼閣は、日本の木造建築のように描かれていた。これらの叙景曼荼羅が、インドでどのように描かれたのかは長らく謎のままであったが、最近シルクロードのオアシス都市、ハラホト出土の仏画の中から興味深い作品が同定された（前頁写真）。

これはハラホト城外の崩れかけた仏塔から発見された横一〇八×縦一六〇センチの綿本着色の仏画で、従来は「般若経説相図」と呼ばれていた。

中央には転法輪印《てんぽうりんいん》の如来像を描き、その左右には、身色白色で四面十二臂の菩薩と身色青色で四面十六臂の菩薩を、脇侍として配する。著者がその図像を詳細に検討したところ、釈迦・金剛手・宝金剛《ほうこんごう》の三尊を中心とする宝楼閣曼荼羅に一致することがわかった。

本作品は、様式的に見て一三世紀にまで下がるが、日本以外で製作された叙景曼荼羅の唯一の遺品である。しかもこの作品は、諸尊の集会する楼閣を木造建築ではなく、チベットの曼荼羅の四門に見られる、上部に仏塔を戴いたトーラナ状の多層構造物として表現している。

本作品のような楼閣表現が、かつてインドに存在していた叙景曼荼羅に通じるものなのか、チベットの曼荼羅の楼閣からの逆類推によるものなのかは、今後慎重に検討しなければならないが、曼荼羅の歴史的起源に、一石を投じる作品であることは確かである。
そしてこれら三尊形式を基本とした叙景曼荼羅から、やがて大規模な幾何学的構造をもつ曼荼羅が出現することになるのである。

3　観音三尊と蓮華部の展開

大乗仏典には数多くの菩薩が登場するが、その中でも観音ほど広く信仰された菩薩はいない。『法華経』「普門品《ふもんぼん》」によれば、観音は三十三の化身に変化して衆生を救済するとされている。そしてその中には、梵天に変化した「梵王身」、帝釈天に変化した「帝釈身」、大自在天《だいじざいてん》つまりシヴァ神に変化した「大自在天身」が含まれている。

インドでバラモン教が大衆化しヒンドゥー教が成立すると、シヴァやヴィシュヌといった最高神には種々のスタイルの神像が造られ、人々の信仰を集めるようになった。「多面広臂《ためんこうひ》」と呼ばれる多くの顔や手をもつ変化観音が、ヒンドゥー神像の影響下に成立したことは、すでに指摘されているが、仏教では、ヒンドゥー教神の図像の受容を、観音が神々の姿に変化して衆生を救済するという思想によって、合理化したのである。

いっぽう観音は極楽浄土の菩薩として、阿弥陀如来の左脇侍とされるようになった。前述のように、『法華経』の「化城喩品《けじょうゆほん》」には阿弥陀如来が登場するが、「普門品」には、後にサンスクリット語の偈《げ》の末尾に付加された部分を除いては、阿弥陀如来への言及はない。したがって観音は本来、阿弥陀如来とは別個に成立し、後に阿弥陀如来を信奉する人々が観音信仰を取り入れたと考えられる。

また観音の宝冠中に、阿弥陀如来を表わす慣行も広く流布し、観音と阿弥陀の関係は、密教の曼荼羅に至るまで続くことになる。

これらの観音像は、はじめは単独像だったが、やがて左右に脇侍を伴う観音三尊像が造られるようになった。エローラ第四窟の観音三尊像は、このような観音三尊像の初期の一例である(写真10)。

この像は、中央に高い髪髻冠《はっけいかん》を戴く観音の倚像《いぞう》を大きく現し、その左右に二人の女性尊が侍立している。また向かって左上には如来立像、右上には如来坐像が配されるが、右上の坐像は、観音の宝冠中に現された如来像に似ているので、阿弥陀如来と推定される。しかしその印相は、通常の禅定印ではなく、右手を上げた施無畏印《せむいいん》となっている。

このうち向かって左の女神は髪髻冠を戴き、右手に念珠、左手に水瓶を持つので、ブリクティー(毘倶胝)に比定できる。いっぽう右の女神は、宝冠を戴き、右手にウトパラ蓮(睡蓮の一種)と思われる花を持つので、ターラー(多羅)と考えられる。

なおブリクティーは、観音が怒ったとき、その眉間の皺(ブリクティ)から生まれたとされ

写真 10：エローラ第 4 窟観音三尊像

る女神である。いっぽうターラーは、観音の瞳（ターラー）から生まれた女神で、ターラーが「救済」をも意味するところから、後には観音の救済に漏れた衆生をも救う、万能の救済者とされるようになった。

このように観音は、身体の各部位から化身を出現させることができると考えられ、その多くは女神の姿をとった。そのため観音は本来は男性であるが、中国では女性と考えるようになったほどである。そしてこれら観音の一族郎党は、そのシンボルである蓮華にちなんで、「蓮華部」という尊格群を形成することになった。

観音・ターラー・ブリクティーの三尊は、エローラの後期窟である第一二窟二階にも見られる（写真11）。またこの作品では、観音の頭上に現された阿弥陀如来が、両界曼荼羅と同じ禅定印になっており、より進歩した形態を示している。

そしてこのような観音三尊は、さらに尊格を加えて、四尊、五尊、七尊と発展していった。敦煌《とんこう》出土の蓮華部八尊曼荼羅（八世紀）は、四臂の観音の周囲に、不空羂索《ふくうけんさく》、馬頭《ばとう》、多羅《たら》、一髻羅刹《いっけいらせつ》、大勢至《だいせいし》、毘倶胝、耶輸陀羅《やしゅだら》の七尊を配するが、この作品でも、多羅と毘倶胝は、観音の左右に配置されており、蓮華部が観音三尊から発展したことを示している。

ここで新たに加わった眷属を見ると、不空羂索（アモーガパーシャ）は、観音の陀羅尼の尊格化である。馬頭尊（ハヤグリーヴァ）は、観音の頸から生まれた忿怒《ふんぬ》尊で、インドでは、観

写真 11：エローラ第 12 窟 2 階観音三尊像

音像の足下に小さく表現されることが多い。これに対して一髻羅刹（エーカジャター）は、観音の髪髻から生まれた忿怒女神である。いっぽう大勢至は、観音とともに阿弥陀三尊の脇侍を構成していた。いっぽう耶輸陀羅（ヤショーダラー）は、ブッダが出家前に妃とした女性だが、彼女もまた観音の化身とされるようになった。

そしてこの八尊を現図曼荼羅と比較すると、一髻羅刹（現図では虚空蔵院に描かれる）を除くすべての尊格が、蓮華部院に描かれている。

また現図曼荼羅の蓮華部院では、観音の左右（現図曼荼羅ではすべての尊格が足を下に向けるので、上下になる）にターラーとブリクティーが描かれ、蓮華部の中心部に、観音三尊がはめ込まれた形になっている。このように敦煌出土の蓮華部八尊曼荼羅は、蓮華部がどのようにして形成されていったのかを、よく示すものといえるのである。

4　夜叉神執金剛から金剛手菩薩へ

仏教は、きわめて初期の段階から、インド土着の神々を護法神として受容してきた。この中には、梵天・帝釈天のようなバラモン教の最高神もあったが、ヤクシャ（夜叉）と呼ばれる非アーリヤ系の土着神も数多く含まれていた。

このような夜叉神の一種に、金剛手（執金剛神）がある。金剛手は、本来は帝釈天の武器であった金剛杵《こんごうしょ》を持って、ブッダを護衛する守護神である。通常は神通力で姿を隠しているが、ブッダに危難が迫ると、姿を現して仏敵を退治すると考えられたのである。

ガンダーラの仏伝レリーフでも、執金剛神《しゅうこんごうしん》が今日のＶＩＰを警護するボディーガードのように、ブッダの背後につき従っているのが見られる。またアフガニスタンのタパ・イ・ショートルには、ギリシャ神話のヘラクレスをモデルにした逞しい執金剛神像（クシャン朝）があり、ヘラクレス・ヴァジュラパーニと呼ばれていたが、惜しくもアフガニスタン内戦で破壊されてしまった（写真12）。

このような逞しい力士形《りきしぎょう》の執金剛神の姿を伝えるのが、日本の寺院の山門に見られる仁王像である。仁王は正しくは二王と書き、本来は一人の執金剛神を、門の左右を守護するために二

写真 12：ヘラクレス・ヴァジュラパーニ像（土谷遙子提供）

体造立したものである。また東大寺三月堂の執金剛神像は、独尊として造立された執金剛神像の優れた作例である。

そしてこの執金剛神は、大乗仏教の発展につれて、守護神から菩薩へと昇格してゆく。『大《だい》宝積経《ほうしゃくきょう》』の「密迹金剛力士会《みっしゃくこんごうりきしえ》」は、仏の身口意《しんくい》の秘密を説く大乗仏典だが、そこでは執金剛神に、ブッダに代わって教説を説く役割が与えられている。また同経の最後では、執金剛神は賢劫千仏を護衛する任務を果たした後、東方阿閦《あしゅく》如来の妙喜《みょうき》世界に往生して、衆生を済度した後、成仏すると授記されている。

なお『阿閦仏国経《あしゅくぶっこくきょう》』によると、阿閦如来は瞋恚（いかり）を断つ修行をして、阿閦（アクショービヤ）つまり「瞋りに心を震わせない者」の名を得、ついには成仏したとされている。いっぽう「密迹金剛力士会」にも「無瞋恚の法」、つまり瞋恚（いかり）を断って悟りを得る道が説かれている。金剛手が阿閦如来の浄土に往生するとされたのは、阿閦が瞋恚を浄める仏とされていたからではないかと思われる。

このように金剛手は、未来の成仏が約束されることによって菩薩となり、さらに密教の中心的尊格へと昇格してゆく。金剛手を中心とする仏教の守護神は、やがて「金剛部」を形成するが、金剛界曼荼羅で確立する阿閦如来と金剛部の関係が、すでに『大宝積経』の段階で認められることは、注目に値する（写真13）。

写真 13：ナーランダー出土金剛手菩薩像（ナーランダー考古博物館）

5 文殊三尊と文殊五尊

「三人寄れば文殊の智恵」ということわざがあるように、文殊は仏の智恵を象徴する菩薩である。文殊菩薩は、初期から大乗仏典にしばしば登場し、重要な役割を果たしている。

したがって、その信仰は紀元後一〜二世紀には成立していたと見られるが、ガンダーラやマトゥラー彫刻には、文殊の作例を確認することができない。ガンダーラの三尊像（インド博物館所蔵）の脇侍に梵篋《ぼんきょう》を持つ菩薩があり、文殊に比定する意見があるが、単独で造立した例はまったく知られていない。

インドで文殊を単独で造立した例が確認できるのは、七世紀頃からである。この中でも、ナーランダーから出土し、ニューデリー国立博物館に所蔵される文殊菩薩像（写真14）は、パーラ朝期に多数製作されたシッダ・エーカヴィーラと呼ばれる標準的な文殊菩薩像の先駆をなし、後世のマンネリ化した作例に比し、造形感覚の点でも優れている。

文殊師利童真あるいは文殊師利法王子と呼ばれるように、文殊は童子の姿をとるが、本作品では、幼児を守る虎の爪の首飾りを着けることで、童子であることが示されている。また右の足下に、四臂のヤマーンタカ（大威徳明王）を伴うのも、この作品の特徴である。

いっぽうサールナートから出土し、サールナート考古博物館に所蔵される作品は、左右に二

写真 14：文殊菩薩像（ニューデリー国立博物館）

写真 15：文殊三尊像（サールナート考古博物館）

人の女神を伴うが、これらはケーシニー（髻設尼）とウパケーシニー（優婆髻設尼）と推定されている（写真15）。これらの女神は、文殊菩薩の頭上の髻から生まれた女神とされ、胎蔵曼荼羅にも文殊の眷属として描かれる。

これに対してバングラデシュのハトプクリヤから出土し、ダッカの国立博物館に所蔵される文殊三尊像は、右脇侍がウトパラ蓮上に日輪、左脇侍がウトパラ蓮上に月輪を持ち、それぞれ光網菩薩と月光菩薩に比定されている（写真16）。またチベットには、文殊の四方に光網、月光の二童子と、髻設尼、優婆髻設尼の二童女を配する五字文殊曼荼羅が伝えられている。

このように観音と同じく、文殊の眷属も、文殊三尊像、五尊像の眷属に、特定の尊名や図像的特徴が与えられ、ついには現在の文殊院が形成されたと考えられる。文殊は童子の姿をとるため、その眷属も童子・童女となることが多い。そして胎蔵界曼荼羅の文殊院では、光網・月光などの童子は文殊の右（向かって左）、優婆髻設尼など童女の眷属は左（向かって右）に配され、他に例を見ないジェンダーによる振り分けが行われている。

そして本章で取り上げた文殊、観音、金剛手の三尊は、仏、蓮華、金剛の三部を代表する菩薩となってゆく。そこでチベット仏教では、これらの三尊を、「三部主尊」（リクスムグンポ）と称して、とくに尊崇している。チベットでは文殊、観音、金剛手を、それぞれブッダの智慧と慈悲と力（キェンツェヌー・スム）の象徴と考えるが、これはチベットだけでなく、インド

写真 16：文殊三尊像（ダッカ国立博物館）

や日本の三部にも当てはまる観念といえよう。

6 ナーシク（三部の展開）

西インド、マハーラーシュトラ州のナーシクは、ヒンドゥー教の聖地として有名な都市だが、その南南西八キロほどの山の中腹には、仏教の石窟が開かれている。

その年代については従来、六世紀から七世紀とされてきたが、山田耕二氏は七〜八世紀の開鑿としている。いずれにしてもナーシク石窟は、グプタ朝が崩壊してからパーラ朝の密教美術が華開くまでの間に相当し、『大日経』が成立し、胎蔵曼荼羅が発展した時期の仏教図像を示している。

この中でも、第二三窟に附属する第三祠堂には、興味深い図像が見られる（写真17、写真18）。この祠堂は奥壁に、倚座の転法輪印如来像を中尊として、その左右に観音（蓮華手）・金剛手の脇侍を配する。いっぽうその左右の壁には、中央にそれぞれ観音と金剛手を表し、その左右両側に各四段の区画を設け、合計八体の小菩薩像を現しているのが注目される。

残念ながら地下水による浸食のため、最下段の小菩薩像は図像が判別できないが、それぞれの小菩薩は、男女の性差と持物や座法に明確な特徴をもっている。

現段階では、これらの小菩薩の尊名を同定することは困難だが、観音と金剛手を中心に発展

写真 17：金剛手菩薩像（ナーシク第 23 窟第 3 祠堂）

写真 18：観音菩薩像（ナーシク第 23 窟第 3 祠堂）

してきた蓮華部や金剛部の眷属が、ここに一堂に集められていると考えるのは自然である。そして彼らを、胎蔵曼荼羅の蓮華部・金剛部の眷属と考えることも可能である。

7 『蕤呬耶経』の曼荼羅（三部曼荼羅の発展）

このようにインドでは、釈迦・観音・金剛手の三尊形式が発展して、仏・蓮華・金剛の三部が成立した。そして六世紀後半から七世紀初頭にかけて、前述の叙景曼荼羅を、さらに発展させた曼荼羅が現れた。

『蕤呬耶経《すきや》』は、曼荼羅の通則を説く初期密教経典だが、ここには三部形式に基づく、比較的規模の大きな曼荼羅が説かれている（次頁図）。この曼荼羅では、中央の蓮台上に本尊（高田仁覚教授は毘盧遮那とする）を描き、その四方には『般若経』『華厳経』『如来秘密経』（前述の『大宝積経』「密跡金剛力士会」）『金光明経《こんこうみょうきょう》』の、四篇の大乗経典を安置する（チベット訳のみ）。

その外は二重の方形となるが、内院の向かって左（北）には観音をはじめとする蓮華部の尊格群、右（南）には金剛手をはじめとする金剛部の尊格群が描かれる。いっぽう東面には釈迦如来を中心として、後の胎蔵界曼荼羅の釈迦院を構成する尊格群が配される。これに対して西面は、胎蔵界曼荼羅の持明院《じみょういん》に相当するが、西門に二人の龍神を描くだけで、その他は空白となっている。

蕤呬耶経の曼荼羅

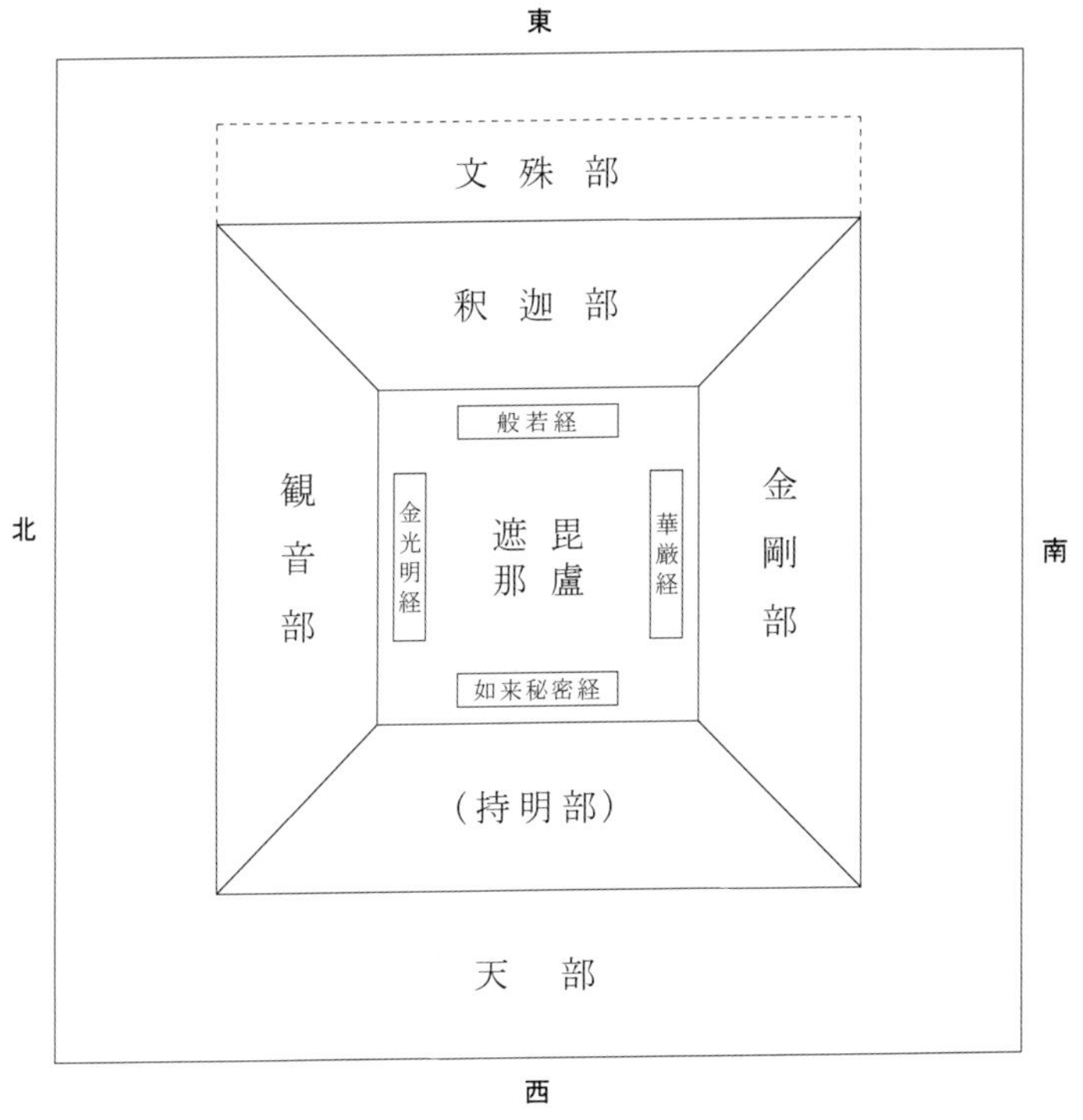

そのさらに外側の外院には、東面に文殊菩薩とその眷属が描かれ、南西北の三面には仏教を守護するインドの神々が配されている。

その構造を見ると、内院は仏・蓮華・金剛の三部立てで、中央の軸線上には本尊、釈迦、文殊を一列に配している。これは仏・蓮華・金剛の三部が、釈迦・観音・金剛手の三尊から発展し、文殊が仏部を代表する菩薩とされたことを念頭に入れれば、理解できる。

現図の胎蔵界曼荼羅は十二大院から構成されるが、このうち蘇悉地院《そしつじいん》は、『大日経』には説かれていない。また現図曼荼羅の各院は仕切線で区切られた方形となるが、原初的な胎蔵曼荼羅には、三重曼荼羅の区画線があるだけで、各重の東西南北は仕切られていなかった。そこで現図以前の胎蔵曼荼羅の各部分は、石田尚豊博士以来、文殊部、遍知部というように、「部」をつけて呼ぶようになった。

『蕤呬耶経』の曼荼羅では、原初的な胎蔵曼荼羅に存在した一一部のうち、すでに蓮華部、金剛部、釈迦部、文殊部、外金剛部《げこんごう》の五部がすでに成立し、中台八葉部と持明部も形成途中であったことがわかる。また外院東面の文殊部には、胎蔵曼荼羅の文殊部には属さない虚空蔵菩薩《こくぞう》や、弥勒などの賢劫《げんごう》菩薩が含まれるのが注目される。これに対して、現図の遍知院《へんちいん》に相当する遍知部には対応する部分がないが、遍知部の主尊である遍知印は、初期密教経典『トリサマヤ・タントラ』の曼荼羅で、外院の東面に描かれており、同経から胎蔵曼荼羅に取り入れられたと考えられる。

このように三尊形式から発展した叙景曼荼羅は、その構造を二重とすることで、より複雑な三部構成の曼荼羅へと展開してゆく。そして胎蔵曼荼羅の三重構造も、その発展の延長線上に考えることができるのである。

第四章　八大菩薩

1　善無畏三蔵とオリッサ

前章では、釈迦・観音・金剛手の三尊形式から仏・蓮華・金剛の三部が形成され、やがて三部立ての曼荼羅に発展する過程を見てきた。この三部は、胎蔵曼荼羅の中心部である初重において重要な位置を占めている。いっぽう初期密教経典の『蕤呬耶経《すきや》』では、三部立ての内院に、仏教を護る神々を中心とした外院を配した二重構造の曼荼羅が説かれた。

これに対して原初的な胎蔵曼荼羅は、三重構造をもっている。そして今まで存在しなかった第三重の形成には、八大菩薩と呼ばれる尊格群が重要な役割を果たしたことがわかった。そこで本章では、胎蔵大日如来と八大菩薩の関係について、考察することにしたい。

インドで七世紀に成立した『大日経』は、善無畏《ぜんむい》によって漢訳され、真言密教の根本聖典となった。若き日の空海が、久米寺《くめでら》で善無畏の訳した『大日経』を目にして、唐に渡って密教を学ぶという志を立てたという伝説は有名である。

善無畏は、インド東海岸のオリッサ（オディシャと改称）にあったウドラ国の王子として生まれたが、王位継承を巡る争いのため、異母兄に襲われて負傷するという事件が起きた。そこで善無畏は、王位を兄に譲って出家し、ナーランダーなどで仏教を学んだ後、西域経由で中国に入り、唐の皇帝玄宗《げんそう》の帰依を受けた。

なお八世紀からオリッサ北部を支配したバウマカラ王朝は、歴代の国王が仏教を篤く保護したことで知られる。善無畏のサンスクリット名はシュバーカラシンハというが、バウマカラ王朝には、シュバーカラデーヴァという名の国王がおり、とくに熱心な仏教信者であったといわれる。この王と名前が似ていることから、善無畏は、おそらくこの王朝の王族であったと推定されている（写真19）。

後世の伝承では、善無畏は北インドの王か

写真19：善無畏三蔵（大正大蔵経図像部より転載）

ら『大日経』の原典を贈られ、その教えを伝える意図をもって、唐に渡ったとされる。しかし『開元釈教録《かいげんしゃっきょうろく》』によれば、善無畏の訳したサンスクリット原典は、唐からインドに留学し、六七四年に北インドで客死した無行が蒐集したテキストであった。したがって善無畏が、当初から『大日経』の翻訳流布を目的としていたとは考えにくい。しかし善無畏による『大日経』の講義を弟子の一行《いちぎょう》が筆記した『大日経疏《しょ》』を読むと、善無畏が密教全般について、幅広い知識をもっていたことがわかる。

また善無畏は、胎蔵曼荼羅の尊格の配置を示した「阿闍梨所伝曼荼羅」や、胎蔵曼荼羅に描かれる尊格を図示した「胎蔵図像」、さらに金剛界曼荼羅の異本「五部心観《ごぶしんかん》」などの図像資料を遺しており、胎蔵曼荼羅だけでなく、金剛界曼荼羅にも該博な知識を有していたのである。

2　胎蔵大日如来の発見

インドでは九世紀以後、『大日経』系の密教が急速に衰退したため、胎蔵曼荼羅に関係する遺品は、近年まで一点も発見されていなかった。しかし一九六〇年代から、善無畏の出身地であるオリッサで、胎蔵・金剛界の大日如来像や、曼荼羅の原初形態と考えられる仏塔や仏像群が、あいついで発見され、両界曼荼羅の源流が、しだいに明らかになってきた。

オリッサのラリタギリ遺跡で出土し、現地の収蔵庫に収められている像高一・一メートルの

写真 20：ラリタギリ胎蔵大日如来

仏像は、インドで『大日経』系の密教美術が発見される端緒となった、記念すべき作品である（写真20）。

様式的に八世紀頃と推定されるこの像は、両手で禅定印《ぜんじょういん》を結び、身に装身具や条帛《じょうはく》を着けない如来形像である。その頭部は髪髻冠《はっけいかん》となり、左右の肩に垂髪を垂らし、台座の左右には獅子が刻出されている。一九八〇年に現地を訪れた嵯峨美術短大と種智院大学の合同調査団が、本像の光背上部に梵字で真言が刻出されているのを発見した。

この梵字を調査したところ、Namaḥ Samantabuddhānāṃ āḥ vīra hūṃ khaṃ の文字が判読できた。これは日本の真言宗に伝えられる胎蔵界大日如来の真言「ノウマク、サマンタボダナン、アビラウンケン」と同一である。そしてこの発見が、オリッサに見られる同型の如来像が胎蔵大日如来と同定されるきっかけとなった。

なお胎蔵大日如来は、如来形であっても螺髪《らほつ》がなく、高い髪髻冠から垂髪を垂らすことが多い。これは大日如来が、地上に現れて出家し、修行をして悟りを開いた、釈迦牟尼《しゃかむに》のような応《おう》身《じん》仏ではないことを示している。また禅定印を結ぶのは、報身《ほうじん》の住処（『大日経』では色究竟天ではなく法界宮殿《ほっかいぐうでん》という）で深い禅定に入っていることを示すと見られる。

いっぽう同じオリッサのラトナギリからは、現在ラトナギリ考古博物館に収蔵されている胎蔵大日八大菩薩像をはじめ、ラトナギリ小学校の校庭にある像、第一僧院第四祠堂像などが発見された。これらはインドにおける胎蔵大日の作例として貴重なばかりでなく、胎蔵曼荼羅の成立という問題にも、重要な示唆を与える図像学的要素をもっている。そこで以下の各節では、これらの作例について検討を加えることにしたい。

またオリッサ以外では、ナーランダーから禅定印如来形の胎蔵大日像（九世紀）が出土している。この他、サールナート考古博物館蔵の禅定印菩薩像（一〇世紀）、ギメ美術館蔵の禅定印菩薩像（一一世紀、ネパール）など、胎蔵大日の可能性がある作品が、いくつか存在する。しかしラリタギリ像のように、真言や銘文などの決定的証拠が見いだされないため、これらの比定は、いまだ可能性の域に留まっている。

3 ラトナギリ第四祠堂

ラリタギリでインドではじめて胎蔵大日如来像が発見されてから、オリッサではつぎつぎと胎蔵大日像が同定されるようになった。その中でもラトナギリ第四祠堂は、胎蔵大日を本尊とする曼荼羅的な構成を示していることで注目される。

ラトナギリ遺跡は、日本の前方後円墳のような、二つの頂をもつなだらかな丘陵の上にある。このうち南の丘は、崩壊した大塔を多数の奉献小塔が取り囲むストゥーパ群を形成している。いっぽう北の丘には五〇メートル四方の巨大な第一僧院を中心に、僧院と祠堂が立ち並んでい

写真 21：胎蔵大日如来像（ラトナギリ第 4 祠堂）

写真 22：観音（金剛法）像（ラトナギリ第 4 祠堂）

る。このうち第四祠堂は、北の丘の南西隅にあり、一回り大きな第五祠堂の陰に隠れてしまうほどの小さな堂宇である。

この小堂は東に面しており、西の正面には、本尊の胎蔵大日如来像（菩薩形）が安置されている（写真21）。いっぽうその左右には、観音と金剛手の坐像が安置されている。このうち観音は、左手で蕾をつけた蓮の茎（現状では欠失）を持ち、右手を蕾に添えて、開花させるしぐさをしている（写真22）。これは日本の聖《しょう》観音に見られる図像で、現図胎蔵界曼荼羅の観音（蓮華部院主尊）とも一致する。

しかし観音が戴く五智宝冠に現された五仏は、転法輪印《てんぽうりんいん》の毘盧遮那を中尊とする金剛界系の図像に一致しており、胎蔵系とはいえない要素も含まれている。

またこの観音は、光背《こうはい》と台座の左右に四人の眷属女尊を伴っている。このうち光背向かって左の女尊はターラー（多羅）、台座右下の女尊はブリクティー（毘倶胝）と考えられる。これらの女尊は、前述の観音三尊の脇侍であるばかりでなく、胎蔵曼荼羅の蓮華部でも観音の左右に配される重要な眷属尊である。

いっぽう金剛手は保存状態に難があるが、右手で金剛杵《しょ》を持ち、左手は肘を張って腰上に金剛鈴《れい》を持っている（写真23）。これは現図胎蔵界曼荼羅の金剛手（金剛薩埵）ではなく、金剛界曼荼羅の金剛薩埵に一致する図像である。

写真 23：金剛薩埵像（ラトナギリ第 4 祠堂）

このようにラトナギリ第四祠堂の尊像配置は、胎蔵曼荼羅の中心部（初重）の主要尊を抽出した構成を示している。これらの像は、ラトナギリから出土した他の胎蔵大日像と同じく、様式的に八世紀から九世紀の作とされ、胎蔵曼荼羅の成立後に造られたと考えられる。また観音や金剛手の図像は『金剛頂経』系の影響を受けており、純粋の『大日経』系とはいえない部分が見られる。

しかしその配置は胎蔵曼荼羅の基本構造に一致し、このような尊像形式が発展して胎蔵曼荼羅が成立したと見ることもできる。

4　ラトナギリ胎蔵大日八大菩薩像

これに対してラトナギリの第五祠堂から発掘され、現在はラトナギリ考古博物館に収蔵される胎蔵大日如来像は、光背に八大菩薩を伴っていることが注目される（写真24）。

なお八大菩薩とは、大乗仏教で信仰される菩薩の中から主要な八尊をまとめたもので、テキストによって種々の組み合わせが説かれている。このうちインドで最も普及したのは、①観音②弥勒③虚空蔵《こくぞう》④普賢《ふげん》⑤金剛手⑥文殊⑦除蓋障《じょがいしょう》⑧地蔵《じぞう》という組み合わせで、これを頼富本宏教授は「標準型の八大菩薩」と名づけた。

これらの中で、弥勒、観音はガンダーラ彫刻の時代から作例が確認され、文殊、普賢の二菩

写真 24：胎蔵大日八大菩薩像（ラトナギリ考古博物館）

薩も、初期大乗経典にしばしば登場する。これら四尊は四大菩薩とも呼ばれ、胎蔵界曼荼羅の中台八葉院の四維に描かれる。

これに対して金剛手は、ガンダーラ彫刻では護法神に過ぎず、菩薩に昇格するのは中後期の大乗仏典からである。また除蓋障は、最古の陀羅尼《だらに》経典とされる『微密持経《みみつじきょう》』（三世紀前半）に、「去蓋菩薩」として登場するのが初出と思われる。さらに虚空蔵、地蔵の二尊は、初期の大乗仏典には登場せず、中後期の大乗仏典にはじめて出現した菩薩である。

標準型の八大菩薩とその曼荼羅に言及する最古の漢訳経典は、六六三年に唐に来朝した那提訳の『師子荘厳王菩薩請問経《しししょうごんおうぼさつしょうもんきょう》』である。したがってインドでは、標準型の八大菩薩が遅くとも七世紀中葉には成立していたことがわかる。

同経に言及される八大菩薩の順序は、後に不空が訳した『八大菩薩曼荼羅経』に一致する。いっぽう敦煌《とんこう》出土のチベット文献『眷属を伴う毘盧遮那讃』（九世紀初頭）は、色究竟天に住する毘盧遮那仏が、八大菩薩（二尊付加されている）と不動《ふどう》、降三世《ごうざんぜ》の二大明王に囲繞《いにょう》されることを説くが、ここに説かれる八大菩薩の尊名も、『師子荘厳王菩薩請問経』に一致している。

なおこれら八大菩薩に関連する経典の中には、胎蔵五仏に似た他土仏を説くものがあり、初期密教から『大日経』系への発展過程にあると考えられる。これは毘盧遮那と標準型の八大菩薩の組み合わせが、胎蔵曼荼羅と親近性をもつことを示唆するものである。

ラトナギリ胎蔵大日八大菩薩像の成立は、様式的に見て八〜九世紀と推定されるが、この年代は、ここで取り上げた文献資料の年代とも、ほぼ一致している。

前述の『眷属を伴う毘盧遮那讃』では、色究竟天に住する毘盧遮那仏が、八大菩薩と二大明王を眷属とすると説かれる。また中央チベットのネーサル寺院には、胎蔵大日如来の左右に八大菩薩と不動・降三世の二大明王を配した大日如来堂があり、「色究竟天の毘盧遮那」（オクミン・ナムパルナンゼー）と呼ばれていた。そしてこの組み合わせは、胎蔵曼荼羅から主要尊を抽出したものとも見なされる。

第二章の「7　宇宙的ほとけ大日如来」で見たように、後期大乗仏教の教学では、如来の報身は色究竟天から動かず、高位の菩薩たちに大乗の教えのみを説くとされていた。このことからラトナギリの胎蔵大日八大菩薩像は、色究竟天で高位の菩薩たちに大乗の教えを説く、如来の報身を現したものとも考えられるのである。

5　ラリタギリの八大菩薩

いっぽう同じオリッサのラリタギリからは、八大菩薩の石像が出土している。ラトナギリの八大菩薩が本尊の光背に浮き彫りされていたのに対し、ラリタギリの八大菩薩は独立した高浮き彫りの石像である。そして現在までに二メートルほどの像が、合計二一体も出土している。

これらの像は、かつて八大菩薩のセットを構成していたと推定されている。なおオリッサ美術の権威T・ドナルドソン教授は、ラリタギリ出土の八大菩薩像を、様式的にAからDの四種に分類している。したがってラリタギリには、少なくとも四セットの八大菩薩があったことになる。

このうち芸術的に最も優れているのはAセットで、現在のところ地蔵を除く七点が出土し、そのうち金剛手と除蓋障の二体が、コルカタのインド博物館に展示されている（写真25）。ラトナギリの胎蔵大日八大菩薩像を見てもわかるように、八大菩薩は本尊ではなく、その眷属として造られた。したがってこれらの彫像も、本尊の眷属として造られたものと推定されるが、ラリタギリの八大菩薩が、どこの仏堂で、どの本尊の眷属として造られたかはわかっていない。

また光背に浮き彫りされた八大菩薩とは異なり、単独像で二メートルちかい大きさがあるため、一々の印相や持物を明確に判別できるのは貴重である。ラリタギリの八大菩薩には、①右手を与願印《よがんいん》にして左手に蓮華を持つもの、②宝冠中に仏塔を表し、左手に龍華《りゅうげ》（ナーガケーサル）を持つもの、③左手にウトパラ蓮（先端の尖った睡蓮）を持ち、その上に剣を載せるもの、④左手に三蕾をつけた植物を持つもの、⑤左手にウトパラ蓮を持ち、その上に金剛杵を載せるもの、⑥左手にウトパラ蓮を持ち、その上に梵篋（インド装幀の経本）を載せるもの、⑦左手

写真 25：除蓋障菩薩像（ラリタギリ出土、インド博物館）

八大菩薩の持物

	八大菩薩曼荼羅経	造像量度経解	大日経	G・マランドラ	頼富本宏	松長恵史
観音	蓮華	蓮華	蓮華	開敷蓮華	蓮華	蓮華
弥勒	水瓶	軍持		龍華	水瓶と龍華	水瓶と龍華
虚空蔵	宝珠	剣	剣	宝珠	剣	剣
普賢	剣	如意宝		剣	宝蓮(三蕾)	宝蓮(三蕾)
金剛手	金剛杵	金剛杵	金剛杵	金剛杵	金剛杵	金剛杵
文殊	青蓮上金剛杵	梵篋	青蓮上金剛杵	梵篋	梵篋	梵篋
除蓋障	幢幡	宝瓶	宝珠	幢幡	幢幡	宝珠
地蔵	鉢	鮮菓	幢幡	大蕾	宝珠	幢幡

八大菩薩の持物は、経典により一定していない。マランドラ、頼富、松長三氏の説は、観音、金剛手、文殊、弥勒では一致するが、地蔵、虚空蔵、普賢、除蓋障では一致しない。本書では、頼富説を採用しているが、松長説には『八大菩薩曼荼羅経』の所説、エローラ石窟の八大菩薩曼荼羅、日本の尊勝曼荼羅の三者を一致させることができるというメリットがある。

にウトパラ蓮を持ち、その上に幢幡《どうばん》（インドの旗）を載せるもの、⑧左手にウトパラ蓮を持ち、その上に宝珠を載せるものという八種の類型が認められる。

このうち①は観音、②が弥勒、⑤が金剛手、⑥は文殊に相当することが、学界では広く承認されている。しかし③については普賢と虚空蔵、④は地蔵と普賢、⑦は地蔵と除蓋障、⑧も除蓋障と地蔵とする説があり、意見の一致を見ていない。なお本書では、頼富本宏教授の説に従って、③を虚空蔵、④を普賢、⑦を除蓋障、⑧を地蔵とすることにする（上の表参照）。

そしてこのような八大菩薩の図像学的特徴は、ラリタギリだけでなく、前述のラトナギリや、その他の地方からの出土品にも、ほぼ当てはまることがわかった。これは八大菩薩の図像に、何らかの文献的典拠があったことを暗示しており、組織的な密教聖典がすでに成立していたことを示すものともいえる。

またC群を除く三種は、いずれも左右に脇侍（多くが女性）を伴っている。このうち観音の両脇侍はターラーとブリクティーであるが、その他の脇侍には尊名の比定が困難なものが多い。しかし文殊の脇侍となる二人の女性尊は、第三章で見たケーシニーとウパケーシニーと推定される。いっぽう金剛手の脇侍は、右脇侍が金剛杵を持ち、左脇侍が蓮台上に金剛杵を立てているので、胎蔵曼荼羅で金剛手の左右に配される、マーマキーと金剛針《しん》（ヴァジュラスーチー）に比定することも可能である。

このようにラリタギリの八大菩薩は、密教の発展にともない、観音の蓮華部、金剛手の金剛部だけでなく、他の菩薩にも眷属が付随するようになったことを示している。そして胎蔵曼荼羅では、観音・金剛手・文殊の三部主尊だけでなく、虚空蔵、地蔵、除蓋障の三尊も、独自の眷属を伴った「部」を構成することになる。

ラリタギリの八大菩薩は、様式的に八世紀から九世紀頃と推定される。これらがもし八世紀初頭に成立したとしても、胎蔵曼荼羅はすでに成立していたことになる。そして胎蔵曼荼羅の虚空蔵部、地蔵部、除蓋障部には、それぞれ五尊、五尊、八尊の眷属が描かれている。

したがって胎蔵曼荼羅の虚空蔵部、地蔵部、除蓋障部が、これらの菩薩を中尊とする三尊形式から発展したのなら、脇侍にも各部の眷属に似た図像学的特徴が見いだされるはずである。ところがラリタギリの八大菩薩では、観音、金剛手、文殊の三尊以外には、眷属に明確な図像学的特徴が見られない。

また前述の『薤呬耶経』の曼荼羅では、文殊部に相当する外院東面に、文殊部に属さない虚空蔵菩薩が描かれていた。いっぽう日本の八字文殊曼荼羅には、胎蔵曼荼羅の文殊部だけでなく、除蓋障部の眷属二尊も描かれている。したがって虚空蔵部、地蔵部、除蓋障部の眷属は、当初からこれらの菩薩の眷属であったのではなく、第三重が形成される過程で、虚空蔵部、地蔵部、除蓋障部に割り当てられたと考えられるのである。

6　展開された曼荼羅（エローラ後期仏教窟）

西インドのマハーラーシュトラ州、アウランガバードの北西約二五キロにあるエローラには、インドでも最大級の石窟寺院がある。エローラは、ヒンドゥー教、仏教、ジャイナ教の石窟が軒を連ね、一般にはヒンドゥー教窟のカイラーサナータ寺院（第一六窟）が有名であるが、第一窟から第一二窟までの仏教窟も、近年学界の注目を集めるようになってきた。

エローラの仏教窟の年代については、従来から種々の説があるが、南端の第一窟から北に向かって開鑿され、一番北にある第一二窟が最も新しいとするのが定説となっている。このうち曼荼羅的な群像表現が見られるのは、エローラの仏教窟の中では最も新しく、「後期仏教窟」と呼ばれる第一一窟と第一二窟である。これら二つの石窟は、第一一窟がドゥオタール（二層）、第一二窟がティンタール（三層）と呼ばれる多層構造をもち、各層の正面奥には、それぞれ本尊仏が安置されている。

そして第一一窟の二階と第一二窟の各階には、本尊と八大菩薩が一つの堂内に祀られている。このうち第一一窟の二階では、第一祠堂と第三祠堂に本尊と八大菩薩の組み合わせが見られる。これらの本尊はいずれも触地印《そくじいん》を結ぶ如来形像で、降魔成道の釈迦あるいは阿閦如来と考えられている。いっぽう八大菩薩では、一番奥の二体が観音と金剛手で、本尊の脇侍菩薩を兼ねている。このことからも、エローラの尊像配置が釈迦・観音・金剛手の三尊形式から発展したことがわかる。

これに対して第一二窟の一階は、転法輪如来像を本尊とし、左右に八大菩薩を配している。なおこの本尊については、釈迦・阿弥陀・毘盧遮那などに比定する説があり、意見の一致を見ていない。また八大菩薩の配置では、この窟のみ、脇侍菩薩が観音・金剛手ではなく、観音・地蔵（G・マランドラは虚空蔵とする）の組み合わせとなっている。

これに対して二階は触地印如来像を本尊とし、左右に八大菩薩を配している。なおこの本尊

エローラの八大菩薩

エローラ第12窟２階左辺

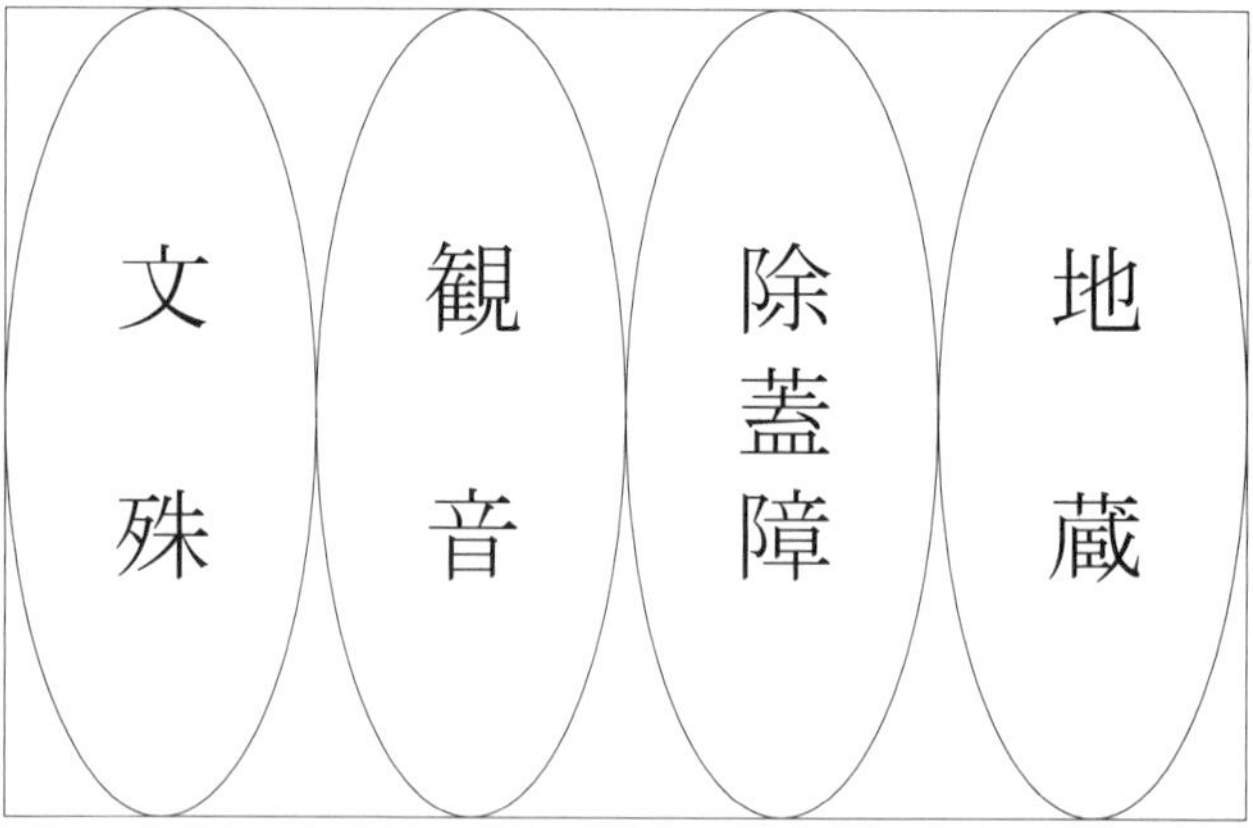

エローラの八大菩薩

エローラ第12窟２階右辺

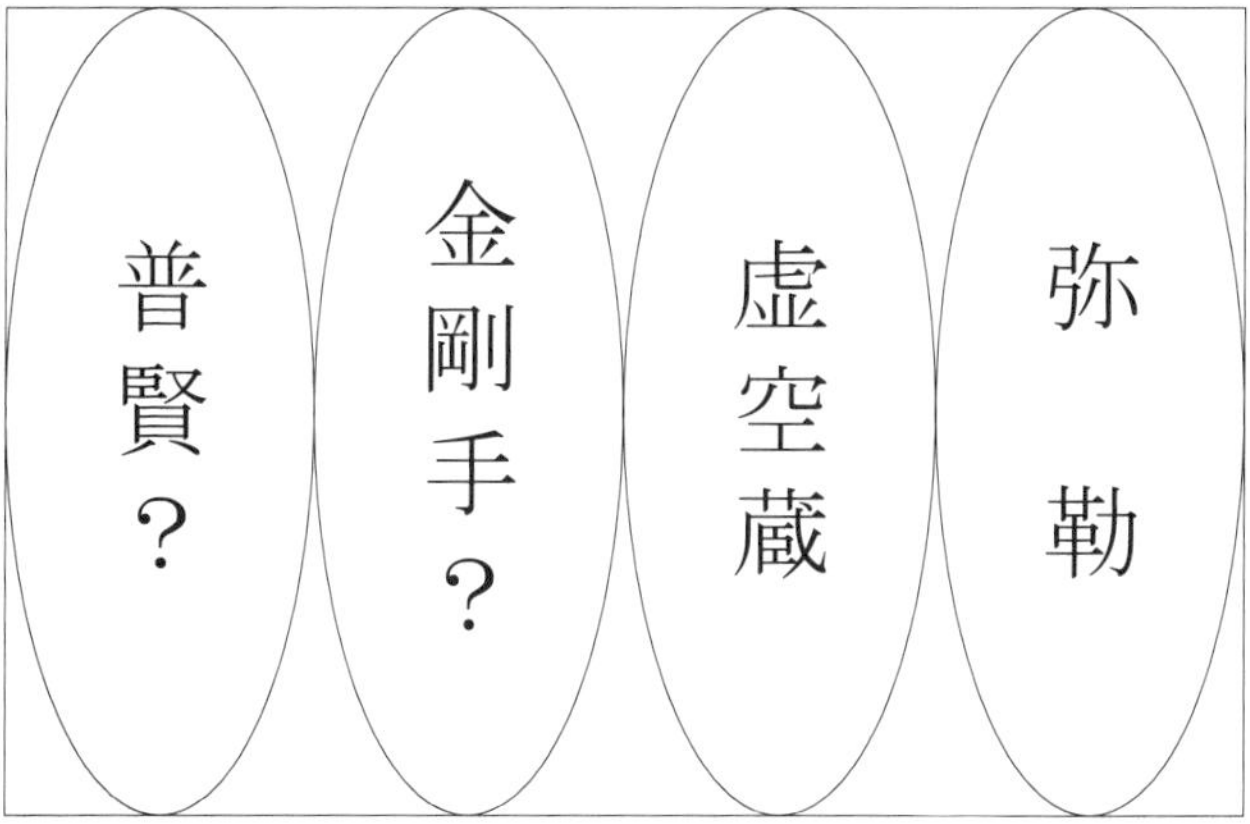

は、台座に地中から現れる大地の女神と、魔を退治するアパラージターを表すので、降魔成道の釈迦に比定できる。また八大菩薩の配置では、脇侍菩薩の観音・金剛手が独立し、八大菩薩とは別に造られている。また二階と三階では、脇侍についで本尊に近い位置に、文殊と弥勒の二尊が配されている（前頁、前々頁図参照）。これはチベットの八大菩薩に例があり、文殊と弥勒が中観と唯識という、大乗仏教の二大学派を象徴すると考えられたからであろう。

いっぽう三階も触地印如来像を本尊とし、左右に八大菩薩を配している。ここでも脇侍菩薩の観音・金剛手が独立し、八大菩薩とは別に造られているので、菩薩の総数は一〇尊となっている。

さらに第一二窟で興味深いのは、その一階と二階の五カ所に、禅定印仏像を主尊とし周囲に八大菩薩を配した曼荼羅が、浮き彫りされていることである（次頁図）。

そしてインドの美術史家、G・マランドラは、エローラ後期仏教窟の触地印如来像が釈迦あるいは阿閦であるのに対し、禅定印を結ぶ如来像は毘盧遮那（胎蔵大日）であると主張する。そして第一二窟において完成したエローラ石窟の尊像配置は、第一二窟壁面レリーフの八大菩薩曼荼羅を、礼拝像の形式に展開したものに他ならないと考えたのである。

残念ながらマランドラは、チベット語や漢文の資料に関しては、『大日経』系の行タントラと『金剛頂経』系の瑜伽タントラを混同するなど、重大な錯誤を犯しているが、エローラの後

エローラ八大菩薩曼荼羅

弥勒	虚空蔵	普賢
観音	毘盧遮那	金剛手
除蓋障	地蔵	文殊

期仏教窟の諸尊配置を「展開された曼荼羅」(The Mandala Unfolded)として読み解く新説は傾聴に値するように思われる。

さらにマランドラは、碑文や石柱の様式の詳細な検討を行い、第一二窟の成立年代を、ラーシュトラクータ朝による大規模なヒンドゥー教窟開鑿の直前、すなわち七〇〇年から七三〇年の間とした。エローラの後期仏教窟については、その成立を一〇世紀まで下げる意見もあったが、後期仏教窟には、まれに一面四臂像が現れるだけで多面広臂像に乏しいこと、胎蔵系に近い図像が多く、金剛界系の図像は、最後の第一二窟に金剛界大日三尊(後述)が見られるに過ぎないことを考慮すれば、マランドラの時代設定は妥当なものといえる。

7　尊勝曼荼羅

前節で見たエローラ第一二窟の八大菩薩曼荼羅は、パーラ朝時代の種字曼荼羅や八葉蓮華状の鋳造曼荼羅を除けば、インドに遺される曼荼羅のほとんど唯一の作例である。そしてこの曼荼羅は、禅定印の仏像を主尊として、周囲に標準型の八大菩薩を配していた。さらにインド仏教の中心地ナーランダーからも、転法輪印の如来像の周囲に八大菩薩を配した、曼荼羅状の塼《せん》仏《ぶつ》が出土している。同様の作品はメトロポリタン美術館に二点、カルカッタ大学のアストッシュ博物館に一点所蔵されており、同じ範型から大量生産され、信徒に頒布されたと推定される。

ところが日本には、これと非常によく似た曼荼羅が伝えられている。それは『仏頂尊勝陀羅尼《ぶっちょうそんしょうだらに》』の信仰から発展した尊勝曼荼羅で、その図像には三種が知られている。第一は大日如来の周囲に八大仏頂を配し、下部には不動、降三世の二大明王を描くものであり、善無畏系の図像とされている。第二は大日如来の周囲に標準型の八大菩薩を配するもので、不空《ふくう》系とされている（次頁図）。なお不空系の尊勝曼荼羅にも、不動、降三世の二大明王を加えることがある。また八大菩薩は、右脇侍（向かって左）の観音から、前述の『師子荘厳王菩薩請問経』や『八大菩薩曼荼羅経』に説かれる順序にしたがって、右回りに配置されている。これに対して第三は、大日・不動・降三世の三尊のみを描くものである。

このうちエローラ第一二窟の曼荼羅は、禅定印を結ぶ大日如来の周囲に八大菩薩を配する不空系の尊勝曼荼羅に似ている。

なおインドの八大菩薩の比定に関しては、学者の間でも意見が分かれ、いまだに一致を見ていない。しかし頼富本宏教授の説を採用すれば、エローラの八大菩薩曼荼羅と尊勝曼荼羅における八大菩薩の配置は、左下と中央下の地蔵と除蓋障が入れ替わるだけで、ほぼ一致することがわかる。また四隅に配される普賢、文殊、弥勒の三尊の位置が、現図胎蔵界曼荼羅の中台八葉院と一致するのも興味深い。

またこのタイプの尊勝曼荼羅には、醍醐寺本のように、下部に不動、降三世の二大明王を配

尊勝曼荼羅（不空系）

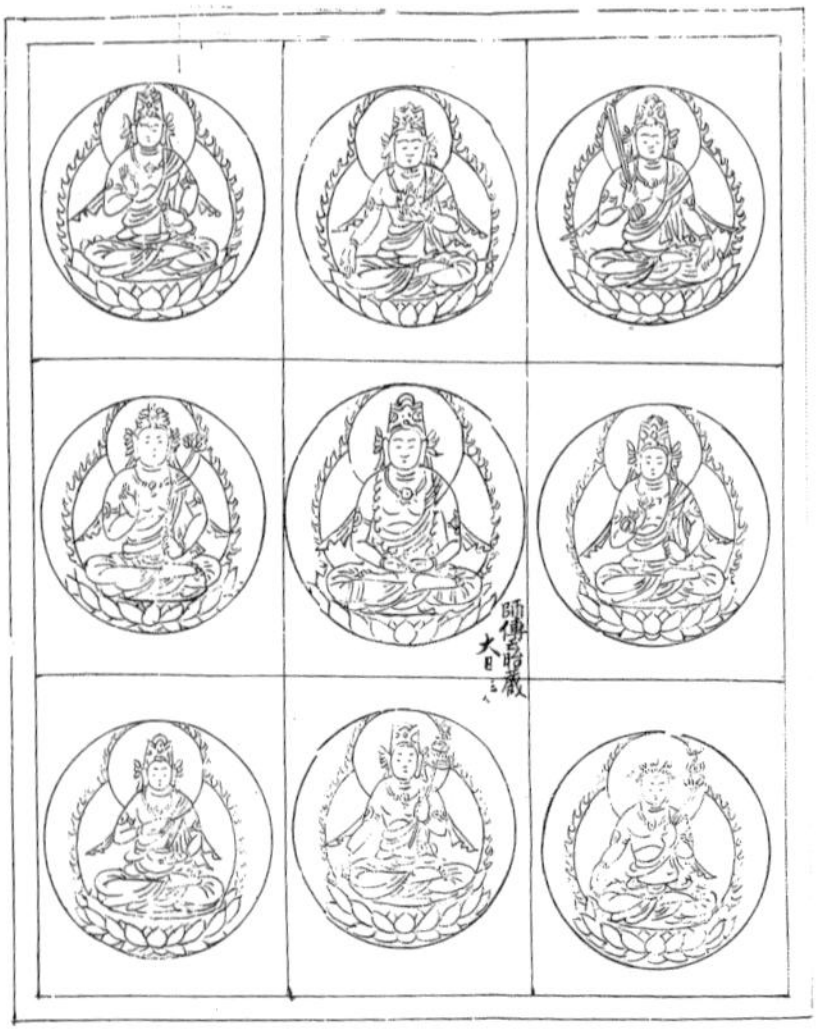

（武内孝善・廣澤隆之『曼荼羅集　興然編　上』同朋舎新社より転載）

弥勒	虚空蔵	普賢
観音	大日如来	金剛手
地蔵	除蓋障	文殊

するものが見られる。これは前述のチベット文献『眷属を伴う毘盧遮那讃』や、同時期のチベットの作例とも一致する。

第三章で見た『蕤呬耶経』の曼荼羅では、初重の西面には門衛の龍神のみが描かれ、持明部が未発達であった。ところが原初的な胎蔵曼荼羅では、この空白域に不動、降三世の二大明王を描くようになる。

このように不空系の尊勝曼荼羅は、胎蔵曼荼羅の主要尊を抽出した構造を示している。これについては、胎蔵曼荼羅の成立後に主要尊を抽出したと見るより、その成立の前段階を示すと解釈した方がよいであろう。

エローラの八大菩薩曼荼羅が、はたして尊勝曼荼羅といえるかは、今後慎重に検討すべき問題であるが、禅定印を結ぶ如来像を八大菩薩が囲繞する配置が、胎蔵曼荼羅の成立に重大な役割を果たしたことは間違いない。

8　八大菩薩曼荼羅から胎蔵曼荼羅へ

これまで見てきたように、インド東海岸のオリッサからは、胎蔵大日如来に八大菩薩を配した作品が発見された。これに対して西インドのエローラでは、本尊仏と八大菩薩の組み合わせが数多く見られるばかりでなく、禅定印の如来像の周囲に八大菩薩を配した曼荼羅のレリーフも五点発見された。

そして胎蔵大日と八大菩薩の組み合わせは、八世紀から九世紀にかけて、インドだけでなくシルクロード地域やチベットでも、多数の作例を遺したことがわかった。そしてこの図像は、色究竟天で大日如来が、高位の菩薩たちに法を説くことを象徴すると考えられた。そこで本節では、この組み合わせが、胎蔵曼荼羅とどのように関係するのかを考察してみたい。

初期密教から『大日経』が成立するまでには種々の試行錯誤があり、過渡的な経典も多く存在したと思われるが、それらの多くは現存していない。ところが近年の研究で、第二章の「8胎蔵・金剛界四仏の分化」で紹介した『金剛手灌頂《こんごうしゅかんじょう》タントラ』こそ、初期密教と『大日経』を結ぶ過渡的な経典と考えられるようになった。

この経典には、胎蔵曼荼羅の中台八葉に似た内院をもつ曼荼羅が説かれる。またその外院には、文殊（東）、普賢（東南）、金剛手（南）、除蓋障（西南）、虚空蔵（西）、弥勒（西北）、観音（北）、地蔵（東北）というように、八大菩薩とその眷属が配置される（次頁図）。

これを胎蔵曼荼羅と比較すると、文殊（東）、金剛手（南）、虚空蔵（西）、観音（北）の位置は完全に一致し、除蓋障（南の外）と地蔵（北の外）は、ちょうど反時計回りに四五度ずれて配置されていることがわかる。いっぽう八大菩薩の中で、自らの院を構成しない普賢と弥勒は、中台八葉院に描かれている（チベットの胎蔵曼荼羅には描かれない）。なお現図曼荼羅では、普

胎蔵曼荼羅と八大菩薩

エローラ石窟（頼富）

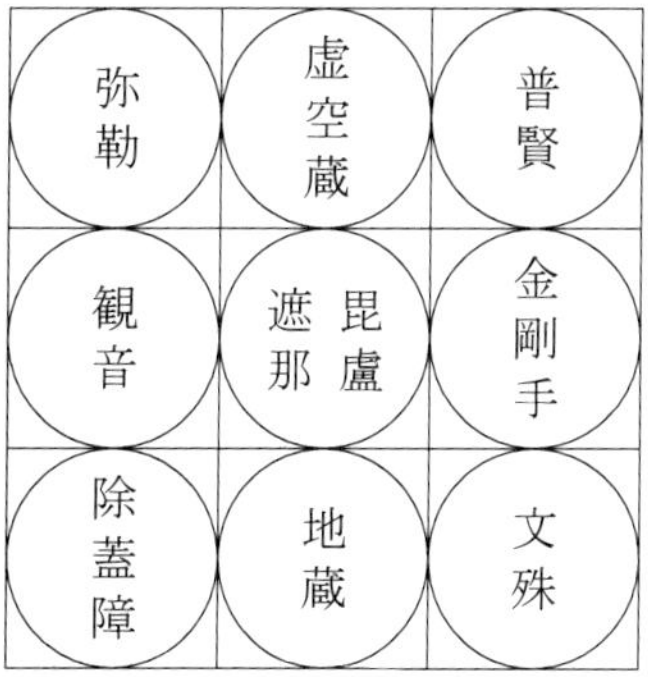

金剛手灌頂タントラの曼荼羅

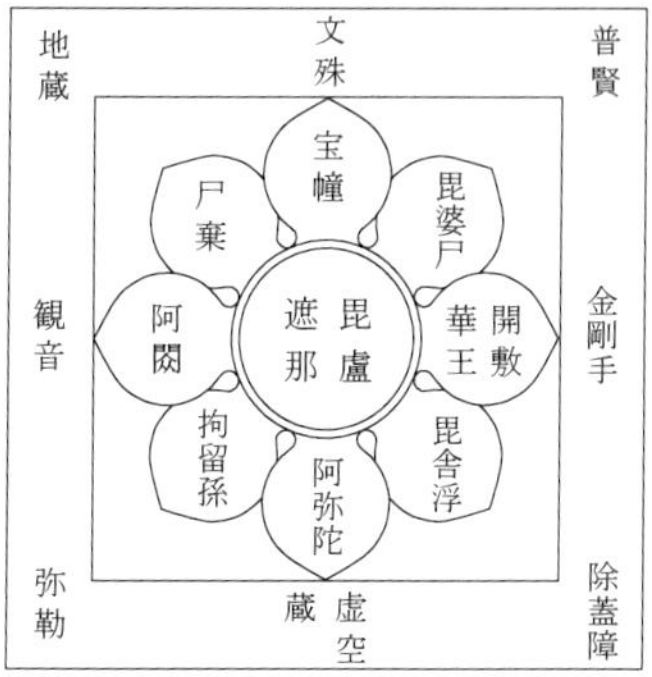

チベットの胎蔵曼荼羅

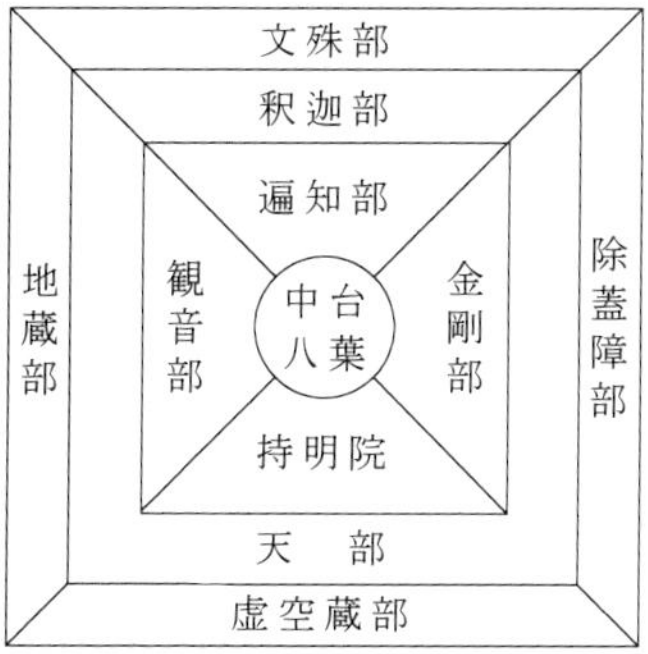

胎蔵界曼荼羅

賢は東南となり『金剛手灌頂タントラ』に一致するが、弥勒は東北に描かれて一致しない。ところが中台八葉の典拠となる『大日経』「入秘密漫荼羅位品」では、弥勒は西北に配され、『金剛手灌頂タントラ』と完全に一致するのである（次頁図）。

このように胎蔵曼荼羅は、『蕤呬耶経』のような三部構成の曼荼羅を基本としながら、毘盧遮那に主尊の座を明け渡した釈迦の曼荼羅を第二重とし、第三重には文殊菩薩を中心に菩薩たちを組み入れて、三重構造にしたものと解釈できる。そして各部分における菩薩の配置には、主尊の周囲に八大菩薩を配した曼荼羅の影響が顕著であることがわかった。

なお現図胎蔵界曼荼羅では、第二重と第三重の主尊である釈迦如来と文殊菩薩は、いずれも東門のトーラナを背にするように描かれている（写真26）。胎蔵界曼荼羅の門は「金剛門」と呼ばれ、金剛界曼荼羅の「蓮華門」やチベットの曼荼羅の門とは異なり、インドのトーラナを鳥瞰的に描いている。しかし本尊がトーラナを背にする構図は、第三章で見たハラホト出土の宝楼閣曼荼羅に通じるものがある。この事実は胎蔵曼荼羅の外院が、叙景曼荼羅のような原始的な曼荼羅を、キャラメルの箱を開くように四方に展開して作られた可能性を示唆している。

中台八葉院と八大菩薩

エローラ石窟（頼富）

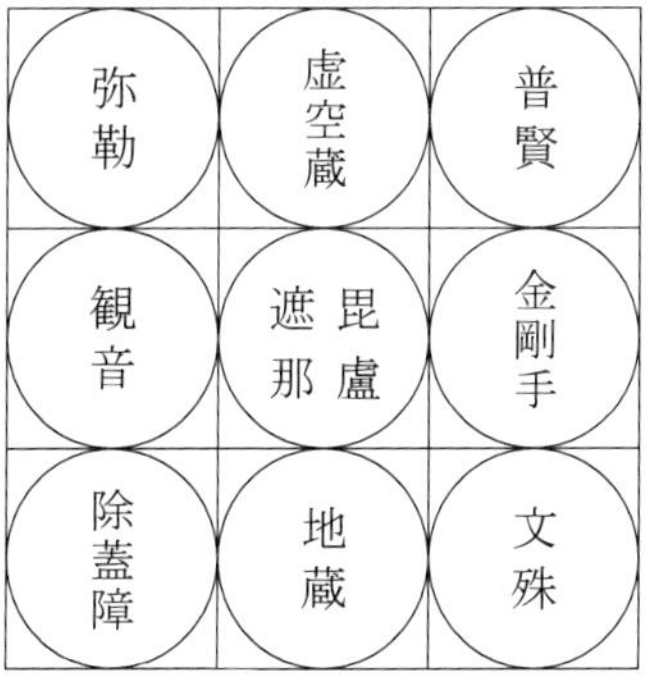

金剛手灌頂タントラの曼荼羅

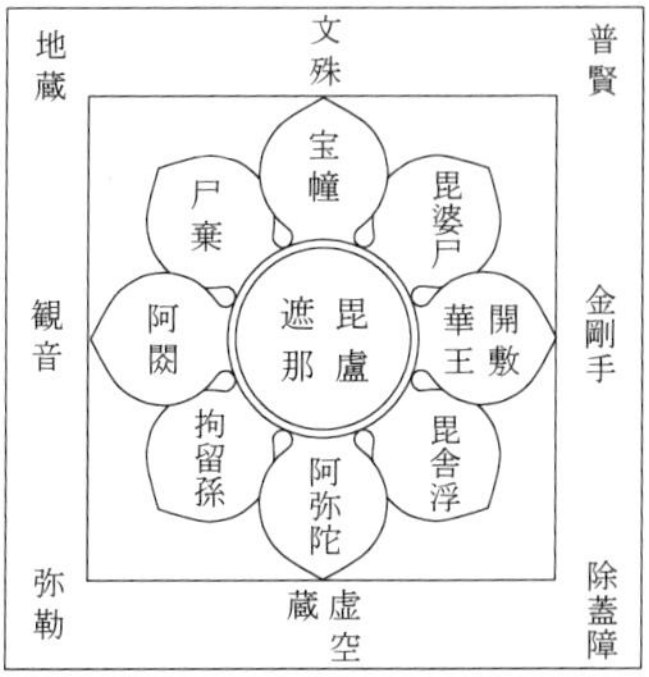

現図曼荼羅

入秘密漫荼羅位品

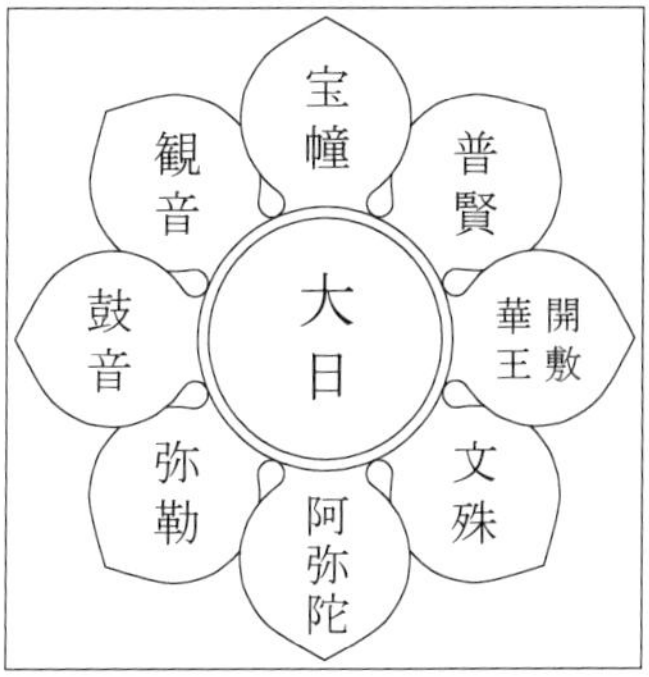

写真 26：東門の中に描かれる釈迦如来（観蔵院曼荼羅美術館所蔵、染川英輔筆）

第五章　胎蔵五仏の成立

1　高野山根本大塔

第一章で見たように、唐の都長安で恵果《けいか》と巡り会い、わずか三カ月の間に両部の大法を伝授された空海は、八〇六年の八月に唐から帰朝した。留学生としての修学期間を満了せずに帰国した空海は、しばらく九州に止まっていたが、やがて嵯峨天皇の帰依をうけて、平安京に建設中だった東寺《とうじ》を賜り、布教の拠点とした。

その空海が、真言密教の根本道場として開いたのが、高野山金剛峯寺《こうやさんこんごうぶじ》である。空海は高野山の中心として、二基の毘盧遮那法界体性塔、つまり胎蔵と金剛界の大日如来を本尊とする十六丈の大塔の建立を発願した。この大塔は、かの龍猛《りゅうみょう》が『金剛頂経』を感得した南天鉄塔を模し、五重塔などの木造層塔とは異なる、宝塔に裳階《もこし》（創建当初からあったかどうかについては議論がある）をつけた独特のプランをもっていた。

写真 27：高野山根本大塔

しかし人跡未踏の深山に、このような建造物を建てるのは難事業であり、さすがの空海も、この大事業を生前に成就することはできなかった。なお十六丈の大塔は弟子の真然《しんぜん》の代に完成し、根本大塔と呼ばれたが、二基目の大塔を建設することはできなかった。現在でも高野山の壇上には、金堂（当初は講堂と呼ばれていた）の北東に根本大塔が聳えている（写真27）が、それと対称的な位置に塔はなく、北西のはるか奥に、大塔の半分程度の高さの西塔が立っている。

高野山は再三火災にあい、現在の大塔は昭和再建の鉄筋コンクリート造であるが、中には胎蔵界大日を中尊として、金剛界の四仏が周囲を取り囲んでいる。

いっぽう仁和年間に完成した西塔は、金剛界五仏を安置していたが、現状では金剛界大日如来を胎蔵四仏が取り囲んでいる。なお空海の計画では、東塔に胎蔵五仏、西塔に金剛界五仏を安置する予定だったが、十六丈の大塔を一基しか建てられなかったため、根本大塔一基で両界曼荼羅を象徴させることになったのである。しかし根本大塔の四仏は、図像学的には胎蔵四仏であり、その配置を金剛界曼荼羅にあわせて移動させただけであるともいわれる。

このように根本大塔に両界曼荼羅を融合させたのは、空海の意図に反して、十六丈の大塔を一基しか建てられなかったことによると考えられる。つまり本来は胎蔵曼荼羅を象徴した東の大塔に、金剛界曼荼羅の要素を付け加えざるを得なくなったのである。

しかしその苦肉の策が、後には真言密教の奥義である両部の不二を象徴するものと解釈されるようになったのであろう。

2　ウダヤギリ大塔

オリッサ三大仏教遺跡の一つウダヤギリには、オリッサでは比較的保存状態のよい大塔が遺されている（写真28）。この仏塔の東西南北には仏龕《ぶつがん》（現状は補修され原形を損なっている）が設けられ、四体の高浮き彫りの仏像が安置されている。

ウダヤギリ大塔の四仏は、東が触地印《そくじいん》、南が与願印《よがんいん》、西が禅定印《ぜんじょういん》を結ぶ如来像で、それぞれ阿閦《あしゅく》、宝生《ほうしょう》、阿弥陀《あみだ》の三尊に比定されている。いっぽう北の像も禅定印を結ぶが、高い髪髻冠《はっけいかん》を戴く菩薩形像なので、オリッサにしばしば見られる胎蔵大日如来であることに疑いはない（写真29）。

このようにウダヤギリ大塔は、胎蔵大日に金剛界四仏のうちの三尊を配した配置をもち、高野山の根本大塔と同じく、胎蔵、金剛界の両部を融合したものとして注目されている。

またウダヤギリの四仏は、それぞれ脇侍菩薩を伴うが、これらが全体で標準型の八大菩薩を構成することも判明した。第二章で見たギャラスプルの四仏は、当初から一具として制作されたかに疑問があったが、ウダヤギリ大塔の四仏は、当初から一定のプランにしたがって造られていることがわかる。

写真28：ウダヤギリ大塔（現状）

なお空海ゆかりの東寺五重塔の初層には、心柱の東西南北に金剛界四仏が安置されている。この四仏は左右に脇侍菩薩を伴っているが、これらも全体で八大菩薩を構成している。なお現在の仏像は、すべて江戸時代の復興像だが、この五重塔には空海の時代から八大菩薩が安置されていたことがわかっている。おそらくウダヤギリのような仏塔を、プロトタイプにしていたのであろう。

いっぽうウダヤギリで、本来は仏塔自体を象徴する大日如来が、どうして北側に祀られたのかについては、種々の解釈がある。金剛界四仏の中で、独自の信仰を受けず、もっとも勢力が弱かった不空成就《ふくうじょうじゅ》如来を省略し、本尊の大日如来を北面に安置したとの説もある。

またインド、とくに酷暑の夏があるオリッサ

写真 29：ウダヤギリ大塔胎蔵大日如来（頼富本宏提供）

では、住居や僧坊も入口を北に設けることが多い。そこでウダヤギリ大塔も、北が正面であったという可能性がある。ウダヤギリの僧院は、西に山があり、東が低い地勢なので、東に入口があったと考えるのが自然だが、北側に参道があった可能性も否定できない。この場合、信徒がまず参拝する北面に本尊の大日如来を祀り、東、南、西の三面に阿閦、宝生、阿弥陀の三尊を祀ったという可能性も考えられる。

いずれにしてもウダヤギリ大塔は、高野山根本大塔のように大日如来を祀る仏塔が、かつてインドにも存在したことを示す、貴重な遺跡ということができる。

3　ラングリーヒルの五仏

このように善無畏《ぜんむい》三蔵の故郷オリッサからは、胎蔵曼荼羅の主尊である胎蔵界大日如来像や、これに八大菩薩を配した作品が発見された。これによってインドでも八世紀から九世紀にかけて、『大日経』系の密教が栄えた時期があったことが明らかになったのである。

しかしウダヤギリ大塔では、胎蔵大日に、金剛界系の阿閦、宝生、阿弥陀の三尊が配されていた。インドでは、金剛界系の五仏の作例（多くの場合、大日如来が如来形で転法輪印を結ぶ、ただの毘盧遮那仏になっている）が、パーラ朝時代の東インドを中心に、かなりの作例を遺しているが、胎蔵の五仏と思われる作品は、まったく発見されていなかった。

ところが近年、ウダヤギリの北方、ジャジプル地方のラングリーヒルで発掘が開始され、新たな知見があった。ここにはラトナギリ、ウダヤギリをはるかに上回る大塔が遺されている。

そこでこの地こそ、かつて玄奘三蔵が言及したプシュパギリ大僧院の跡ではないかと考える学者も出てきた。『大唐西域記《だいとうさいいき》』に「その石の卒堵波《そとば》、極めて霊異《りょうい》多し。あるいは斎日に至れば、時に光明を燭かす」とあるように、プシュパギリには大塔があり、信徒の篤い信仰を集めていたからである。

またラトナギリ、ウダヤギリ、ラリタギリの三大仏教遺跡に比して、ラングリーヒルの出土品には通仏教的なものが多く、密教像が少ない傾向がある。これはラングリーヒルが、オリッサで密教が盛んになる八世紀以前に栄えたことを暗示している。そのこともまた、玄奘《げんじょう》がオリッサを訪れた七世紀の半ばに、この遺跡がすでに存在していた可能性を示唆するものといえよう。

このラングリーヒルから出土した数少ない密教像の一つが、今回取り上げる五仏のレリーフである（写真30）。このレリーフは、大塔の北にある奉献小塔の東と南に、並んで浮き彫りされているが、残念ながら保存状態はよくない。

五仏の印相は北東から西南の隅まで順次、禅定印、施無畏《せむい》印、触地印、与願印、禅定印となり、禅定印の如来像が重複しているのが注目される。第二章の「8　胎蔵・金剛界四仏の分化」で見たように、密教系の五仏にはいくつかの種類があるが、一面二臂の禅定印像が二体見られるのは、胎蔵の五仏だけである（次々頁図）。

その方位と印相を見ると、南の中央の如来像は与願印を示すので、金剛界曼荼羅の南方宝生如来と一致する。いっぽう東南と西南の如来像は、触地印と禅定印を示すことから、これを東方阿閦、西方阿弥陀と見ることができる。いっぽう東正面の施無畏印（通常と印相が異なる）像は、他の三尊に比して北に置かれているから北方不空成就如来の可能性がある。そして東北隅の禅定印像を胎蔵大日と考えれば、胎蔵大日を主尊とする五仏と見ることもできる。

先のウダヤギリの四仏も、胎蔵大日に金剛界系の阿閦、宝生、阿弥陀を配していたが、日本の研究者は、これを高野山根本大塔のように、胎蔵、金剛界の融合と解することが多かった。

しかし、ここで念頭に置かなくてはならないのは、胎蔵五仏の図像は、『大日経』や善無畏の『大日経疏』には説かれていないということである。

後述のように善無畏の「胎蔵図像」は、胎蔵四仏を対応する方位の金剛界四仏と同じように描いている。さらに一四世紀に描かれた現存する最古のチベット系胎蔵曼荼羅も、金剛界四仏と同じように胎蔵四仏を描いている。

したがってこの四仏は、金剛界四仏と同じ姿をしているものの、胎蔵四仏である可能性がある。このように考えると、いままで両界の融合と解釈されてきたウダヤギリ仏塔の四仏につい

写真 30：ラングリーヒルの五仏

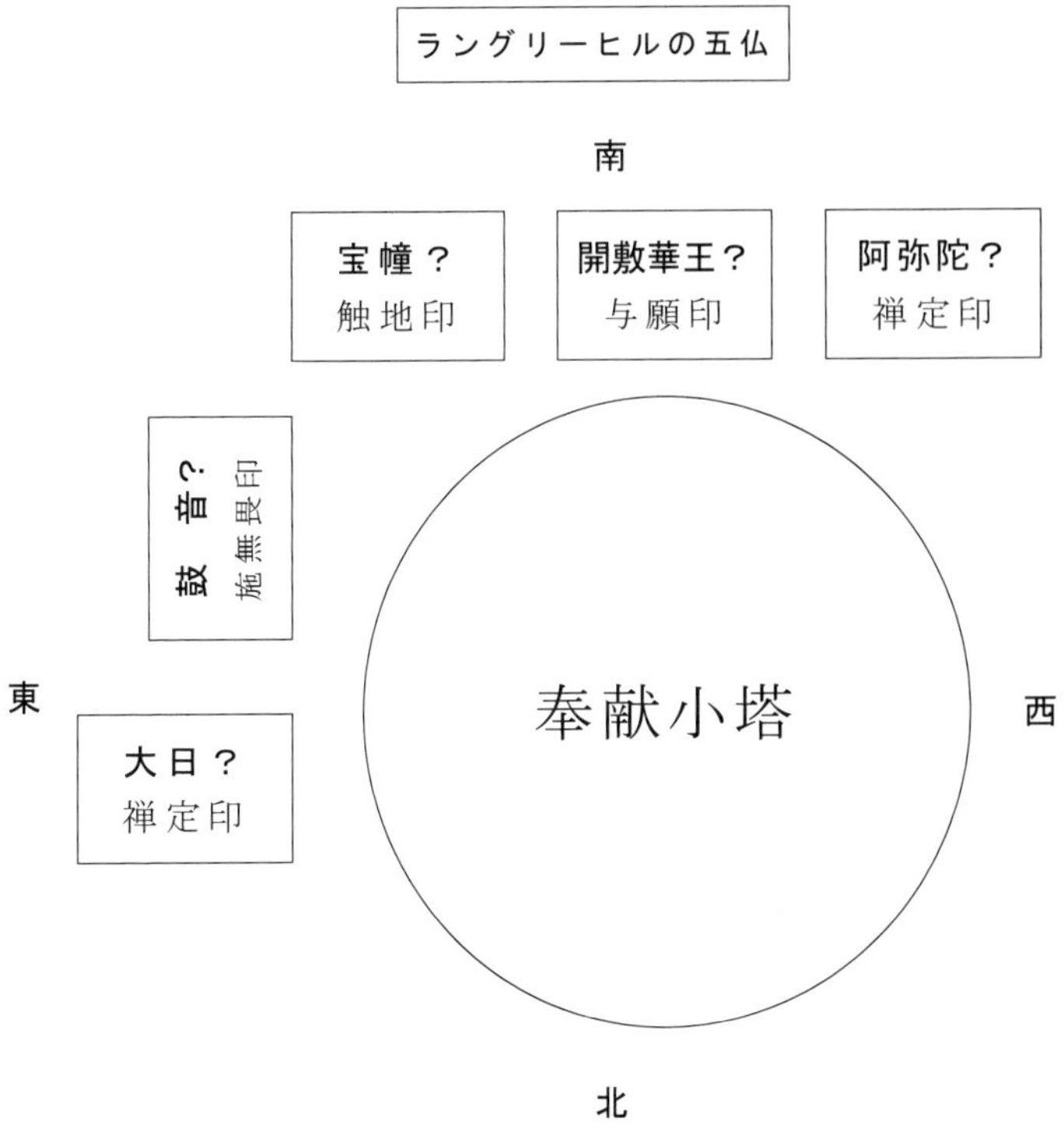

ても、再検討が必要になると思われる。

ラングリーヒルの五仏は保存状態に難があり、印相がかろうじて判別できる程度である。二体の禅定印像についても、宝冠や装身具の有無が確認できれば、阿弥陀と大日を区別することができるのだが、現状では困難である。

しかし善無畏三蔵の故郷オリッサで胎蔵五仏の可能性をもつ仏像が発見されたことは、インド密教の歴史を解明する上で、画期的な出来事といえるだろう。

第六章　現図曼荼羅の成立

1　胎蔵図像

いままでの各章で見てきたように、胎蔵曼荼羅はインドで七世紀に成立した。しかしこの胎蔵曼荼羅には、種々の問題点が残されていた。

なおこの原始的な胎蔵曼荼羅の作例は、中国・日本には遺されていない。

いっぽう胎蔵曼荼羅は、チベットにも伝えられた。チベットには『大日経』が九世紀前半に伝えられたが、チベットでは同時代のインドの学匠ブッダグヒヤが著した『大日経広釈』と『大日経略釈』が用いられた。ブッダグヒヤが活躍した時代、すでにインドでは『金剛頂経』系の密教が発展した後期密教が出現していた。

しかし善無畏《ぜんむい》とは異なり、ブッダグヒヤは『大日経』所説の胎蔵曼荼羅に、大きな改変を施さなかった。そのためチベットの胎蔵曼荼羅は、現図《げんず》曼荼羅に比して、はるかに『大日経』の

チベットの胎蔵曼荼羅

富山県[立山博物館](所蔵・写真提供)

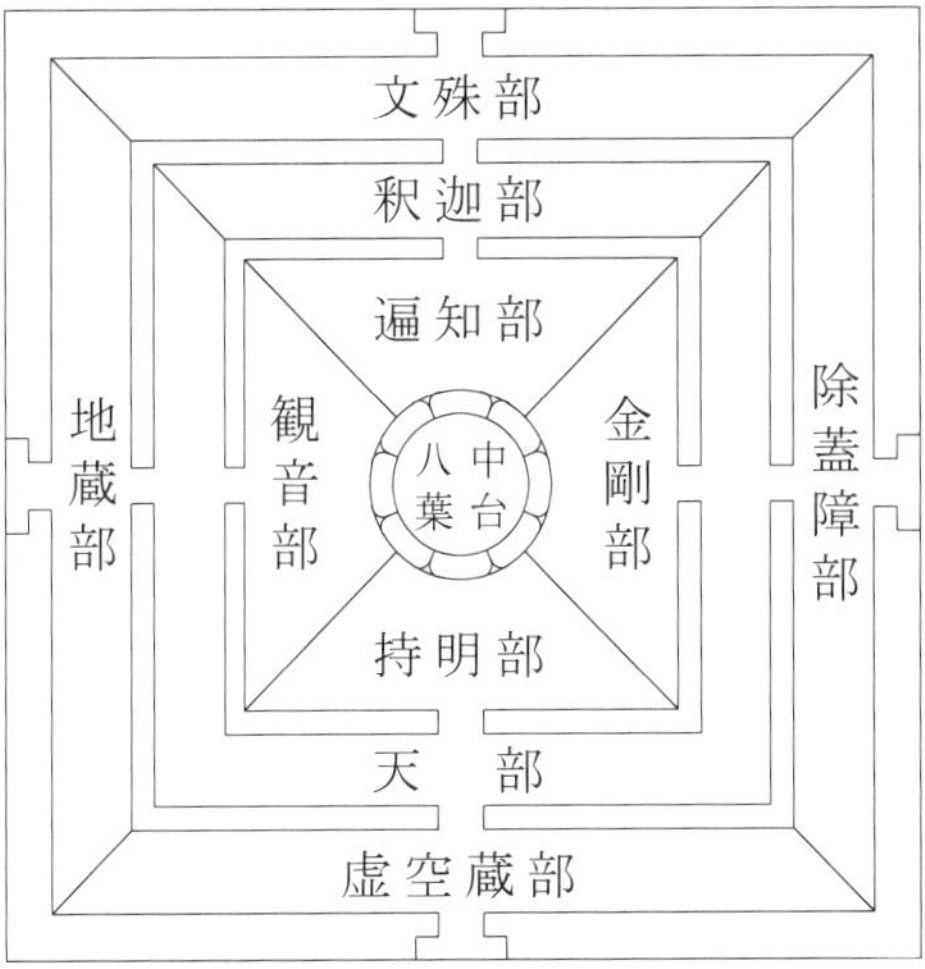

所説に忠実に描かれ、画面の上下左右非対称などの問題点は、そのままに放置されている（前頁図）。このようにチベットの胎蔵曼荼羅は、成立当初の原初的な姿を留めている。

したがって胎蔵曼荼羅の問題点は、インドでは十分に解決されないまま、密教の主流は九世紀以後、より発展した体系をもつ金剛界系の曼荼羅へと移行してしまったように思われる。

これに対して胎蔵曼荼羅のシステムを改良し、より整備された曼荼羅をつくる努力は、主として中国で行われた。そしてその努力は、恵果《けいか》による現図曼荼羅に結実することになる。そこで以下の各節では、インドで成立した胎蔵曼荼羅が、今日の現図曼荼羅へと整備されてゆくプロセスを、簡単に見てゆきたい（次頁図）。

前述のように、成立当初の胎蔵曼荼羅では、中台と初重は大日如来の曼荼羅、第二重は釈迦《しゃか》牟尼《むに》の曼荼羅、第三重は文殊《もんじゅ》を中心とする菩薩の曼荼羅となっていた。

そこで第二重の東面には釈迦如来が描かれ、南西北の三面には釈迦牟尼の教化を受けた神々が配されていた。したがって南西北の三面では、内側に護法天が描かれ、外側に菩薩が配されるということになる。曼荼羅の構成上からは、内側に重要な尊格を描き、護法天は外側に配置するのが通則である。

この難点を解消するため、『大日経』を漢訳した善無畏は、『大日経疏』において胎蔵曼荼羅の二重と三重を入れ換えるように指示している。

胎蔵曼荼羅の発展

チベットの胎蔵曼荼羅

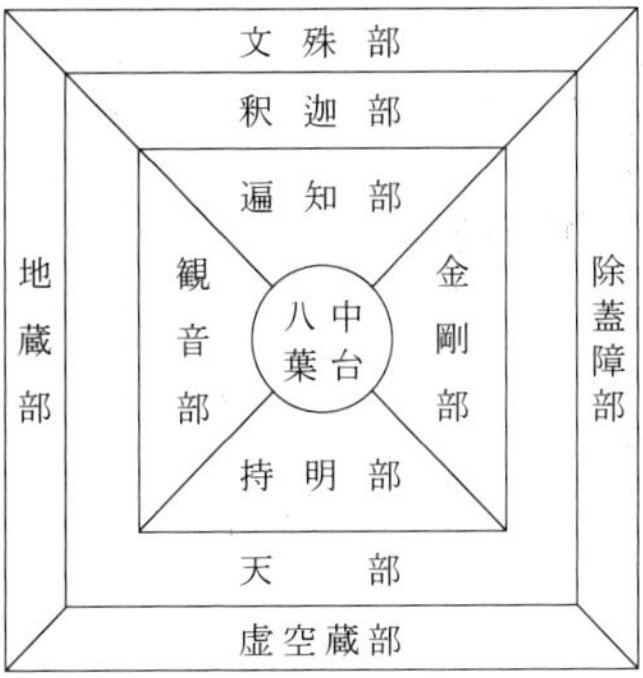

阿闍梨所伝曼荼羅

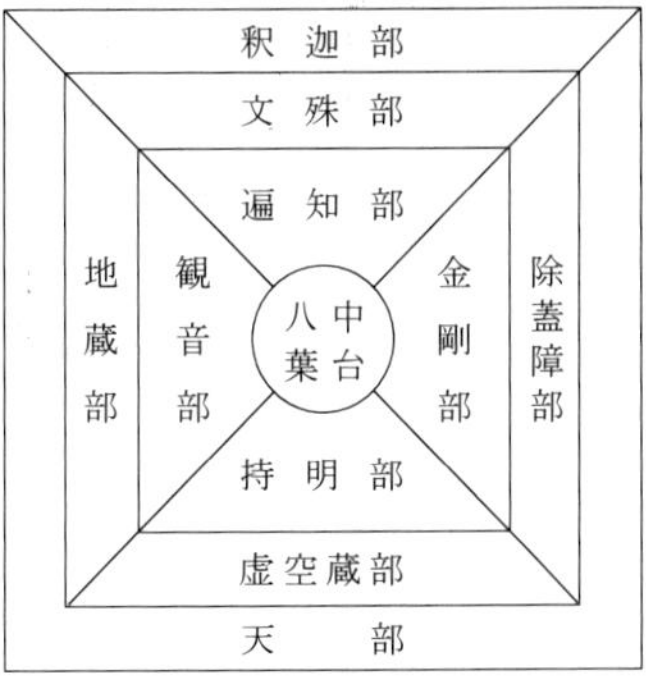

胎蔵旧図様

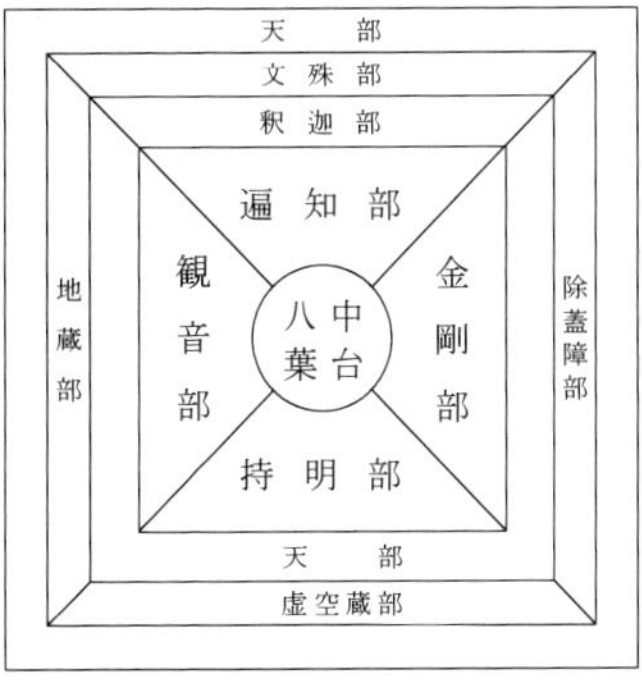

胎蔵図像

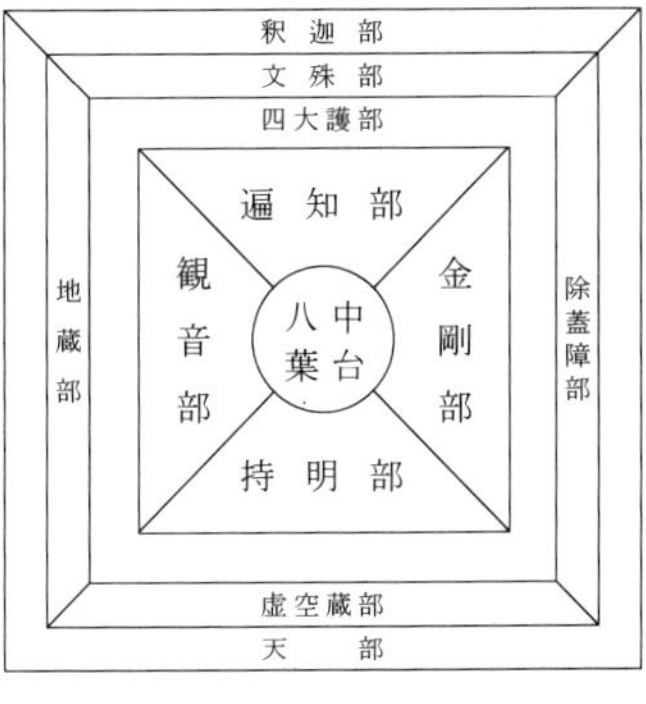

このように『大日経疏』には、善無畏の説に基づいて胎蔵曼荼羅に大幅な増補改訂を施した「阿闍梨所伝曼荼羅」が説かれている。しかしこれは諸尊の配置のみを示した図で、諸尊の図像は説かれていない。これに対して円珍《えんちん》が請来した胎蔵図像は、善無畏系の古い胎蔵曼荼羅の図像と考えられている。なおこの両者には類似点もあるが、諸尊の尊数や配置に、著しい不一致が認められる。

そこで本書では、図像が参照できる胎蔵図像に基づいて、善無畏が伝えた胎蔵曼荼羅の概要を見てゆきたい（写真31）。

前述のように胎蔵図像では、胎蔵曼荼羅を構成する三重のうち、釈迦牟尼と文殊の曼荼羅を入れ換えている。さらに初重と第二重の間に、東西南北を守護する四大護院を挿入したので、全体は四重構造となっている。

また初重南面の金剛部は、『大日経』「具縁品」所説の五尊に「秘密漫荼羅品」所説の十六執金剛を加え、さらに若干の眷属を増補したため、尊数が全部で三〇尊となった。これに対して初重北面の蓮華部は尊数が七尊しかなく、画面の左右で著しいアンバランスが生じる。そこで善無畏は、蓮華部も大幅に増補して四〇尊とした。

いっぽう初重東面の遍知部も、当初の尊数は三尊であるが、胎蔵図像では三〇尊が描かれている。ところが初重西面の持明《じみょう》部は、不動・降三世《ごうざんぜ》の二大明王のみであり、画面の上下で著

写真31：胎蔵図像（奈良国立博物館所蔵・画像提供）

しいアンバランスが生じている。

また初重の四面には全体で一〇〇尊ちかくが描かれるの対し、第二重の四大護院には、全体でも六尊しか描かれない。さらに第三重の文殊の曼荼羅も、東西南北の四面で三〇尊ほどになっている。

このように胎蔵図像では、尊数が大幅に増加しただけでなく、各部分がアンバランスになるため、いまだにどのように復元すればよいのか、よくわかっていない。

しかし石田博士の研究により、胎蔵図像で増補された尊格の多くが、現図曼荼羅に継承されていることがわかった。また胎蔵図像には見られない新たな改変も、その一部は善無畏の『大日経疏』に従っていることがわかっている。

このように胎蔵図像は、いまだ未整備の要素を残してはいるが、現図曼荼羅の成立に大きな影響を与えたのである。

2　胎蔵旧図様

いっぽう善無畏とあい前後して唐に渡った金剛智《こんごうち》は、金剛界曼荼羅を説く『金剛頂経』系の密教を伝えた。金剛智は、南天鉄塔で『金剛頂経』を感得した龍猛《りゅうみょう》の弟子、龍智《りゅうち》の弟子とされるが、玄宗《げんそう》をはじめとする朝野の尊崇を受けた善無畏に比すると、その生涯は不遇であったといえる。

善無畏系の『大日経』に対して、中国で『金剛頂経』系が本格的に流布するのは、金剛智の弟子である不空《ふくう》の登場を待たねばならなかったのである。

金剛智と善無畏は面識があったので、後には両者が、唐の都長安でお互いの法門を伝授しあったとする「金善互授《こんぜんごじゅ》」の伝承が成立した。しかし善無畏の伝えた『金剛頂経』系の密教が、金剛智・不空系とは異なるものであることが明らかになったため、今日では金善互授説は否定されている。

その金剛智・不空系の胎蔵曼荼羅の遺品とされるのが、円珍によって請来された「胎蔵旧図様」という白描図像である（次頁図）。尊数が多いうえ、各部分がアンバランスになって、いまだにどのように復元すればよいのかわからない胎蔵図像と異なり、胎蔵旧図様の構成は、石

胎蔵旧図様

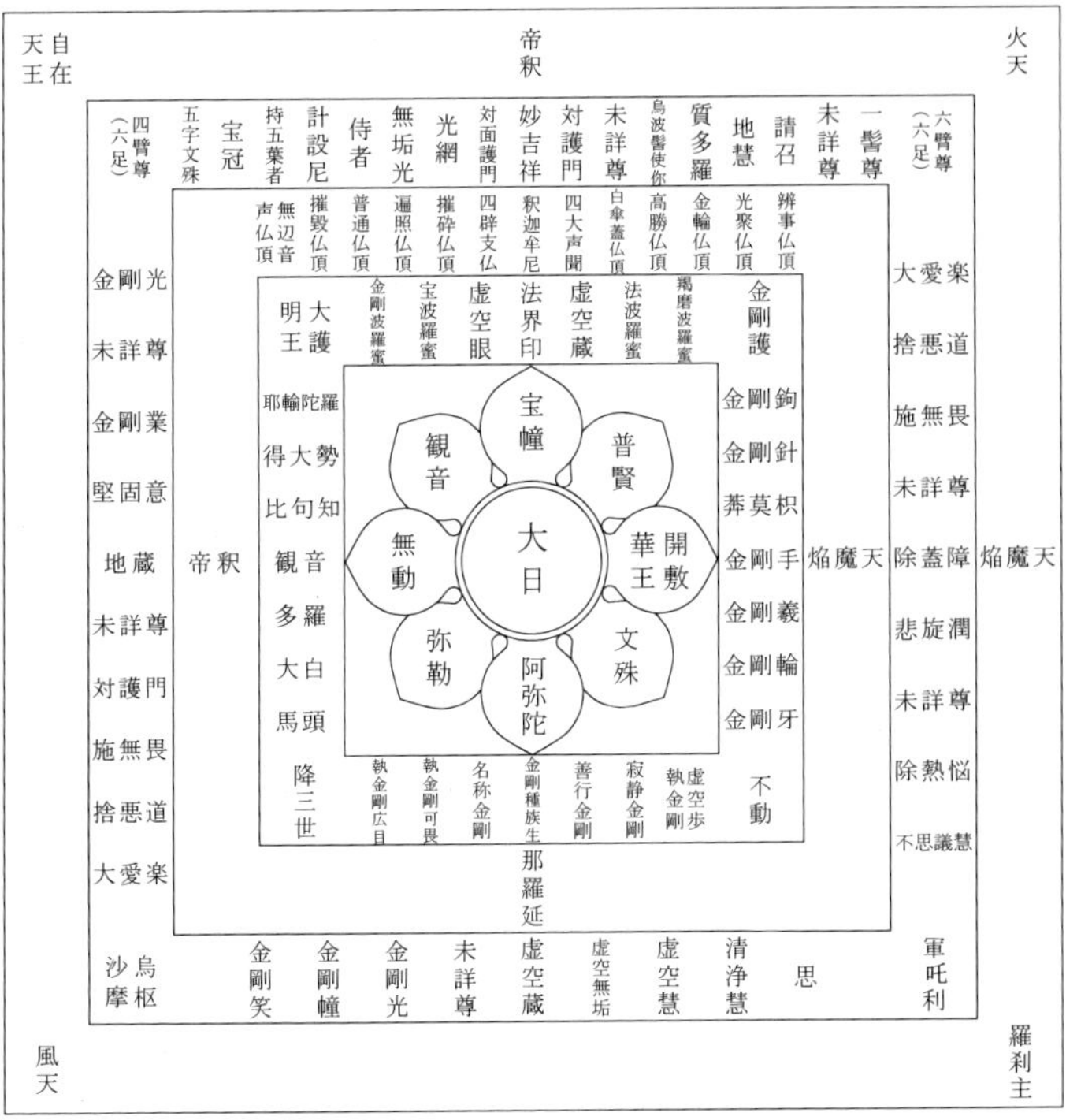

石田尚豊博士の復元による
天部は主要尊のみ示した。

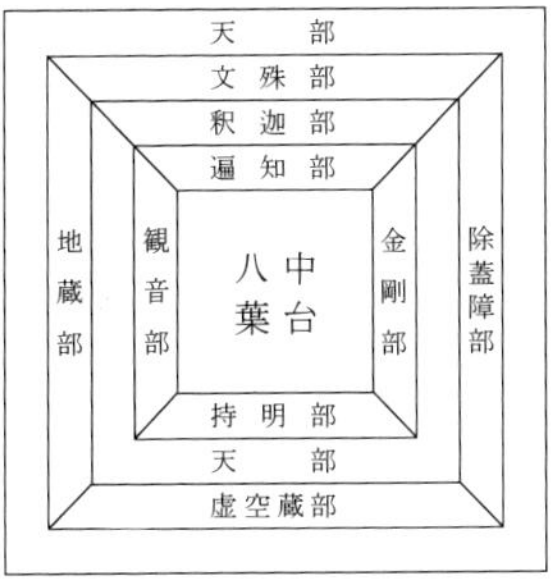

田尚豊博士によって復元されている。

石田博士の復元によれば、胎蔵旧図様は『大日経』所説の三重構造を改め、外側に護法天を配する外金剛部《げこんごう》を出して四重構造とした。しかし本来の外金剛部である第二重の南西北の三面は、そのまま残されたので、外金剛部が内外で重複することになった。

また金剛部の眷属として「秘密漫荼羅品」に説かれる十六執金剛は、これを初重の南面に描くと、七尊しかない蓮華部と著しくアンバランスになるので、これを初重西面の不動・降三世の二明王の間に配置した。なおこれと同じ配置法は、チベットの胎蔵曼荼羅にも見られるので、インド以来の伝統に基づくものと思われる。

また中台八葉部では、胎蔵図像が胎蔵四仏を金剛界四仏の対応する方位の仏と同一に描いていたのに対し、宝幢《ほうどう》を与願《よがん》印、開敷華王《かいふけおう》を施無畏《せむい》印、鼓音《くおん》（無動）を触地《そくじ》印としている（次頁図）。

第一章で見たように、胎蔵の四仏は、『金光明経《こんこうみょうきょう》』の四方四仏に開敷華王が割り込んだ体系を継承していた。したがって東方宝幢如来は、金剛界の東方阿閦《あしゅく》如来ではなく、南方宝生《ほうしょう》如来に対応する。いっぽう『大日経』「具縁品」では、北方が鼓音如来ではなく、阿閦如来とされていた。そこで胎蔵旧図様では、北方を鼓音ではなく無動（つまり阿閦）如来とし、印相も阿閦と同じ触地印にしたのである。

胎蔵五仏の印相

胎蔵図像

金剛界曼荼羅（東西反転）

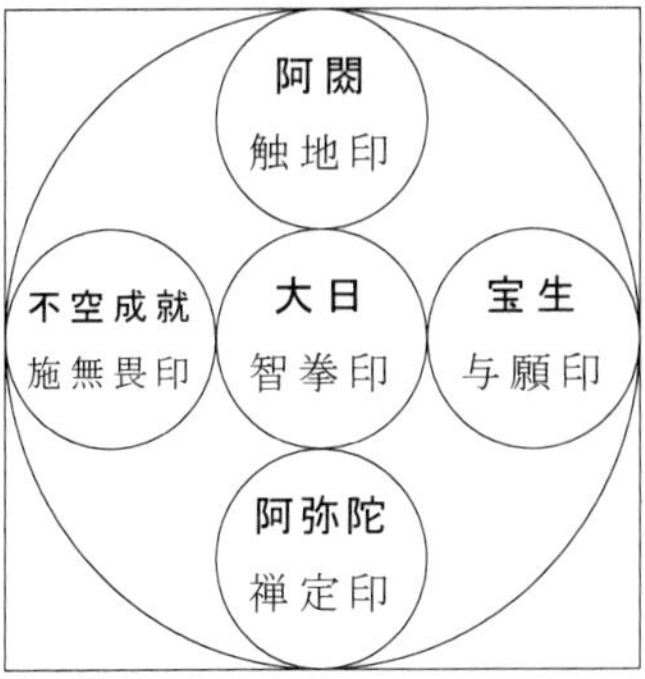

胎蔵旧図様

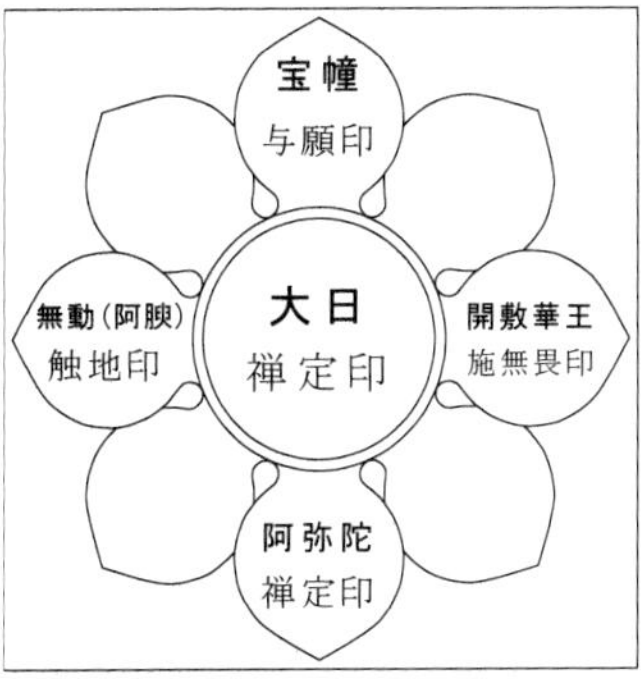

現図曼荼羅

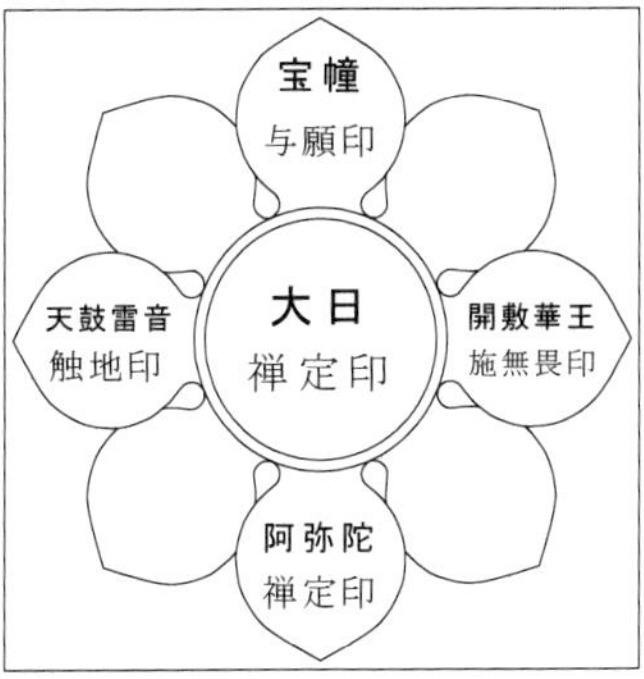

そして胎蔵旧図様の四仏は、恵果による現図曼荼羅へと継承される。そこで両界の四仏は、それぞれ印相を異にすることになったのである。しかし胎蔵図像のように、胎蔵と金剛界の四仏を、同じ印相とする伝統も存在したことには注意しなければならない。

この他にも胎蔵旧図様では、画面の左右相称性や各部分のバランスを維持するため、空白部分に種々の尊格を補っている。しかもこれらの補充された尊格の一部は、胎蔵系ではなく、金剛界系から借用されたものである。このことからも胎蔵旧図様が、善無畏系ではなく、金剛界曼荼羅を重視した金剛智・不空系に属することがわかる。

なお石田博士の研究により、胎蔵旧図様が金剛界系から借用した図像の中には、『摂無礙経《しょうむげきょう》』に一致するものがあることがわかっている。『摂無礙経』は不空訳とされるが、インドの原典から訳されたのか疑わしい。胎蔵旧図様の成立は、八世紀後半と思われる。

3　完全なる左右相称性

空海が青龍《せいりょう》寺で恵果から授かった胎蔵界曼荼羅は、その後の日本の密教図像の中心的存在となり、唐から伝えられた他系統の胎蔵曼荼羅に対して、「現図」と呼ばれるようになった(写真32)。

この現図曼荼羅を、誰がどのように作ったかについて、明確に説いた文献は存在しない。し

写真 32：現図胎蔵界曼荼羅（観蔵院曼荼羅美術館所蔵、染川英輔筆）

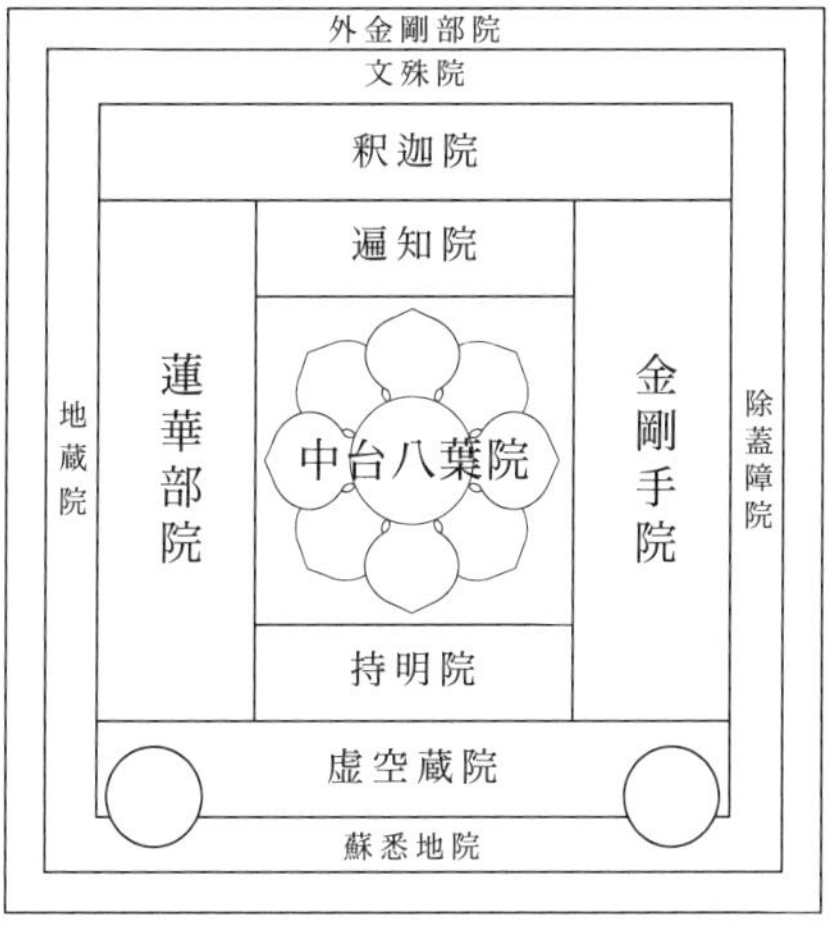

かし現代の研究では、現図が成立した場所は中国で、そのために大きな役割を果たした人物こそ、空海の師である恵果阿闍梨だと考えられている。

そこで本節では、恵果が、どのような意図で、現図曼荼羅を作り上げていったのかを、簡単に見てゆくことにしたい。

現図胎蔵界曼荼羅は、従来の胎蔵曼荼羅の問題点に一応の解決が与えられている。そこで、そのうちの主な点を見てゆきたい。

まず原始的な胎蔵曼荼羅の三重構造、胎蔵図像と胎蔵旧図様の四重構造に対して、現図では第二重の東面だけを釈迦院として二重に残し、他の南西北の三面を外金剛部院として、第三重のさらに外に描いた。

これによって、護法天の外側に菩薩が描かれるという難点は解消された。しかしその反面、東面では曼荼羅が四重になるという問題が生じることになった。そこで現図では、第三重の西面にあたる虚空蔵《こくぞう》院を大幅に拡張し、そこから蘇悉地《そしつじ》院を独立させることで、上下のアンバランスを解消した。そのため現図曼荼羅は、縦四重、横三重という変則的な構造となった。なお石田博士の研究により、虚空蔵院と蘇悉地院に増補された図像の多くが、前述の『摂無礙経』から取り入れられたことがわかっている。

なお両界曼荼羅は、成立当初はほぼ正方形をしていたが、時代が下がるにつれて縦長になる傾向がある。これは現図曼荼羅の横三重・縦四重という、特異な構造に原因がある。

また中台八葉院では、胎蔵四仏の印相については胎蔵旧図様を継承する一方、四大菩薩の配置については普賢《ふげん》（東南）、文殊《もんじゅ》（西南）、観音《かんのん》（西北）、弥勒《みろく》（東北）を採用した。四大菩薩は胎蔵四仏の因位、つまり修行中のすがたとされるが、このように配置すると観音は阿弥陀、文殊は開敷華王に対応する。これは開敷華王を文殊菩薩の本国の仏とする『文殊師利根本儀軌《もんじゅしりこんぽんぎき》経《きょう》』の説に一致する。『文殊師利根本儀軌経』の一部は、恵果の師、不空によって漢訳されていたので、恵果はこれを知っていたのであろう。

さらに現図では、画面の左右相称性を保つため、種々の工夫がなされている。『大日経』の所説では、第三重北面の地蔵院は六尊、第三重南面の除蓋障《じょがいしょう》院は九尊となり、左右がアンバランスだが、現図では地蔵院に三尊を増補して、地蔵院、除蓋障院ともに九尊としている。なお胎蔵旧図様では、第三重の空白部分に金剛界曼荼羅の十六大菩薩などを取り入れていたが、現図では金剛界の外院に描かれる賢劫《げんごう》十六尊から補っている。これは『大日経疏』の指示によるもので、恵果が、胎蔵界曼荼羅では善無畏系の所伝を重視していたことを示している。

いっぽう胎蔵図像で尊数が非常に多くなった蓮華部・金剛手の二院は、諸尊を三列七段に配置することで、全体をみごとに整理した。なおここで七段としたのは、『大日経』所説の蓮華部が七尊から構成されるので、当初の七尊を最前列に出し、胎蔵図像で付加された尊格を第二列以下に配置したことによる（いくつか例外がある）。また主要尊を二一尊（小さな眷属を除く）としたのは、「具縁品」所説の金剛部五尊に「秘密漫荼羅品」で増補された十六執金剛を加えると、二一尊となることによると思われる。

このように現図曼荼羅は、『大日経』所説の胎蔵曼荼羅の三重構造を改変して、十二大院からなる整然とした構成を示しており、初期密教から発展してきた三部構成の曼荼羅の、最終的な到達点を示すものと考えられる。

そしてこの完成間もない現図曼荼羅は、空海の手によって日本にもたらされ、日本の仏教図像の中心として、今日まで伝えられたのである。

第２部　金剛界曼荼羅

第七章　南天鉄塔の謎

1　『金剛頂経』と金剛界曼荼羅

本書ではこれまで、インドで仏教美術が造られるようになってから、胎蔵曼荼羅が成立するまでの歴史を概観してきた。これに対して本章からは、『金剛頂経』とそれに説かれる金剛界曼荼羅の成立について見てゆくことにしたい。

金剛界曼荼羅を説く『金剛頂経』は単独の経典ではなく、十八会《え》十万頌《じゅ》という厖大な聖典の集成とされている。十八会というのは、全体が一八のテキストから構成されるという意味で、われわれが通常『金剛頂経』と呼ぶのは、このうちの初会《しょえ》、つまり最初のテキストである。これを『金剛頂経』を構成する他のテキストと区別する場合には、『初会金剛頂経』と呼ぶ。これに対して十八会十万頌のテキストは、「広本」と呼ばれる。

中国に『金剛頂経』系の密教を本格的に導入した不空《ふくう》（七〇五～七七四）は、『金剛頂経』の全体を訳すことはなかったが、『金剛頂《こんごうちょう》経瑜《きょうゆ》伽十八《がじゅうはち》会指帰《えしいき》』（十八会指帰）を著し、十八会十万頌の広本の概要を記述している。

しかし『十八会指帰』は、『初会金剛頂経』の内容のみ詳細に述べ、他の一七のテキストについては要点を略述するに過ぎない。そこで、十八会十万頌の広本の実在を疑う研究者も多い。しかし不空の後、北宋時代に漢訳された密教経典や、八世紀以後チベット語に訳された厖大な密教聖典の中に、不空の記述に一致するテキストがいくつかあり、十八会のうちの二会、三会、四会、六会、九会、十三会、十五会、十六会などに比定されている（次頁表）。

なお『理趣経《りしゅきょう》』の広本とされる『理趣広経』は『金剛頂経』十八会の第六会、第十五章で取り上げる『秘密集会《ひみつしゅうえ》タントラ』は第十五会と考えられている。

これに対して十万頌というのは、文献の量である。インドでは、テキストの長さを音節の数で計る慣行がある。そしてインドでもっとも普及した定型詩、シュローカに換算して何首に相当するかで、文献量を示すのである。日本の和歌は三十一文字であるが、シュローカは一首が三二音節なので、十万頌は三二〇万音節に相当する。

これらの聖典群は、必ずしも同一の内容を説いているわけではないが、『大日経』までの初中期密教聖典が仏・蓮華・金剛の三部を基本としていたのに対し、如来・金剛・宝・法（蓮華）・羯磨《かつま》からなる五部の体系をもつという点では共通している。そしてこの五元論は、金剛

金剛頂経十八会一覧

経　題	漢　訳(大正No.)	チベット訳(北京No.)
①一切如来真実摂教王	大正No. 882 大正No. 865	北京No. 112
②一切如来秘密王瑜伽		北京No. 113
③一切教集瑜伽		北京No. 113
④降三世金剛瑜伽	(大正No. 1040)	北京No. 115
⑤世間出世間金剛瑜伽		
⑥大安楽不空三昧耶真実瑜伽	大正No. 244	北京No. 119
⑦普賢瑜伽	(大正No. 1121)	北京No. 120
⑧勝初瑜伽	大正No. 244	北京No. 120
⑨一切仏集会拏吉尼戒網瑜伽	(大正No. 1051)	北京No. 8, 9
⑩大三昧耶瑜伽		
⑪大乗現証瑜伽	大正No. 868?	
⑫三昧耶最勝瑜伽		
⑬大三昧耶真実瑜伽	大正No. 883	
⑭如来三昧耶真実瑜伽		
⑮秘密集会瑜伽	大正No. 885	北京No. 81
⑯無二平等瑜伽	大正No. 887	北京No. 87
⑰如虚空瑜伽		北京No. 80?
⑱金剛宝冠瑜伽		

(　)でくくったものは、一部を訳したもので全訳ではない。

界曼荼羅の基本構造とも一致する。

『初会金剛頂経』は、金剛界、降三世《ごうざんぜ》、遍調伏《へんちょうぶく》、一切義成就《いっさいぎじょうじゅ》の四大品からなり、全体で二八種の曼荼羅を説いている。これらの中では、金剛界品の冒頭に説かれる金剛界大曼荼羅（成身会《じょうじんえ》）が最も重要である。この曼荼羅は、五仏、十六大菩薩、四波羅蜜《しはらみつ》、内外《ないげ》の八供養、四摂《ししょう》の金剛界三十七尊からなり、金剛界系の曼荼羅の基本パターンを提示するものといえる（次頁図）。これに対して、金剛界品に説かれる三昧耶《さんまや》曼荼羅（三昧耶会）、法曼荼羅（微細会《みさい》）、羯磨曼荼羅（供養会）は、基本パターンの変化形態と見なされる。

いっぽう四印《しいん》曼荼羅（四印会）は、複雑な組織をもつ金剛界曼荼羅から、その基本構造のみを抽出した省略形態、一印曼荼羅（一印会）は根元的一者のみを示した究極の省略形態である。

このように『初会金剛頂経』所説の他の曼荼羅は、すべて最初に説かれる金剛界大曼荼羅の変化形態あるいは省略形態となっている。このような基本パターンの変形・換位と拡大縮小は、『初会金剛頂経』の全篇を通じて、いたるところに見ることができる。

そして現行の金剛界九会《くえ》曼荼羅は、金剛界品に説かれる上述の六種と、降三世品に説かれる最初の二つの曼荼羅、そして『金剛頂経』の第六会とされる『理趣経』に説かれる十七尊曼荼羅（理趣会）を加えて、九会にしたものである（次々頁表）。

これに対して天台密教で用いられる金剛界八十一尊曼荼羅は、九会曼荼羅の成身会に相当す

金剛界三十七尊配置図

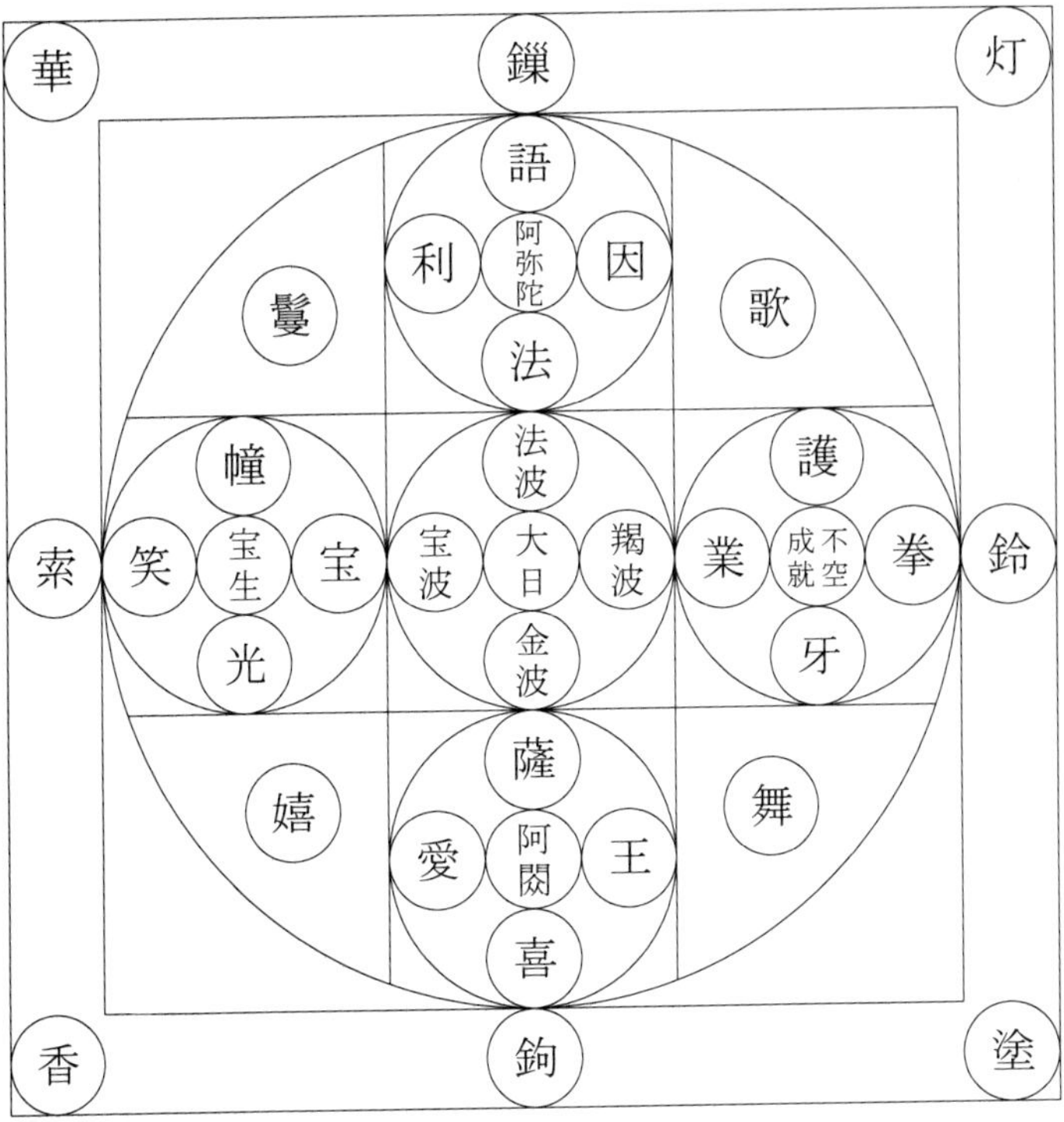

『初会金剛頂経』の構成と九会曼荼羅

		六種曼荼羅	九会曼荼羅
金剛界品	1. 金剛界大曼拏羅広大儀軌分	大曼荼羅	成身会
	2. 金剛秘密曼拏羅広大儀軌分	三昧耶曼荼羅	三昧耶会
	3. 金剛智法曼拏羅広大儀軌分	法曼荼羅	微細会
	4. 金剛事業曼拏羅広大儀軌分	羯磨曼荼羅	供養会
	5. 現証三昧大儀軌分	四印曼荼羅	四印会
		一印曼荼羅	一印会
降三世品	6. 降三世曼拏羅広大儀軌分	大曼荼羅	降三世会
	7. 忿怒秘密印曼拏羅広大儀軌分	三昧耶曼荼羅	降三世三昧耶会
	8. 金剛部法智三昧曼拏羅広大儀軌分	法曼荼羅	
	9. 金剛部羯磨曼拏羅広大儀軌分	羯磨曼荼羅	
	10. 大金剛部広大儀軌分	四印曼荼羅	
		一印曼荼羅	
外金剛部	11. 三世輪大曼拏羅広大儀軌分	大曼荼羅	
	12. 一切金剛部金剛曼拏羅広大儀軌分	三昧耶曼荼羅	
	13. 一切金剛部法三昧曼拏羅広大儀軌分	法曼荼羅	
	14. 一切金剛部羯磨曼拏羅広大儀軌分	羯磨曼荼羅	
遍調伏品	15. 調伏一切世間大曼拏羅広大儀軌分	大曼荼羅	
	16. 蓮華秘密印曼拏羅広大儀軌分	三昧耶曼荼羅	
	17. 智曼拏羅広大儀軌分	法曼荼羅	
	18. 大曼拏羅広大儀軌分	羯磨曼荼羅	
		四印曼荼羅	
		一印曼荼羅	
一切義成就品	19. 一切義成就大曼拏羅広大儀軌分	大曼荼羅	
	20. 宝秘密印曼拏羅広大儀軌分	三昧耶曼荼羅	
	21. 智曼拏羅広大儀軌分	法曼荼羅	
	22. 羯磨曼拏羅広大儀軌分	羯磨曼荼羅	
	章題なし	四印曼荼羅	
		一印曼荼羅	
続タントラ	23-25.		
続々タントラ	26. 一切如来真実摂一切儀軌勝上教理分		

る金剛界大曼荼羅のみを描くものである。

なお金剛界曼荼羅はチベットにも伝えられるが、チベットでは『初会金剛頂経』所説の二八種の曼荼羅は、すべて独立した作品として描かれる。

現行の九会曼荼羅は、現図胎蔵界曼荼羅と同じく、恵果《けいか》によって作られたと推定されている。九会曼荼羅が構成された理由は、もし両界曼荼羅の金剛界曼荼羅として八十一尊曼荼羅を採用すると、四一四尊からなる現図胎蔵界曼荼羅に比して、著しくバランスを欠くことになるからと思われる。

現図胎蔵界曼荼羅と同じく、日本には恵果によって整備された九会曼荼羅が伝えられたため、現行の九会曼荼羅と同じものが、かつてはインドにも存在したかのように思われてきた。

しかし金剛界曼荼羅の基本は九会曼荼羅ではなく、九会の成身会に相当する金剛界大曼荼羅なのである。したがって以下の各章では、如来・金剛・宝・法（蓮華）・羯磨の五部から構成される金剛界大曼荼羅が、いかに成立したかを中心に考えてみたい。

2　龍猛と南天鉄塔

第一章で見たように、『金剛頂経』の広本は、真言八祖（伝持）の第一祖とされる龍猛《りゅうみょう》（ナーガールジュナ）によって南天鉄塔で感得されたといわれる。

そして真言密教の伝承では、密教の龍猛と二〜三世紀に活躍した「八宗の祖」龍樹《りゅうじゅ》（ナーガールジュナ）を同一視し、この二人の間をうめるため、龍智《りゅうち》（ナーガボーディ）が七〇〇年の長寿を保ったことになっている。なお龍智の著作は中国・日本には伝えられなかったが、チベットには龍智作とされる密教文献がいくつか伝えられている。とくに『秘密集会《ひみつしゅうえ》タントラ』に関する著作は、チベットで高く評価されている。またその長寿伝説はチベットにもあり、ツォンカパ（一三五七〜一四一九）は、『秘密集会』の疑問点を解決するため、南インドに行って龍智に会おうとしたと伝えられる。

なお著者はネパール留学中に、龍智の『秘密集会曼荼羅二十儀軌』のサンスクリット写本を発見し、ローマ字化テキストを編集した。その結果、このテキストは後期密教の中では最初期に属することがわかった。しかし金剛智の師匠の龍智（七世紀後半〜八世紀前半）と、『二十儀軌』の内容から推定される著者の年代（八世紀後半〜九世紀前半）の間には、なお一〇〇年ほどのタイムラグがある。またサンスクリット写本では、ナーガボーディがナーガブッディと綴られている。したがって龍猛と同じく龍智にも複数の同名異人がいた、または龍智（ナーガボーディ）とナーガブッディという別人が混同されたという可能性が考えられる。

そして龍猛が『金剛頂経』を感得した南天鉄塔とは、南天竺にあった鉄製の仏塔を意味する（写真33）。伝承によれば、ここで龍猛は『金剛頂経』の広本を発見したが、鉄塔を守る護法神

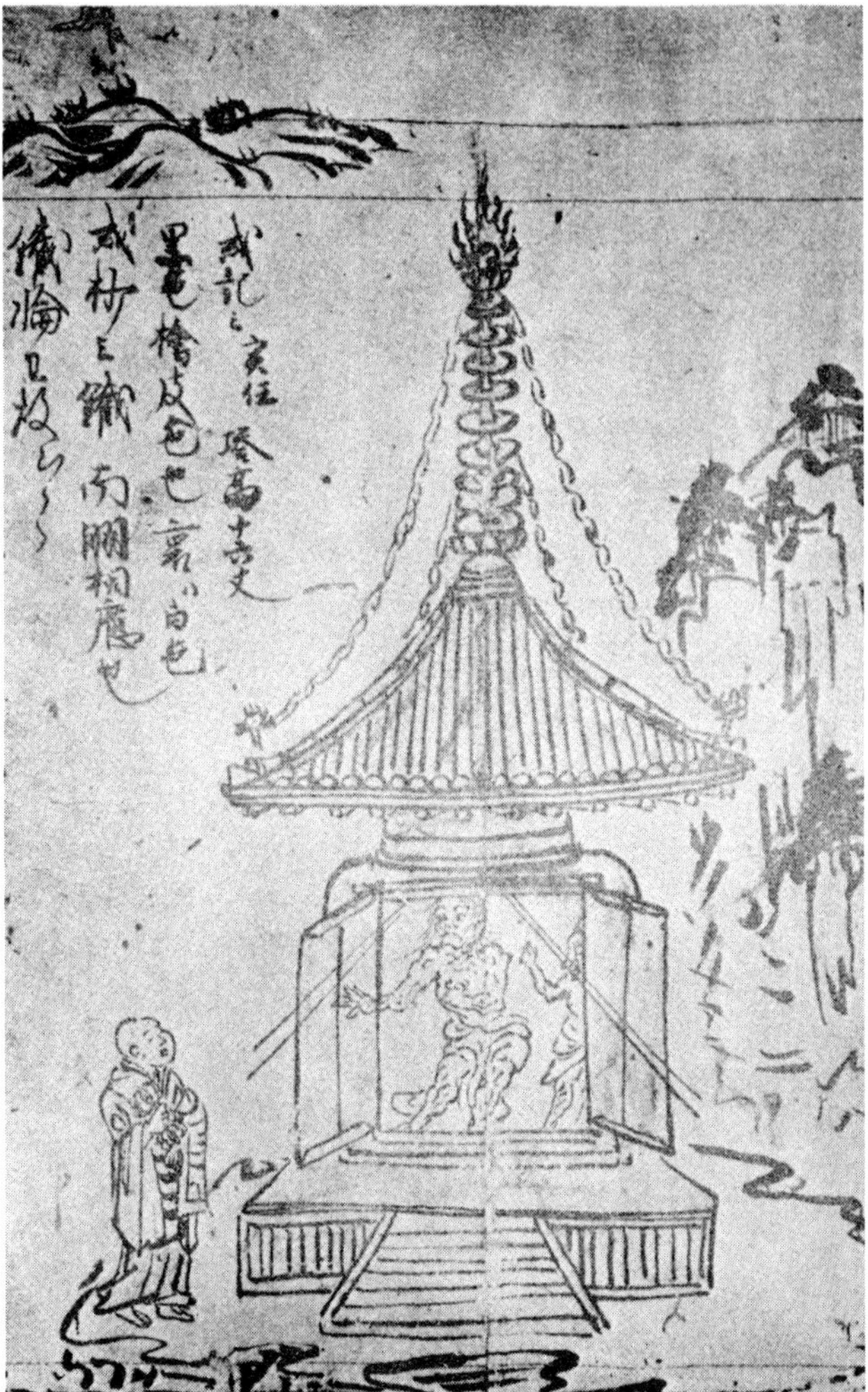

写真 33：南天鉄塔図（大正大蔵経図像部より転載）

が怒って経典を持ち出すことを許さなかった。そこで十万頌のテキストをすべて記憶し、これを伝えたとされている。

七世紀の後半、『金剛頂経』系の聖典群がインドに現れたとき、多くの人々に驚きをもって迎えられたことは想像に難くない。そして今までにない体系をもつ密教には、何らかの権威づけが必要だったのであろう。

このように『金剛頂経』は、七世紀後半に出現した、五部立ての組織をもつ従来にはない密教聖典の総称と見ることができる。そしてその思想を端的に表現したものこそ、金剛界曼荼羅に他ならない。

3 アマラーヴァティーの大塔

龍猛が『金剛頂経』の広本を感得した南天鉄塔については、古来から種々の説が唱えられてきた。伝承では本来、南天鉄塔で発見されたのは、金剛界曼荼羅を説く『金剛頂経』だけであったが、密教の究極的な真理は胎蔵・金剛界の合一によって象徴されるという、両部不二《りょうぶふに》説が有力になると、胎蔵曼荼羅を説く『大日経』も南天鉄塔から出てきたことになった。これに対して天台密教では、『金剛頂経』は塔内相承、『大日経』は塔外《とうげ》相承という説を唱えた。

いっぽう南天鉄塔とは、衆生の心に備わる本有《ほんぬ》の浄菩提心の象徴であり、実際の建造物では

写真34：アマラーヴァティー遺跡

ないという「理塔《りとう》」説も現れた。これに対して、南天竺に十六丈の鉄塔の実在を主張するのが「事塔《じとう》」説である。

高野山の密教学を近代化した栂尾祥雲（一八八一～一九五三）は『秘密仏教史』において、南天鉄塔のモデルは、南インドのクリシュナ河（キストナ河ともいう）流域にあるアマラーヴァティー大塔であるとの説を唱えた。アマラーヴァティーの大塔は、アンドラプラデシ州のグントゥール県に遺された、基壇直径が四九メートルに及ぶ、巨大な仏塔の遺構である（写真34）。

なおアマラーヴァティー大塔の表面は石板で覆われ、鉄塔ではなかったのだが、栂尾は、表面のプレートが白色光沢を放っており、白鉄すなわち錫と誤って伝えられたと解釈している。

なおこの説の当否については、第十章の最後で検討することにする。
この仏塔は、古代アンドラ王国の東の都ダーニヤカタカの東郊外にあり、ダーニヤカタカの大塔と呼ばれた。『華厳経《けごんぎょう》』の「入法界品《にゅうほっかいぼん》」によれば、善財《ぜんざい》童子は、南インドのダーニヤーカラ城郊外の大塔廟《とうみょう》に滞在していた文殊菩薩とめぐり会い、五三人の善知識を訪ねる旅に出発したといわれる。このダーニヤーカラのモデルがダーニヤカタカであり、その大塔廟とはアマラーヴァティー大塔に他ならない。
そして華厳宗の大成者、法蔵《ほうぞう》は『華厳経探玄記《たんげんき》』で、インドから来た日照三蔵の言葉を引用しつつ、大塔について、つぎのように述べている。

日照三蔵の云はく「此城は南天竺に在り。城東の大塔は是れ古仏の塔なり。仏世に在《いま》せし時、已《すで》に此塔有り」と。三蔵親しく其所に到るに、其塔は極めて大なり、東面に鼓楽供養すれど西面に聞こえず。今に於て現在せり（漢文読み下しは『昭和新纂国訳大蔵経』による）。

なお一七九七年に、大塔が発見された時には、塔身はほとんど崩壊していた。しかし数次にわたる発掘により、基壇と覆鉢《ふくはつ》を覆っていた、みごとな石板レリーフが出土した。これらの大半は、当時インドを植民地としていた英国に送られ、大英博物館の至宝となっている。またそ

写真35：アマラーヴァティー大塔の復元模型

の後の発掘で出土した作品の大半は、チェンナイのタミールナドゥ州立博物館に所蔵され、現地の考古博物館には、わずかな遺品が残るに過ぎない。

しかし現地から出土した石板には、ありし日の仏塔の姿を描いたレリーフが、複数含まれている。そしてアマラーヴァティー考古博物館の中庭には、このレリーフと発掘調査から復元された大塔の模型が展示されている（写真35）。

それによると、この大塔にはサーンチーのようなトーラナがなく、基壇の四方に長方形の張り出しを設け、アーヤカと呼ばれる五本の柱を立てていたことがわかる。このような五本のアーヤカ柱をもつ仏塔は、同じアンドラプラデシ州のナーガールジュナ・コンダやジャッガヤペータにもあったことがわかっている。

なおジャッガヤペータからは、阿闍梨ナーガールジュナの孫弟子が寄進したという銘文をもつ仏像が、出土している。この仏像と銘文の年代は六世紀とされるので、この銘文のナーガールジュナを、二〜三世紀に現れた「八宗の祖」と解釈するのには無理がある。またこれを密教のナーガールジュナ（龍猛）と同一視すると、逆に年代が一〇〇年以上早すぎることになる。しかしこの銘文によって、南インドのアンドラ地方に、複数のナーガールジュナを名乗る人物がいたことが確認できる。

また五本のアーヤカ柱の意味についても、よくわかっていない。アマラーヴァティーの刻文によれば、南のアーヤカ柱の下に舎利を埋納した事例も知られている。

仏塔を描いたレリーフをよく見ると、中央のアーヤカ柱には頂飾がつけられ、他の四本より一段高く聳えていたことがわかる。またアーヤカ柱の側面に、菩提樹、法輪、仏塔のデザインを、浮き彫りしたものが見られる。仏像不表現時代からの伝統にしたがえば、菩提樹はブッダの降魔《ごうま》成道《じょうどう》、法輪は転法輪《てんぽうりん》、仏塔は入涅槃《にゅうねはん》の象徴である。したがって五本のアーヤカ柱は、ブッダの主要な事績を示すとも見られる。

この事実からは、『法華経』「神力品《じんりきぼん》」の「この経典のあるところには（中略）塔を建てて供養すべきである。それは何故かといえば、そこは道場であり、諸仏はここにおいて、この上なく正しい悟りを得、ここにおいて法輪を転じ、ここにおいて涅槃に入ったからである」という一節が想起される。

そして著者は、南天鉄塔の伝説は、アマラーヴァティーをはじめとする、南インドの仏塔の特異な形態から生まれたと考えている。

第八章　三部から五部へ

1　金剛界大日如来の誕生

前章では、龍猛《りゅうみょう》が南天鉄塔で感得したと伝えられる『金剛頂経』について、伝承と遺跡を見ながら考察したが、本章では『金剛頂経』に説かれる金剛界曼荼羅と、その系統のインド密教美術について見ることにしたい。

金剛界曼荼羅の主尊である金剛界大日如来は、胎蔵大日と同じく通常は菩薩形《ぼさつぎょう》で表現される。その最大の特徴は、胎蔵大日の禅定《ぜんじょう》印（法界定印）に対して、智拳《ちけん》印という特殊な印を結ぶことである。これは右手を拳にして、左手の人指し指の先端を握る形であるが、まれに左右が逆転した例も存在する。インドではジュニャーナ・ムシュティ（智拳）あるいはボーディアグリー（覚勝）と呼ばれ、日本では智拳印、覚勝印などと訳される。

なお頼富本宏教授は、この印の起源を転法輪《てんぽうりん》印に求めている。また左手を男性器、右手を女性器と考え、曼荼羅の諸尊の出生を性的譬喩で示したとの説もあるが、日本密教では、左右の手を仏と衆生に当てはめ、仏と衆生の不二双入を象徴するという、宗教的に昇華された解釈が広く行われている。

この金剛界大日如来成立の謎を解く鍵の一つが、エローラ第一〇窟のバルコニーに見られる（次頁図）。この作品は、宝冠を戴き、転法輪印を結んで獅子座の上に坐す菩薩形像を中尊として、左右に脇侍の観音と文殊を配した三尊像である。

中尊は転法輪印を結んでいるが、宝冠や獅子座などの特徴は、後の金剛界大日如来の図像を先取りしており、大日如来に発展する前の毘盧遮那仏を、菩薩形で表現したと推定される。これは智拳印の起源を転法輪印に求める、頼富説を裏づけるものといえよう。

いっぽう宮治昭教授は、オリッサのウダヤギリ中央祠堂に安置される八大菩薩を伴った転法輪印如来像（八〜九世紀、現在は頭部が欠損）を、毘盧遮那仏に比定している。

さらにパーラ朝時代に入ると、金剛界五仏の作例も多数出現するが、このうちの多くは中尊を菩薩形の金剛界大日如来ではなく、転法輪印を結ぶ如来形としている。

ビハールから出土したレリーフ（ニューデリー国立博物館蔵、一〇世紀）は、金剛界系の五仏を図像学的に正確に表現しているが、その中尊は菩薩形の金剛界大日ではなく、転法輪印如来像となっている（次々頁図）。またその台座には、法輪と対鹿が表現されており、サールナー

転法輪印毘盧遮那三尊

エローラ第10窟バルコニー

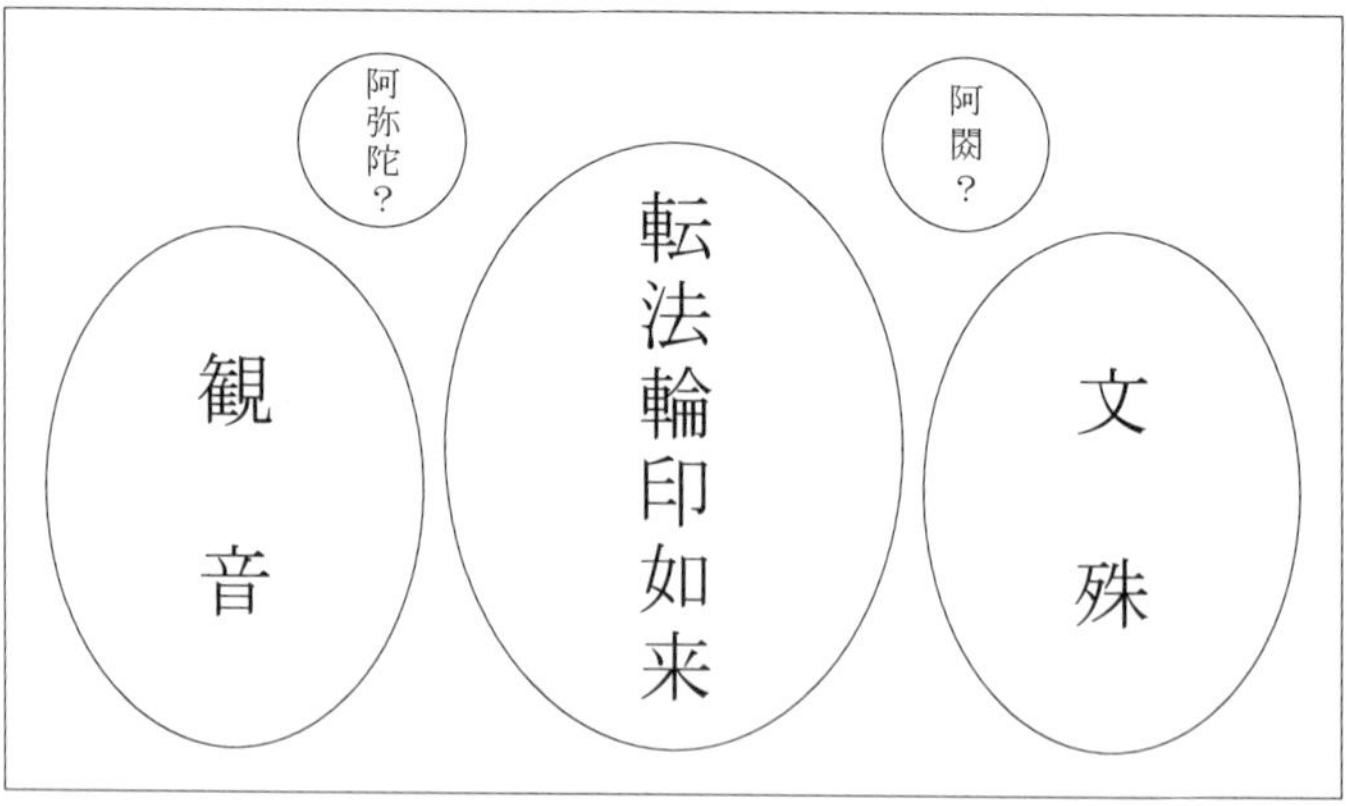

金剛界系の五仏

金剛界五仏（ニューデリー国立博物館）

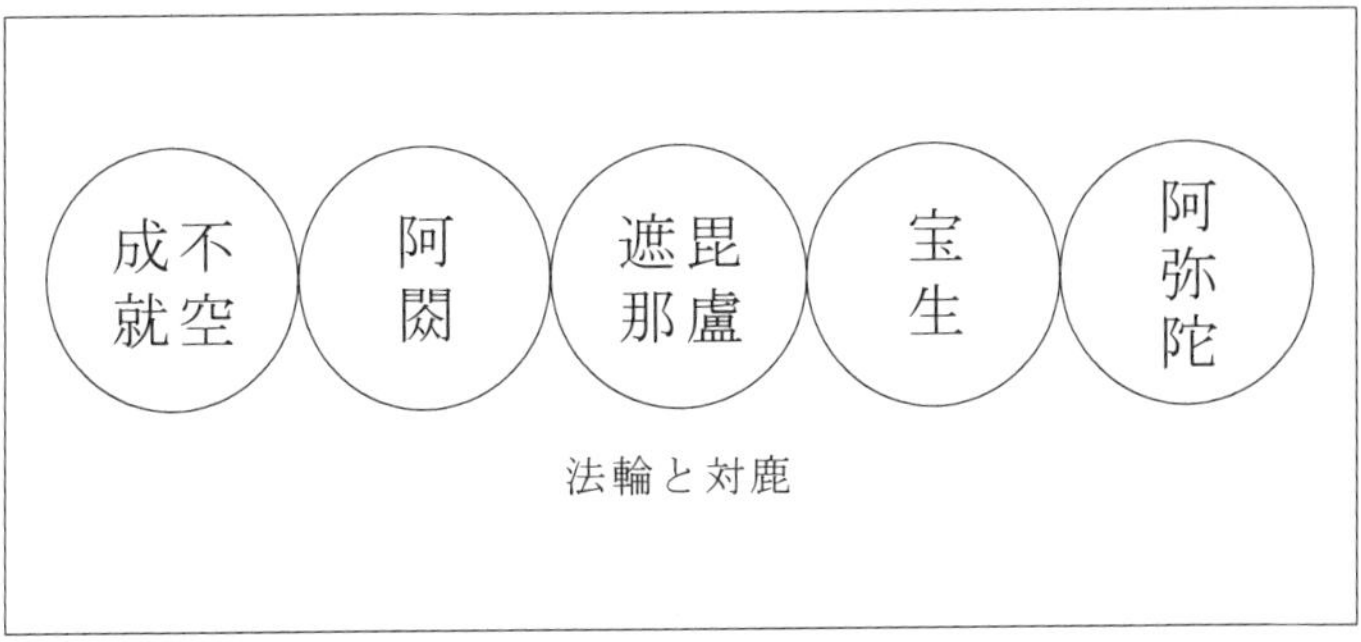

トの転法輪印如来像（本書第二章写真4）が意識されている。また五仏は、パーラ朝時代の仏像の光背にも配されるが、そこでも菩薩形の金剛界大日の代わりに、転法輪印如来像を表した作品がほとんどである。

なおインド大乗仏教を今日まで伝えるネパール仏教では、金剛界系の五仏が「パンチャブッダ」の名称で普及している。その中尊も転法輪如来像で、これを現地の仏教徒はマハー・ヴァイローチャナ（大日如来）ではなく、ただのヴァイローチャナ（毘盧遮那仏）と呼んでいる。したがって金剛界大日如来の起源は、転法輪印を結ぶ毘盧遮那仏であり、それがエローラ第一〇窟のような菩薩形となり、やがて転法輪印が智拳印に変化して、現在の図像が成立したと見られる。しかしインドでは金剛界大日如来の成立後も、転法輪印を結ぶ如来形の毘盧遮那仏が、並行して行われた。

これは両界曼荼羅の伝来後、東大寺大仏のような如来形の毘盧遮那仏（盧舎那仏《るしゃなぶつ》）が、急速に廃れた日本とは、著しい対比をなすものといえよう。

2　金剛界大日如来の作例

インドでは九世紀以後、『金剛頂経』系の密教が発展して、後期密教の時代に入る。急速に忘れ去られた胎蔵曼荼羅とは異なり、金剛界曼荼羅は、後期密教の時代に入っても、古典的な曼荼羅として尊重されつづけた。しかし、その主尊である金剛界大日如来像の作例は、あまり多いとはいえない。

その中で、ナーランダー僧院跡から出土した青銅鍍金像（一〇〜一一世紀、ニューデリー国立博物館所蔵）は、像高一三・二センチの小品ながら図像学的に興味深い作品である（写真36）。この像はいわゆる「四面大日」で、両手で智拳印を結ぶが、拳の中に五鈷杵《ごこしょ》を握っており、その先端が右手拳の上に現されている。

また台座の四隅には、金剛界四仏の三昧耶形《さんまやぎょう》（シンボル）が刻出されている。これは四仏を象徴すると見ることも可能だが、インド密教の伝統からは、金剛界曼荼羅で大日如来の坐す中輪の四方に配される四波羅蜜《しはらみつ》菩薩と考えた方がよい。インドで金剛界系の密教を大成したアーナンダガルバ（九世紀）の『初会《しょえ》金剛頂経釈』によれば、四波羅蜜菩薩は女神の姿ではなく、四仏の三昧耶形で表現されるからである。

いっぽうオリッサのウダヤギリ中央祠堂で発見された石像（九世紀頃）は、像高一・八メートルあり、インドに現存する金剛界大日如来の中では最大の作品である（次々頁図）。この像は、両手で智拳印を結び、身に臂釧《ひせん》、腕釧、聖紐などを着け、頭部は髪髻冠《はっけいかん》とし、左右の肩に垂髪を垂らしている。また光背の上部と台座の左右には、香華灯塗《こうけとうず》の外四供養《げしくよう》菩薩を刻出する。

このように大日如来の周囲に外四供養を配したのは、内四供養は大日如来が四仏を供養する

写真 36：金剛界大日如来（ニューデリー国立博物館）

金剛界大日如来（ウダヤギリ）

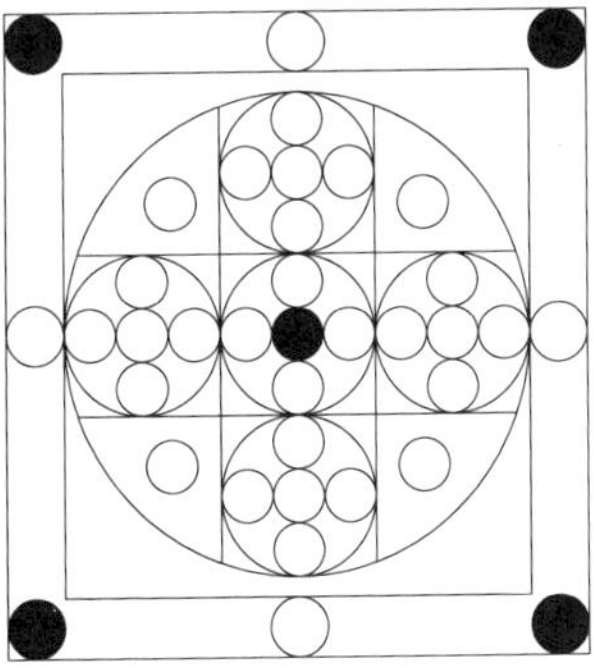

写真37：ポタラ宮リマラカン金剛界五仏像（Ulrich von Schroeder 提供）

ために出生した女性尊であるのに対し、外四供養は四仏が大日如来の供養に応えるために出生したものだからと考えられる。

この像は、作ゆき保存状態の両面で最も優れており、インドにおける、金剛界大日如来の代表的な作例ということができる。

またチベットのポタラ宮には、リマ・ラカン（響銅殿）と呼ばれる仏堂がある。ここには一七〇〇点の金銅仏が収蔵され、インドのパーラ朝やカシミール製の鋳造仏像も数多く含まれている。金剛界曼荼羅に関する作品も多いが、その中でも高さ一四・七センチ、幅二五・六センチの金剛界五仏像（カシミール、一一世紀）は、下段にチベット文字で、比丘ライ・チャンチュプ、すなわち西チベット王ラツンパ・チャンチュプウーの念持仏と銘記される貴重な作品である（写真37）。

この作品は、本尊の金剛界大日如来のみを宝冠を戴く菩薩形とし、四仏は如来形となっている。前節で見たように、インドの金剛界系五仏は、如来形の毘盧遮那仏を中尊とする例が多いが、本作品では菩薩形の金剛界大日が中尊となっている。また台座の下に鳥獣を現し、阿閦《あしゅく》、宝生《ほうしょう》、不空成就《ふくうじょうじゅ》の三尊を偏袒右肩《へんたんうけん》、阿弥陀《あみだ》を通肩《つうけん》とするのは、善無畏の「五部心観《ごぶしんかん》」などに一致し、日本の五智如来に、もっとも近い現存作例ということができる。

金剛界大日だけでなく、インドの金剛界系の仏像は、周囲に四尊の眷属を配するものが多い。このように単独像であっても、周囲に眷属を配することで、一種の小さな曼荼羅の観を呈するのである。これは金剛界曼荼羅の五元論のシステムが、礼拝像の形式にも影響を与えたものといえよう。

このようにインドからは、数点の金剛界大日如来像が発見されている。またオリッサに偏っている胎蔵大日とは異なり、金剛界大日の作例は、北はカシミールから南はオリッサまで広範囲に分布しており、『金剛頂経』の影響が、かつてはインド全域に及んだことを示している。

3　金剛界大日三尊像（エローラ第一二窟）

前節で見たように、金剛界曼荼羅は、眷属を主尊の四方に配する五元論の体系を特徴としていた。ところで、このような五元論の体系は、どこから来たのだろうか。

その謎を解く鍵の一つが、エローラ第一二窟の二階広間の柱に追刻された金剛界大日三尊像である（次頁図）。

この作品は、智拳印を結んだ菩薩形の金剛界大日を中尊として、左右に立像の脇侍菩薩を配した三尊像である。残念ながら右脇侍の顔面に欠損があり、図像が明確に判別できないが、右脇侍は左手を揚げ、右手は地面から立ち上がった蓮茎を持つような手勢を示している（蓮華は欠損）。これに対して左脇侍は、左手にウトパラ蓮を持ち、その蓮台上には金剛杵《しょ》を載せているので、明らかに金剛手《こんごうしゅ》と同定できる。

この作品は、第四章で取り上げたラトナギリ第四祠堂の胎蔵大日三尊像の裏返しのような構成となっている。つまりラトナギリ第四祠堂は胎蔵大日を本尊としていたが、観音と金剛薩埵は金剛界系のより発展した図像を示していた。これに対してエローラ第一二窟の三尊像は、金剛界大日を中尊としながら、脇侍の観音と金剛手は、西インドの石窟にしばしば現れた釈迦・観音・金剛手三尊の脇侍に近い姿を留めている。

前節で見たように、金剛界系の図像は五尊形式をとることが多い。そして金剛界曼荼羅を構成する如来、金剛、宝、法、羯磨《かつま》の五部を、胎蔵曼荼羅の三部と比較すると、如来部は仏部、法部は蓮華部に対応する。したがって金剛界曼荼羅の五部は、胎蔵曼荼羅の三部に、宝部と羯磨部を加えたものと解釈することができる。

金剛界大日三尊

エローラ第12窟2階

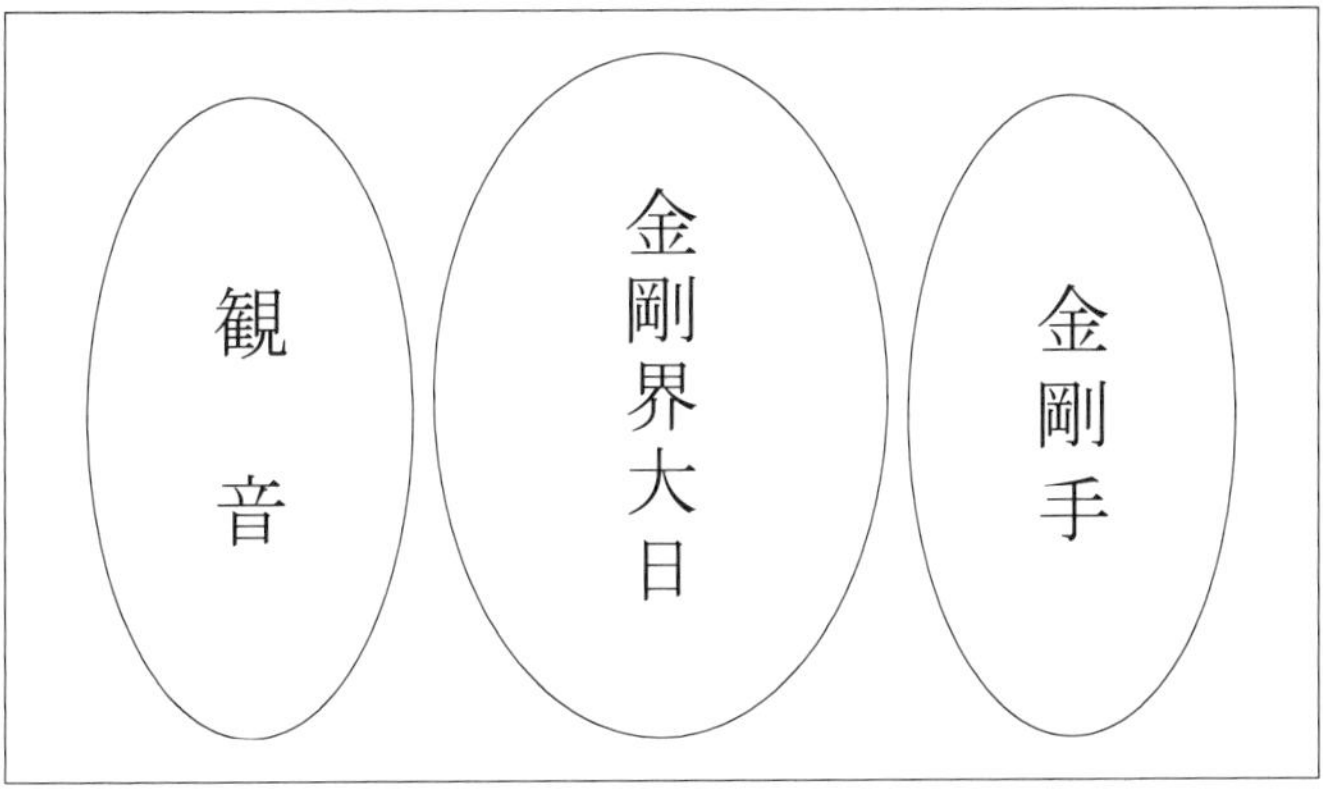

そしてエローラ第一二窟二階の金剛界大日如来像は、左右に観音と金剛手を伴うことで、金剛界曼荼羅の五部が、胎蔵系の三部から発展したことを、明らかに示している。

第四章で見たように、エローラ第一二窟の成立時期は八世紀の初頭とされている。『初会金剛頂経』の成立は七世紀の後半とされるので、エローラ第一二窟が開鑿された時点で、すでに金剛界曼荼羅は成立していたことになる。しかし胎蔵系の図像が豊富なエローラ仏教窟の掉尾を飾る第一二窟の完成後に追刻された浮彫に、はじめて金剛界大日が出現するのは示唆的である。

エローラの仏教徒たちは、金剛界曼荼羅の五部が胎蔵の三部から発展したことを、おそらく知っていたのであろう。

第九章　教理命題の尊格化

1　もう一つの八大菩薩

第四章で見たように、インドでは七世紀頃、標準型の八大菩薩が成立し、多くの作例を遺すようになった。しかし八大菩薩には、もう一つ重要な組み合わせがあったことが、文献的に確認できる。それは『金剛頂経』と同系統の密教経典で、日本真言宗の常用経典でもある『理趣《りしゅ》経《きょう》』に説かれている。

この八大菩薩は、『理趣経』各段の教理内容を尊格化したものである。同経の冒頭には、大日如来が、欲界の最高処にある他化自在天《たけじざいてん》で、この経典を説いたとき、説処に集まった菩薩の上首として八人の菩薩の名が挙げられている。

これらは金剛手《こんごうしゅ》・観自在《かんじざい》（観音）・虚空蔵《こくぞう》・金剛拳《こんごうけん》・文殊《もんじゅ》・纔発心転法輪《さいほっしんてんぽうりん》・虚空庫《こくうこ》・摧一切《さいいっさい》魔《ま》の八尊である。標準型の八大菩薩とは異なり、『理趣経』系の八大菩薩は、現在のところインドからは作例が報告されていない。しかしこの組み合わせは『理趣経』だけでなく、『金剛頂経』や、それと同時期に成立した複数の密教経典に説かれ、七世紀から八世紀にかけてのインドで、かなり普及していたことがうかがえる。

そして『理趣経』系の八大菩薩は、金剛手＝金剛薩埵《さった》、観自在＝金剛法、虚空蔵＝金剛宝、金剛拳＝金剛拳、文殊＝金剛利、纔発心転法輪＝金剛因、虚空庫＝金剛業《ごう》、摧一切魔＝金剛牙《げ》というように、金剛界曼荼羅の十六大菩薩と対応している（次頁表）。

このように『理趣経』と『初会金剛頂経』に共通点が多いことは、すでに多くの学者が指摘してきた。しかし金剛界曼荼羅の成立を考える上では、どちらが先に成立したのかが問題となる。『理趣経』の八大菩薩は、『理趣経』『初会《しょえ》金剛頂経』の双方に説かれている。これに対して十六大菩薩は、『理趣経』に一々の尊名は説かれないが、「十六大菩薩の生《しょう》をもって、如来及び執金剛《しゅうこんごう》の位を証する」とあるからである。

『理趣経』は、七世紀に活躍した中観派の論匠チャンドラキールティの『プラサンナパダー』に、『百五十頌般若経』の名で引用されている。また最も早い漢訳は、玄奘《げんじょう》訳の『般若理趣分』である。現行の不空訳『理趣経』と『般若理趣分』の間には、かなりの出入があるが、玄奘がインドから帰国した六四六年までに、その原初形態が成立していたことは確実である。これは他のいかなる『金剛頂経』系のテキストより早い。『理趣経』は『初会金剛頂経』より先

『理趣経』系の八大菩薩

理趣経	初会金剛頂経	降三世軌	法門	持物	十六大菩薩
金剛手	金剛手	金剛手	大楽の法門	大金剛	金剛薩埵
観自在(観音)	聖観自在	観自在	観照の法門	蓮華	金剛法
虚空蔵	虚空蔵	虚空蔵	富の法門	金剛宝鬘	金剛宝
金剛拳	金剛拳	金剛拳	実動の法門	金剛拳	金剛拳
文殊師利	曼殊室利童真	文殊	字輪の法門	剣	金剛利
纔発心転法輪	纔発心転法輪	金剛輪	入大輪の法門	金剛輪	金剛因
虚空庫	虚空庫	虚空庫	供養の法門		(金剛業)
摧一切魔	摧一切魔	弥勒	忿怒の法門	金剛牙	金剛牙

虚空庫と金剛業の対応関係は『初会金剛頂経』本文には説かれないので、(　)に入れた。

に成立し、その内容が金剛界曼荼羅に影響を与えたと見るのが自然である。

したがって金剛界曼荼羅の根幹をなす十六大菩薩は、『理趣経』系の八大菩薩を二倍に拡張したものと見ることができる。このように金剛界曼荼羅の成立には、『理趣経』が大きな役割を果たしたことが予想される。そこで以下の各節では、『理趣経』系の八大菩薩を中心に、『理趣経』が金剛界曼荼羅に、どのような影響を与えたのかを見ることにしたい。

2 『理趣経』説会曼荼羅

『理趣経』の曼荼羅としては、金剛界九会《くえ》曼荼羅の「理趣会」に取り入れられた十七尊曼荼羅が有名だが、金剛界曼荼羅の成立を考える上で忘れてはならないのが、『理趣経』の「説会《せつえ》曼荼羅」である（次頁図）。

この曼荼羅は、禅定《ぜんじょう》印を結ぶ大日如来を主尊として、その周囲に、前節で紹介した『理趣経』系の八大菩薩を配する。これによって大日如来の説く『理趣経』を、菩薩たちが聴聞する場面を表現したのである。

『理趣経』は『金剛頂経』系の密教聖典であるにもかかわらず、「説会曼荼羅」では胎蔵大日が主尊となっている。

第四章で見たように、禅定印を結ぶ如来像を標準型の八大菩薩が囲繞する曼荼羅は、エローラ第一二窟に五点の作例を遺している。また胎蔵大日と八大菩薩の組み合わせは、八世紀から九世紀にかけて、インドだけでなくアジア各地に多数の作例を遺している。このことから考えて、「説会曼荼羅」の主尊が禅定印を結ぶ胎蔵大日となったのは、その影響を受けたのではないかと思われる。

なお『理趣経』の説会は、欲界の最高処にある他化自在天《たけじざいてん》に設定されていたが、『初会金剛頂経』では、同じ『理趣経』系の八大菩薩が、色究竟天《しきくきょうてん》の説会に連なることが説かれている。

第二章で見たように、毘盧遮那仏は如来の三身のうち報身《ほうじん》と考えられ、報身は色究竟天から動かず、高位の菩薩たちに大乗の教えのみを説くとされていた。したがって大日如来が色究竟

『理趣経』説会曼荼羅

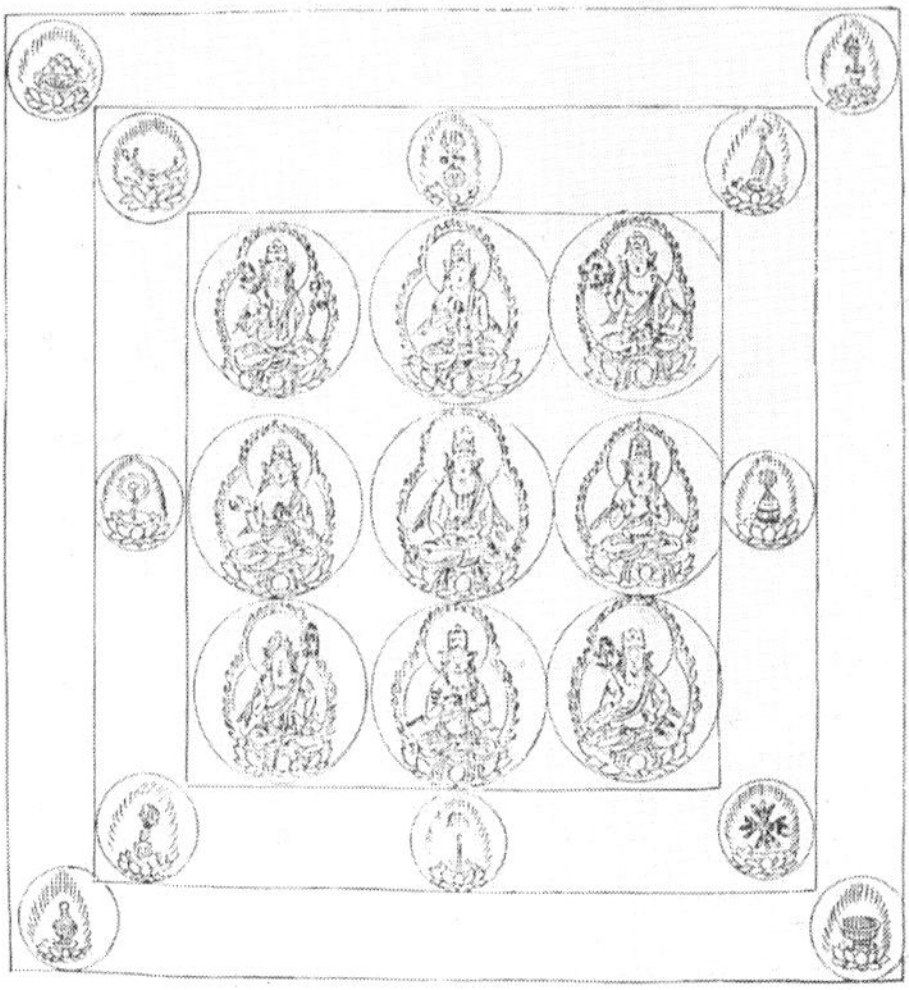

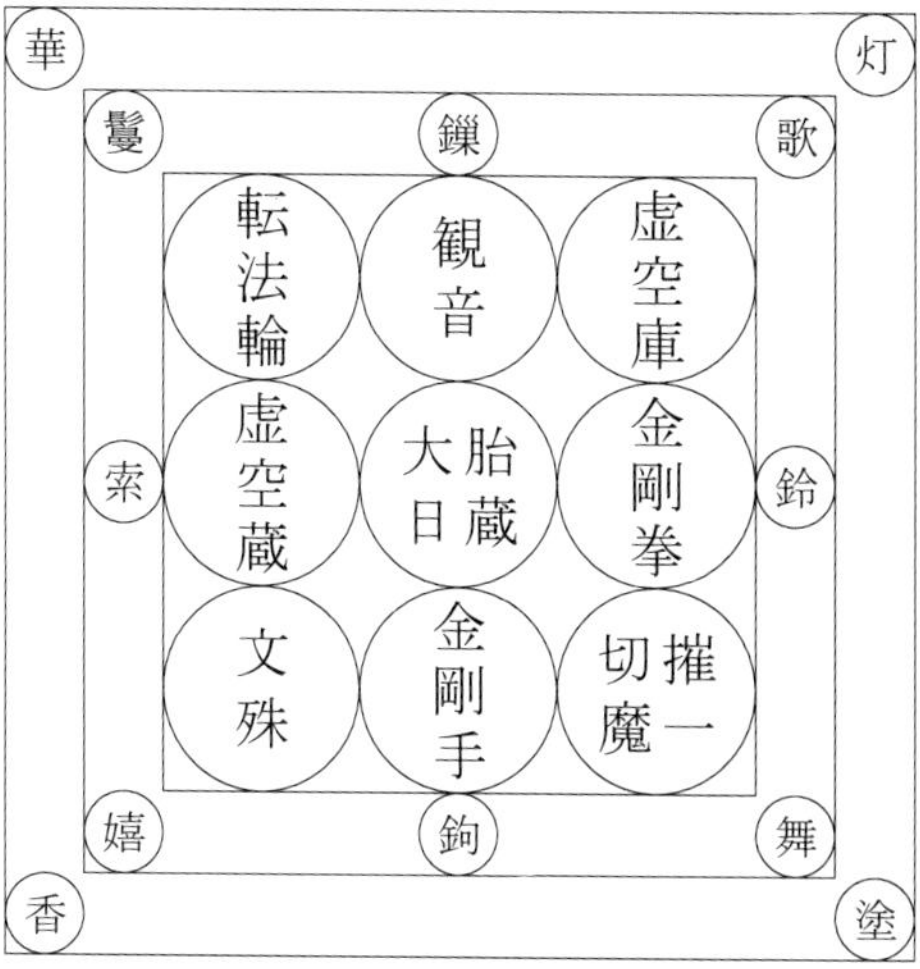

天で八大菩薩に囲繞《いにょう》される構図には、報身の説法の座に連なった菩薩の集会を図示した可能性がある。

このように主尊の周囲を八大菩薩が取り囲む曼荼羅は、曼荼羅の成立を考える上でも重要であることがわかった。またこの曼荼羅は、両界曼荼羅だけでなく、後期密教が成立する九世紀まで、曼荼羅の一典型として意識されることになるのである。

3　十七清浄句と十七尊曼荼羅

『理趣経』には一八種の曼荼羅が説かれるが、このうち最も重要なのは、後に金剛界九会曼荼羅に「理趣会」として取り入れられた、十七尊曼荼羅である（次頁図）。この曼荼羅は、『理趣経』の冒頭に提示される「十七清浄句《しょうじょうく》」と呼ばれる一七の教理命題を、十七尊で象徴したものである。

『理趣経』では、人間の煩悩は本来清浄であり、本質的には菩提心《ぼだいしん》と同一であると説かれる。このことを愛欲の比喩で示したのが十七清浄句である。そしてこの十七清浄句を、そのまま尊格とした十七尊の曼荼羅を修習すれば、煩悩が菩提心に昇華され、容易に悟りが得られると考えられたのである（次々頁表）。

なお十七清浄句の一〇番から一三番目までは、荘厳《そうげん》清浄、意滋澤《いしたく》清浄、光明《こうべい》清浄、身楽《しんらく》清浄

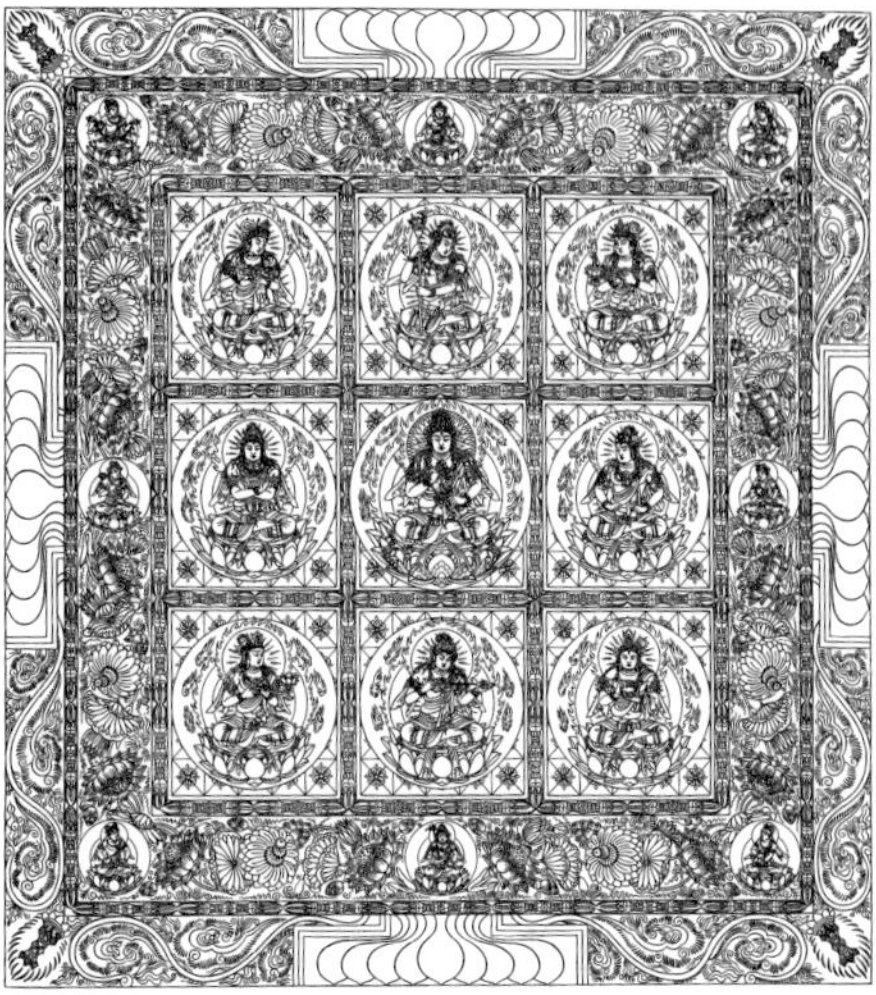

理趣会（観蔵院曼荼羅美術館所蔵、染川英輔筆）

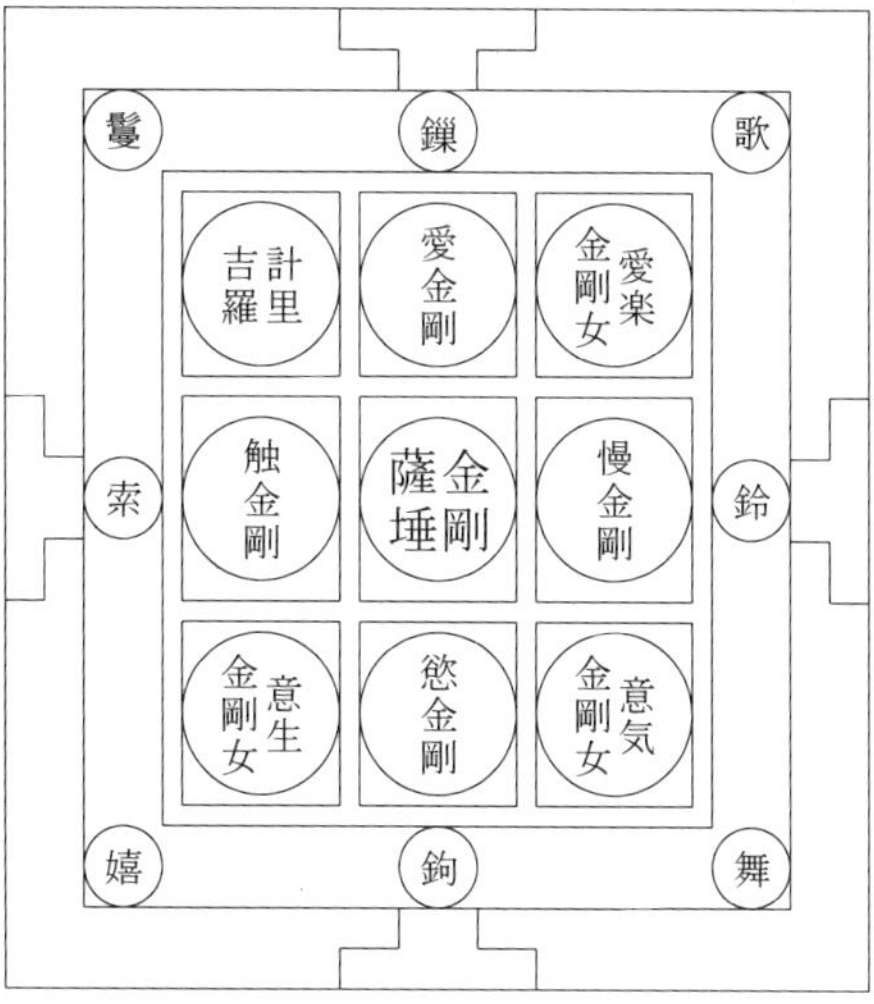

『理趣経』十七清浄句と十七尊曼荼羅

十七清浄句	『理趣釈経』	十七尊義述	理趣会	金剛界曼荼羅対応する菩薩	チベットの理趣経曼荼羅
妙適	金剛薩埵	金剛薩埵	金剛薩埵	金剛薩埵	金剛薩埵
慾箭	慾金剛	意生金剛	慾金剛		意生
触	金剛髻離吉羅	髻利吉羅金剛	触金剛		キリキリ
愛縛	愛金剛	悲愍金剛	愛金剛		念
一切自在主	金剛傲	金剛慢	慢金剛		慢
見	意生金剛	金剛見	金剛嬉	金剛嬉	金剛嬉
適悦	適悦金剛	金剛適悦	金剛鬘	金剛鬘	金剛笑
愛	貪金剛	金剛貪	金剛歌	金剛歌	金剛歌
慢	金剛慢	金剛自在	金剛舞	金剛舞	金剛舞
荘厳	春金剛	金剛春	計里吉羅	金剛華	適悦女
意滋澤	雲金剛	金剛雲	意生金剛女	金剛香	妙適悦
光明	秋金剛	金剛秋	愛楽金剛女	金剛灯	金剛眼
身楽	冬金剛	金剛霜雪	意気金剛女	金剛塗	大吉祥
色	色金剛	金剛色	金剛鉤	（金剛鉤）	色金剛
声	声金剛	金剛声	金剛索	（金剛索）	声金剛
香	香金剛	金剛香	金剛鏁	（金剛鏁）	香金剛
味	味金剛	金剛味	金剛鈴	（金剛鈴）	味金剛

の四句になるが、荘厳とは身体を装飾することで、華鬘《けまん》をもつ華菩薩に対応する。いっぽう意滋澤とは（香を聞くことで）心によろこびが生ずることであり、焼香《しょうこう》菩薩に対応する。光明とは明かりを供養することであり、灯明をもつ灯菩薩に対応する。そして身楽は、身体に香を塗布する塗香《ずこう》菩薩によって象徴される。そしてこの四菩薩は、金剛界曼荼羅の外四供養に、華香灯塗の順で対応する。

これまでも曼荼羅に描かれる尊格には、さまざまな教理概念が当てはめられてきた。曼荼羅が仏教の教理を示し、宇宙の縮図であるといわれるのは、曼荼羅が単なる尊格の集合図ではなく、その構成要素に種々の教理概念が当てはめられているからである。しかし経典に説かれる教理命題と尊格が、一対一に対応する曼荼羅は、これまで存在しなかった。

そして『理趣経』では、説会曼荼羅や十七尊曼荼羅以外の曼荼羅でも、尊格と教理命題に明確な対応関係が見られる。このように『理趣経』は、教理と曼荼羅を従来になく緊密に統合した。そしてこの特性は、つぎの金剛界曼荼羅へ継承されてゆくのである。

4　金剛薩埵と四内供養像

また『理趣経』では、ブッダを護衛する守護神から発展した金剛手と、大乗仏教における菩薩の理想像・普賢が融合し、普賢金剛薩埵《ふげんこんごうさった》と呼ばれる尊格が成立した。普賢と金剛手の融合に関しては、『大日経』の先行経典とされる『金剛手灌頂《こんごうしゅかんじょう》タントラ』に、普賢菩薩が灌頂を受け、金剛杵《しょ》を授与されたと説かれるのが注目される。

しかし『大日経』では、大日如来の説法を聴聞するため法界宮殿《ほっかいぐうでん》に集まった眷属のうち、金剛手は内眷属の上首、普賢菩薩は大眷属の上首とされ、別の尊格とされている。

これに対して普賢と金剛手を同一視するのは、『理趣経』をはじめとする『金剛頂経』系の特徴である。そこで『大日経』と親縁性がある標準型の八大菩薩では、普賢と金剛手は別の尊格となっているが、『理趣経』系では両者を同一視するため、八大菩薩に普賢が含まれない。

そして普賢と金剛手が融合した普賢金剛薩埵は、密教の中心的尊格へと発展してゆく。そこでインドでは、パーラ朝時代を通じて金剛薩埵像が多数造立され、現存作例もきわめて多い。

これに対して普賢菩薩は、初期大乗経典からの古い歴史をもち、教理的に重要であったにもかかわらず、八大菩薩を除いては作例が見られない。インドにおける普賢信仰は八世紀以後、普賢金剛薩埵の信仰へと発展的に解消してしまったように思われる。

なお金剛薩埵の作例は、パーラ朝時代に集中しており、九世紀以前の作例は見られなかったが、最近になってヒマチャル・プラデシ州のキノールにあるロパ寺から、木彫の立像が発見された。

これは観音と一対になる門衛の金剛薩埵像で、右手の中指先に金剛杵を立てるパーラ朝の作例とは異なり、日本のものと同じく胸前で金剛杵を握っている。この作品については一〇世紀以後とする研究者が多いが、ベナレス・ヒンドゥー大学のA・K・シン博士は、これを八世紀まで上げられると主張している。

金剛薩埵の比較的古い作例としては、いままでサールナート出土の金剛薩埵坐像（サールナート考古博物館蔵）が知られていたが、この像は右手の中指先に金剛杵を立てており、八世紀まで遡らせることには無理があった（写真38）。中指先に金剛杵を立てるという規定は、前述のアーナンダガルバ（九世紀）の著作に、はじめて現れるからである。

ロパ寺の金剛薩埵は、日本と同じ金剛杵の持ち方をする金剛薩埵像が、八世紀頃のインドに存在したことを裏づける貴重な作例といえよう。

前述のように、インドの金剛界系の像には四尊の眷属を配したものが多いが、パーラ朝時代の金剛薩埵像にも、このような五尊像が見られる。

この中で、ビハールのガヤ地方で出土した金剛薩埵像（アメリカ個人蔵）は、台座下と光背の四隅に内四供養菩薩を配した作例として注目される（次々頁図）。またナーランダーからも、金剛薩埵の四隅に内四供養を配した小像（ナーランダー考古博物館蔵）が出土している。

いっぽう敦煌《とんこう》の莫高窟《ばっこうくつ》からは、金剛薩埵の五尊曼荼羅（ギメ美術館、EO一一六七）が出土している。中尊の金剛薩埵は、ロパ寺像と同じく、胸前で逆手に金剛杵を持っている。いっぽう

写真 38：金剛薩埵像（サールナート考古博物館）

金剛薩埵五尊像

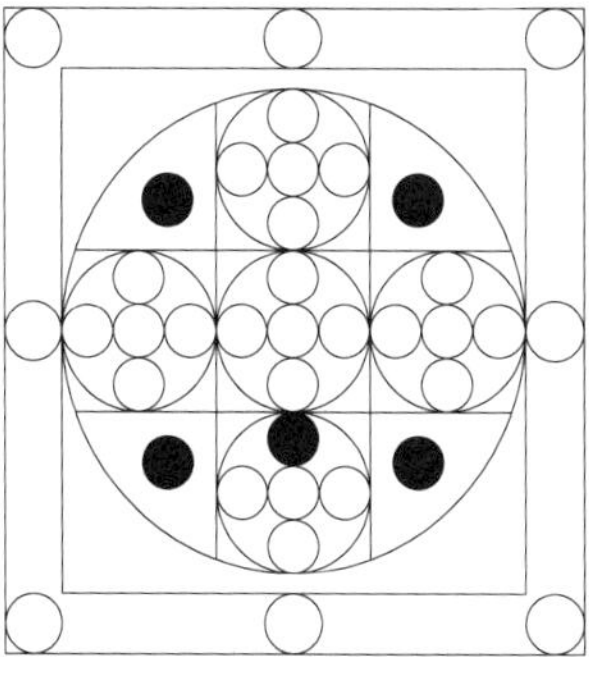

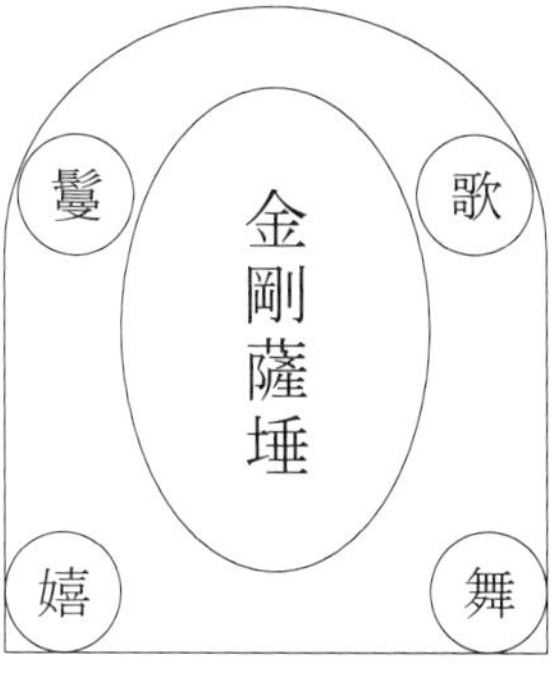

金剛薩埵の四維には、内四供養菩薩が描かれている。

前述の二点の金剛薩埵像は一〇世紀頃の作であるが、ギメ美術館の曼荼羅は、様式的に九世紀まで上げられる。インドから敦煌まで図像が伝播するには、かなりの時間を要すると思われるので、八世紀に、インドでこのような五尊像が成立していたとしても不思議ではない。

なお第八章で紹介したウダヤギリの金剛界大日如来は、本尊の周囲に外四供養を配していた。これに対して金剛薩埵に内四供養を配したのは、『初会金剛頂経』（§一五三）で内四供養の筆頭である金剛嬉《き》が「金剛薩埵の妃」と呼ばれるからではないかと思われる。今後発見される作例が、すべてこのようになっているかは保証できないが、金剛界大日が外四供養、金剛薩埵が内四供養を伴うことは、金剛界曼荼羅と『理趣経』十七尊曼荼羅で、内外の四供養が入れ替わるという事実と、奇しくも符号している。

このようにインドから出土した金剛界系の仏像は、五尊像となる例が多い。そしてこの事実は、金剛界曼荼羅を特徴づける五元論の体系が、八世紀以後のインドで急速に普及したことを物語っている。それはまた、三部に基づく胎蔵系のシステムが、しだいに時代遅れになっていったことを暗示するものといえよう。

5　チベットの『理趣経』曼荼羅

『理趣広経』は、『理趣経』の思想に、曼荼羅や印・真言の体系が付加され、一大密教経典となったもので、チベットでは『初会金剛頂経』と同じ瑜伽《ゆが》タントラに分類されている。いっぽう中国には、北宋の法賢により『最上《さいじょう》根本《こんぽん》大楽《だいらく》金剛《こんごう》不空《ふくう》三昧《さんまい》大教王経《だいきょうおうぎょう》』として漢訳された。宋代の訳経は日本では重視されなかったが、この経典は平安時代に伝えられ、真言

『理趣広経』金剛薩埵曼荼羅

宗の学僧の間で研究されてきた。常用経典である『理趣経』の広本であり、さらに『金剛頂経』十八会の第六会に相当すると考えられたからである。なお著者は、『金剛頂経』の第六会に相当するのは、前半の「般若分」だけで、後半の「真言分」は第七会（チベット訳のみにある）と第八会に相当すると考えている。

『理趣広経』には多くの曼荼羅が説かれるが、チベットでは般若分の冒頭に説かれる金剛薩埵曼荼羅（前頁図）と、『理趣広経』の曼荼羅を、すべて統合した都部《とぶ》曼荼羅の二つが有名である。日本の理趣会に相当する十七尊曼荼羅は、チベットでは作例が乏しいが、最近になってネパール領ムスタンのチャンパラカンで一五世紀の壁画が発見された。このうち金剛界曼荼羅の成立を考える上では、金剛薩埵曼荼羅が重要なので、ここではそれを見ることにしよう。

この曼荼羅は金剛薩埵を主尊とし、その四方には、日本の「理趣会」と同じ欲、触《そく》、愛、慢の四菩薩が配される。また四維には、「理趣会」の四隅に描かれる四時供養の女菩薩（金剛界曼荼羅の外四供養に相当する）が描かれる。

その外側の四方には、阿閦、宝生、阿弥陀、不空成就の四仏が描かれる。四仏の図像は金剛界曼荼羅とほぼ同じだが、阿弥陀が禅定印ではなく、転法輪印を結ぶのは注目に値する。インドでは、禅定印を結ぶ密教の五仏以外で、阿弥陀如来の可能性が指摘されている如来像の多くが、転法輪印を結んでいるからである。

『理趣経』系の八大菩薩と金剛界曼荼羅

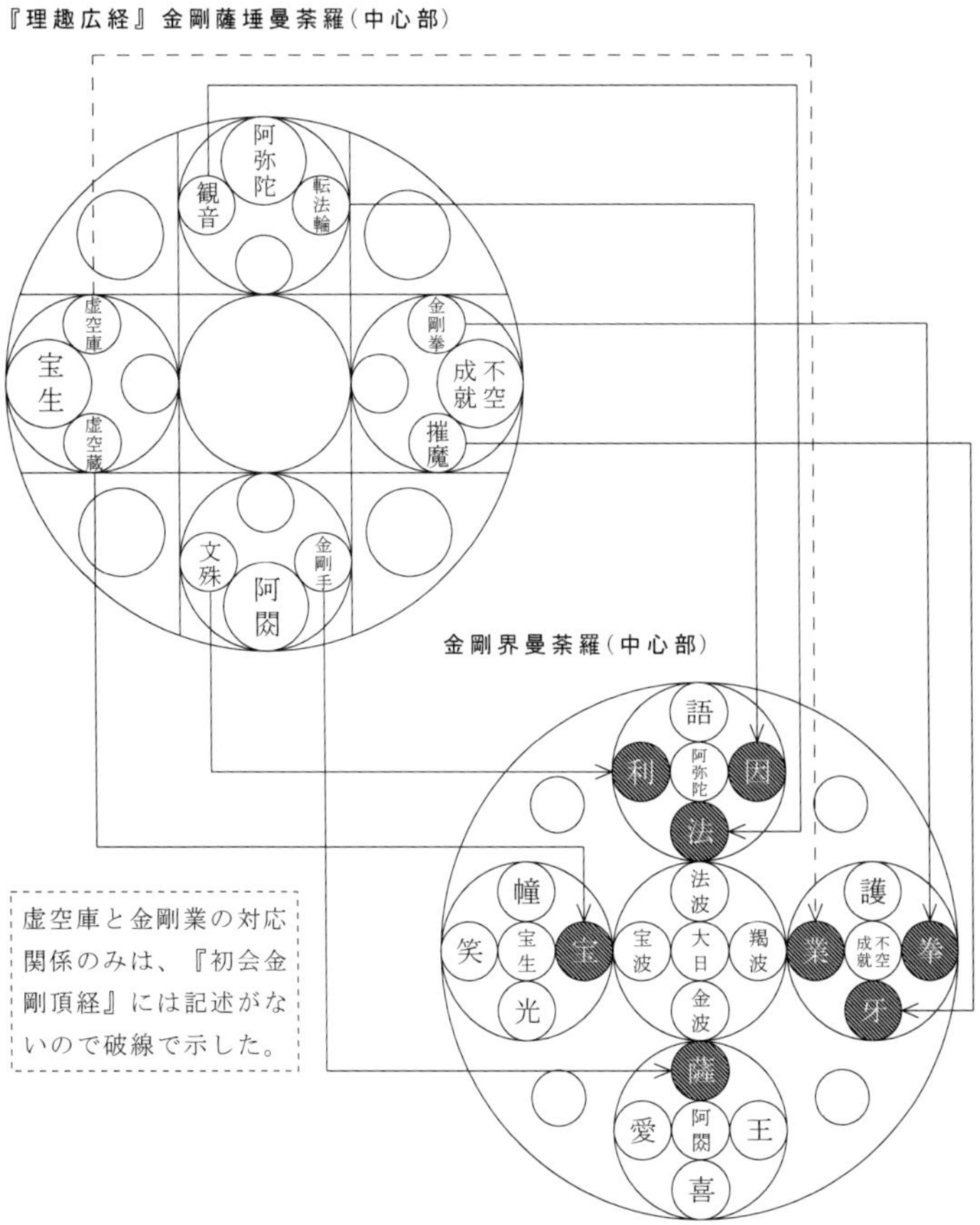

虚空庫と金剛業の対応関係のみは、『初会金剛頂経』には記述がないので破線で示した。

そして四仏は左右に脇侍として、『理趣経』系の八大菩薩を伴っている。また外院の四隅には、嬉笑歌舞《きしょうかぶ》の四天女が描かれるが、このうち笑天女を鬘《まん》天女に代えると、金剛界曼荼羅の内四供養と同一になる。さらに四門には色声香味《しきしょうこうみ》の四菩薩が配され、外院《げいん》には護法天が配されている（前頁図）。

このようにチベットの『理趣広経』曼荼羅の基本構造は、十七尊曼荼羅に金剛界四仏と『理趣経』系の八大菩薩を付け加えたものと見ることができる。

日本では、『理趣経』系の八大菩薩は説会曼荼羅にのみ描かれ、十七尊曼荼羅には描かれない。この点では日本の理趣会の方が、古形を残しているといえる。しかし理趣会は、九会曼荼羅に組み込む必要から、四門の色声香味の四菩薩を、金剛界曼荼羅の門衛である四摂《ししょう》菩薩と同一に描くなど、『理趣経』と金剛界曼荼羅の体系が整合的になるよう、図像に改変が加えられている。

これに対し、チベットの『理趣広経』曼荼羅は独立した曼荼羅なので、『理趣経』本来の図像がより忠実に伝承されている。そしてこの中には、金剛界四仏、八大菩薩、内外の八供養と、金剛界曼荼羅を構成する三十七尊のうち、二〇尊が含まれている。

つぎに『理趣広経』曼荼羅における四仏と八大菩薩の関係と、金剛界曼荼羅における四仏と十六大菩薩の関係を比較してみよう。図のように、文殊（金剛利）が東方阿閦の脇侍から西方阿弥陀の四親近《しんごん》に移り、虚空庫（金剛業）が南方宝生の脇侍から北方不空成就の四親近に移ったが、それ以外の四仏と八大菩薩の関係は、金剛界曼荼羅に引き継がれている。

この事実は、標準型と『理趣経』系の違いはあるが、ウダヤギリ大塔では八大菩薩が四仏の脇侍となったのに対し、ジャジプルの四仏（第十章の「2　ジャジプルの四仏」を参照）では十六大菩薩が四仏の光背に配されたのに比せられる。そして左右に脇侍を伴う三尊形式から四方に眷属を伴う五尊形式への発展は、三部立ての胎蔵曼荼羅から五元論の金剛界曼荼羅への移行と軌を一にすると考えられる。

このように『理趣広経』曼荼羅は、金剛界曼荼羅の成立過程を考える上で、重要な資料といえるのである。

第十章　五元論の完成

1　曼荼羅と仏塔

第二章で見たように、仏塔はブッダの遺骨である舎利《しゃり》を納めたり、ブッダの生涯に起きた重要な出来事を記念するモニュメントであった。そこで仏塔は、ブッダの生涯の事績や前世の物語「ジャータカ」を描いたプレートで飾られるようになった。そしてインドでは、仏伝の中から主要な八つの場面を塔身の八方に配する、仏伝八相型の仏塔が成立した。

わが国でも、薬師寺の東塔と西塔の初層四面には、釈迦八相を表現する群像（塑像の残欠のみ現存）が安置されたが、そのプロトタイプはインドの仏伝八相型仏塔に求められる。

これに対してインドでは、五～六世紀頃から仏塔の四方に四仏を配する仏塔が出現する。グプタ朝時代にサーンチーの大塔に安置された四仏は、四体ともに禅定《ぜんじょう》印を結び、それぞれの仏に個性が見られない。これに対してギャラスプルの四仏は、それぞれ異なる印を結んでおり、特定の他土仏を意識して作られたことを暗示している。

わが国でも密教伝来以前の奈良時代には、仏塔初層の須弥壇《しゅみだん》に四方四仏を安置する慣行があった。西大寺の四仏坐像（重文）は、かつて西大寺の東塔に安置されていた塔本四仏と考えられる。『西大寺大鑑』は、その尊名を阿閦《あしゅく》（東）、宝生《ほうしょう》（南）、阿弥陀（西）、釈迦（北）としているが、この比定には疑問がある。このような塔本四仏のプロトタイプは、サーンチーやギャラスプルの仏塔に見られた、それぞれの尊名と印相が確定する以前の四方四仏に求められる。

そしてウダヤギリの大塔は、北面に胎蔵大日を安置し、東南北の三面にそれぞれ対応する方位の仏を安置する、曼荼羅的な構造をもっていた。このような仏塔は、パーラ朝時代の東インドを中心に、かなりの作例を遺しているが、小規模な奉献小塔（ヴォーティヴ・ストゥーパ）が多く、大規模な仏塔の存在はいまだ報告されていない。

いっぽうネパールのカトマンドゥ盆地には、曼荼羅的な構造をもつスヴァヤンブーナートの仏塔が聳えている。この仏塔は、塔身の四方に阿閦、宝生、阿弥陀、不空成就《ふくうじょうじゅ》の四仏を安置している。通常は仏塔自体で象徴される毘盧遮那仏《びるしゃな》（第八章で見た転法輪印如来像）は、東の阿閦如来の脇の仏龕《ぶつがん》に祀られている。いっぽう東南、西南、西北、東北の四維には、四尊の仏母《ぶつも》が配される（次頁図）。この構造は、仏塔自体が毘盧遮那仏ではなく、第六仏である本初仏《ほんしょぶつ》（金剛薩埵や持金剛と同一視される）を象徴するものであるからといわれる。そしてネパールで

スヴァヤンブーナート仏塔

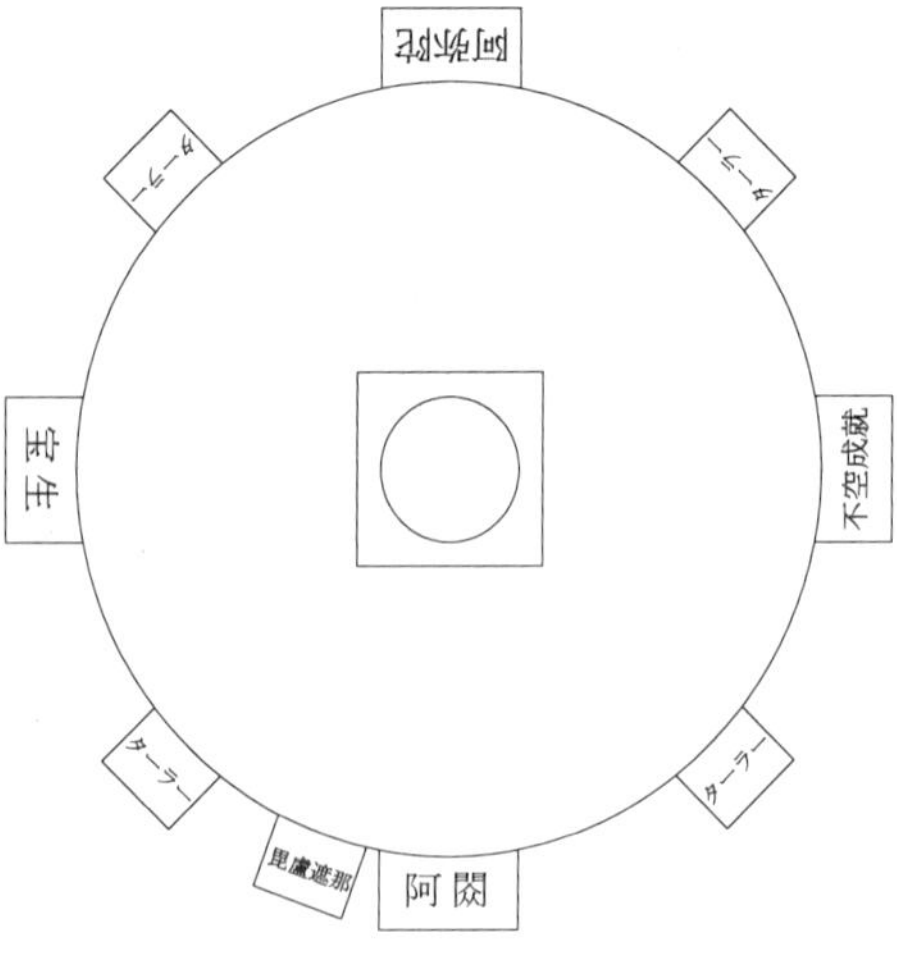

スヴァヤンブー曼荼羅

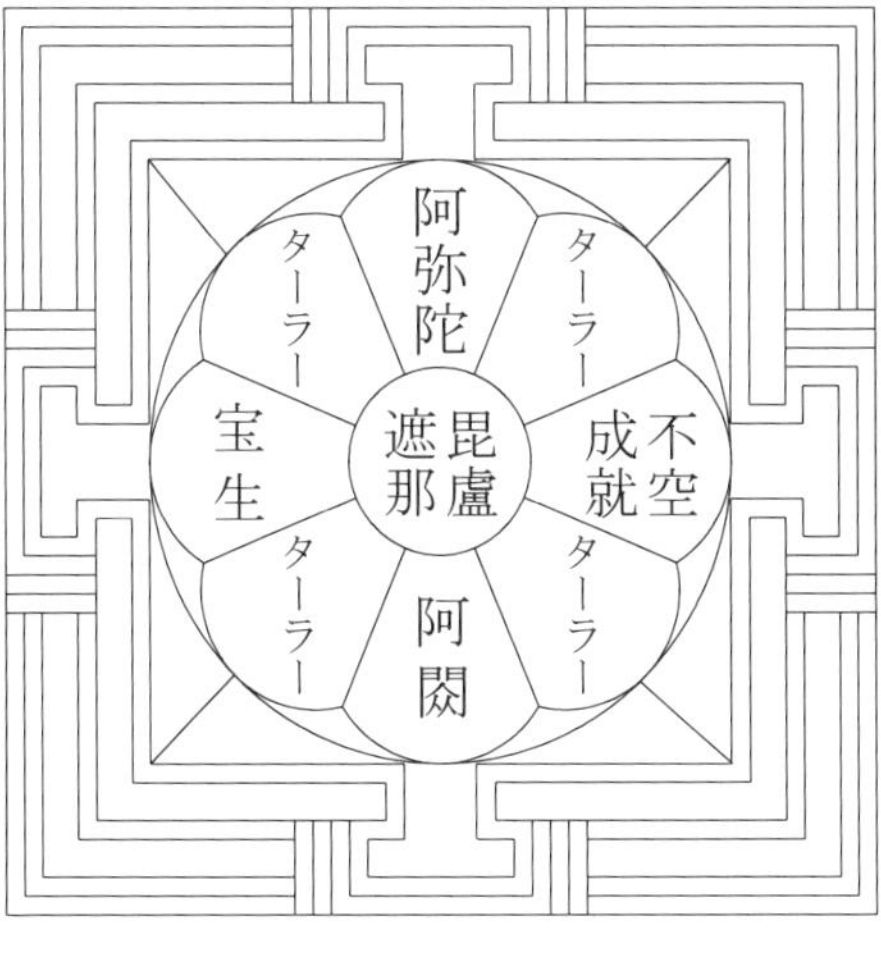

写真 39：善通寺の塔本四仏

は、このようなスヴァヤンブーナート仏塔の構造を、そのまま曼荼羅にした作品も製作されている（前々頁図）。

これに対して日本では、空海の計画に基づく高野山根本大塔や、最澄《さいちょう》が発願した比叡山《ひえいざん》東塔をはじめ、大日如来を安置する多宝塔が数多く建てられた。これらのうち比較的大規模なものは、金剛界あるいは胎蔵の五仏を安置し、小さなものは大日如来一尊のみを安置している。また木造層塔でも、東寺《とうじ》や醍醐寺《だいごじ》、善通寺《ぜんつうじ》などの密教寺院の五重塔は、心柱の四方に四仏を安置したり、内部に曼荼羅の諸尊を描いたりして、曼荼羅の世界を実現している（写真39）。

両界曼荼羅の主尊である大日如来は、胎蔵、金剛界ともに仏塔を三昧耶形《さんまやぎょう》、つまりシンボルとしている。したがって仏塔と曼荼羅、そしてその主尊である大日如来を同一視する思想は、きわめて自然に日本に定着したのである。

2　ジャジプルの四仏

そしてインドでも、このような曼荼羅と仏塔の完全なる融合の例が、オリッサのジャジプルに見られる。

オリッサの州都ブヴァネーシュヴァルの北東八〇キロにあるジャジプルは、現在はヒンドゥー教の聖地を擁する地方都市に過ぎないが、かつては、善無畏《ぜんむい》ゆかりのバウマカラ王朝の都として栄えたところである。そして英国の植民地時代、入植した英国人が居住するために開発されたコンパウンドと呼ばれる街の一角に、金剛界曼荼羅の成立を考える上で、きわめて重要な彫像が遺されている。

この作品は高さ六〇センチ、幅四〇センチほどの、阿閦如来と阿弥陀如来の坐像で、かつてはラトナギリの仏塔の四方に安置されていたものといわれる。なおそのサイズは、崩壊したラトナギリ大塔の四方四仏としては小さすぎる。しかしラトナギリからは、これとよく似た阿閦、阿弥陀如来像が発見されているので、ジャジプルの四仏が、ラトナギリのどこかの仏塔に安置されていたことは確かである。

これまで見てきたように、金剛界系の仏像は、台座と光背の四隅に眷属尊を配した五尊形式をとることが多かった。

これに対してジャジプルの四仏は、光背の上部に左右二尊ずつ、四尊の眷属を刻出している（次頁、次々頁図）。そして一九九二年の種智院大学の調査によって、四仏の光背に刻出された眷属尊が、金剛界曼荼羅の十六大菩薩（現状では八尊）であることが判明した。

金剛界曼荼羅では、十六大菩薩が四仏の周囲に四尊ずつ配される。これらの四菩薩は、部主の如来の「四親近《しんごん》」と呼ばれるが、ジャジプルの四仏は、光背の上部に、それぞれの四親近菩薩を刻出していたのである。

ジャジプルの四仏（阿閦）

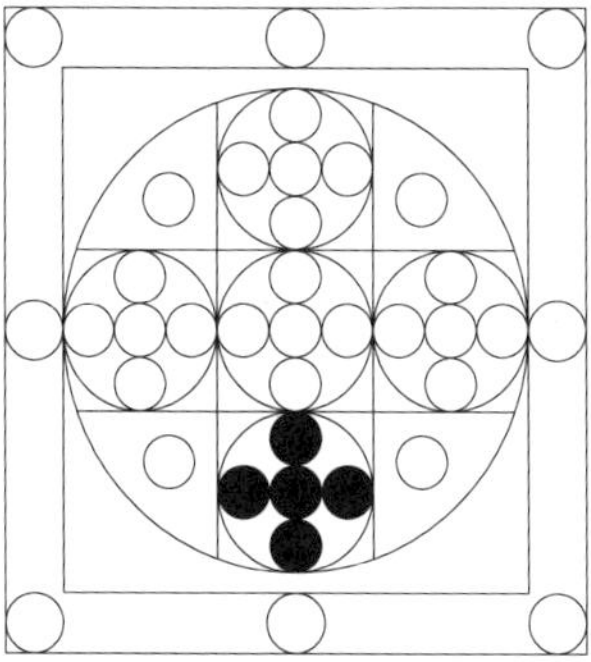

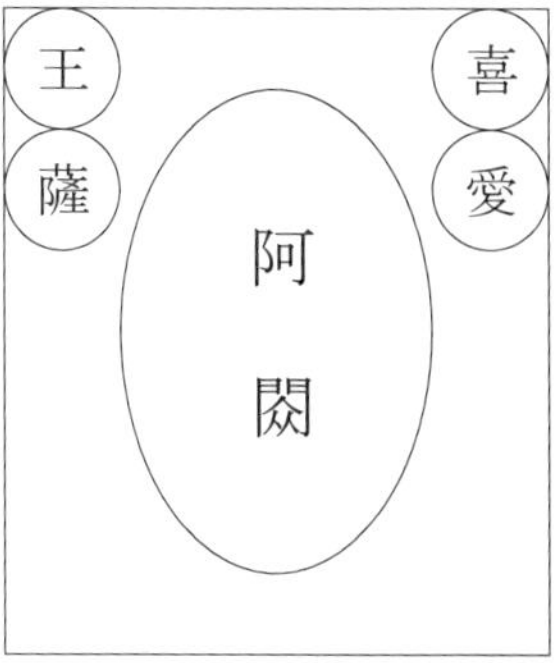

ジャジプルの四仏（阿弥陀）

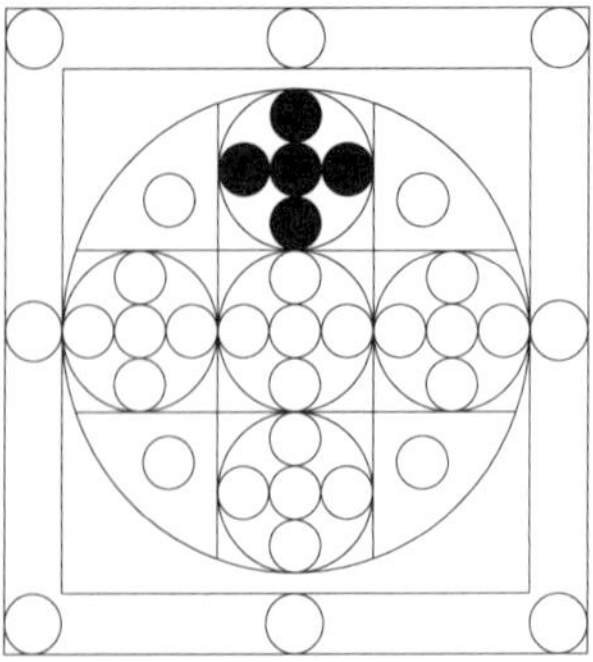

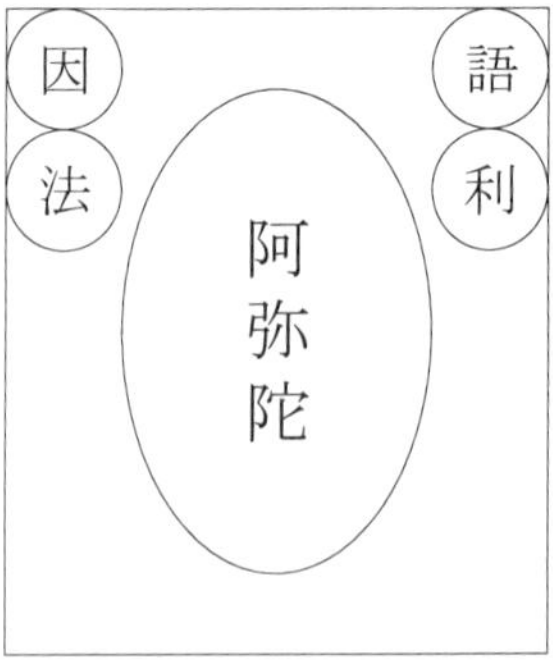

著者が二〇〇三年一〇月にジャジプルを訪れたとき、コンパウンドには新たな収蔵庫が建てられ、阿閦、阿弥陀の二体は、そこに納められていた。宝生、不空成就の二体は、いまだ発見されていないが、ラトナギリ遺跡下のヒンドゥー祠堂の脇には、光背に四親近を伴った宝生如来が遺されている。これはサイズが大きく、ジャジプルの二体と一具ではないが、ラトナギリでは、仏塔に四親近を伴う四仏を祀る慣行があったことを、裏づける遺品といえる。

このようにジャジプルの四仏がラトナギリの仏塔の四方を飾っていたとするなら、その仏塔はまさに、金剛界曼荼羅と同じ構造をもっていたことになる。そして四方に四親近を伴う四仏を安置した仏塔は、金剛界大日如来を象徴するものとしてふさわしい。

ジャジプルの四仏が安置されていた仏塔は、サーンチー大塔の四方に四体の仏像が安置されて以来、インドでしだいに発展してきた曼荼羅的な構造をもつ仏塔の、最終的な到達点といえる。そしてその構造は、高野山の根本大塔をはじめとする、五仏を安置する日本の多宝塔のルーツともなったのである。

3　金剛界曼荼羅の拡大と縮小

本章では、金剛界曼荼羅の五元論のシステムが、どのように形成されたのかを、インドに現存する作例と、漢訳、チベット訳として遺されたテキストを見ながら考察してきた。ここでは、このような五元論がどうして導入されたのか、その意味を考えてみたい。

金剛界曼荼羅は、すべての尊格を如来・金剛・宝・法（蓮華）・羯磨《かつま》の五部に分類する。この五部は大日（中央）・阿閦（東）・宝生（南）・阿弥陀（西）・不空成就（北）の五仏によって統括される。そして五部に属する諸尊を、中央と東南西北に整然と配置することにより、上下左右完全対称の曼荼羅が創出されたのである。

金剛界曼荼羅は、仏教の尊格群が膨張に膨張を重ね、巨大なパンテオンが形成された後に出現した。五元論が導入された理由は、これらの尊格を整理統合し、一つの体系にまとめるシステムが必要とされたからであろう。

さらに五部は相互に包摂しあうことで、二十五部、無量部へと展開する。金剛界曼荼羅に例を取れば、大日如来の四方には四仏が配されるが、四仏の四方にもまた四親近菩薩が配される。また金剛薩埵や観音などの菩薩が主尊となる場合には、その四方にも四部に対応する眷属が配される。このように金剛界曼荼羅の五部は孤立したものではなく、相互に包摂しあうことで、無限に深化できる構造をもっていた。

このような構造は、パソコンのOSがフォルダーを階層的に深化させることで、厖大な量のファイルを効率的に整理するのに似ている。そして密教では、この壮大な「階層的なフォルダー構造」を「互相渉入《ごそうしょうにゅう》」と呼んだ（次頁図）。

互相渉入の基本構造

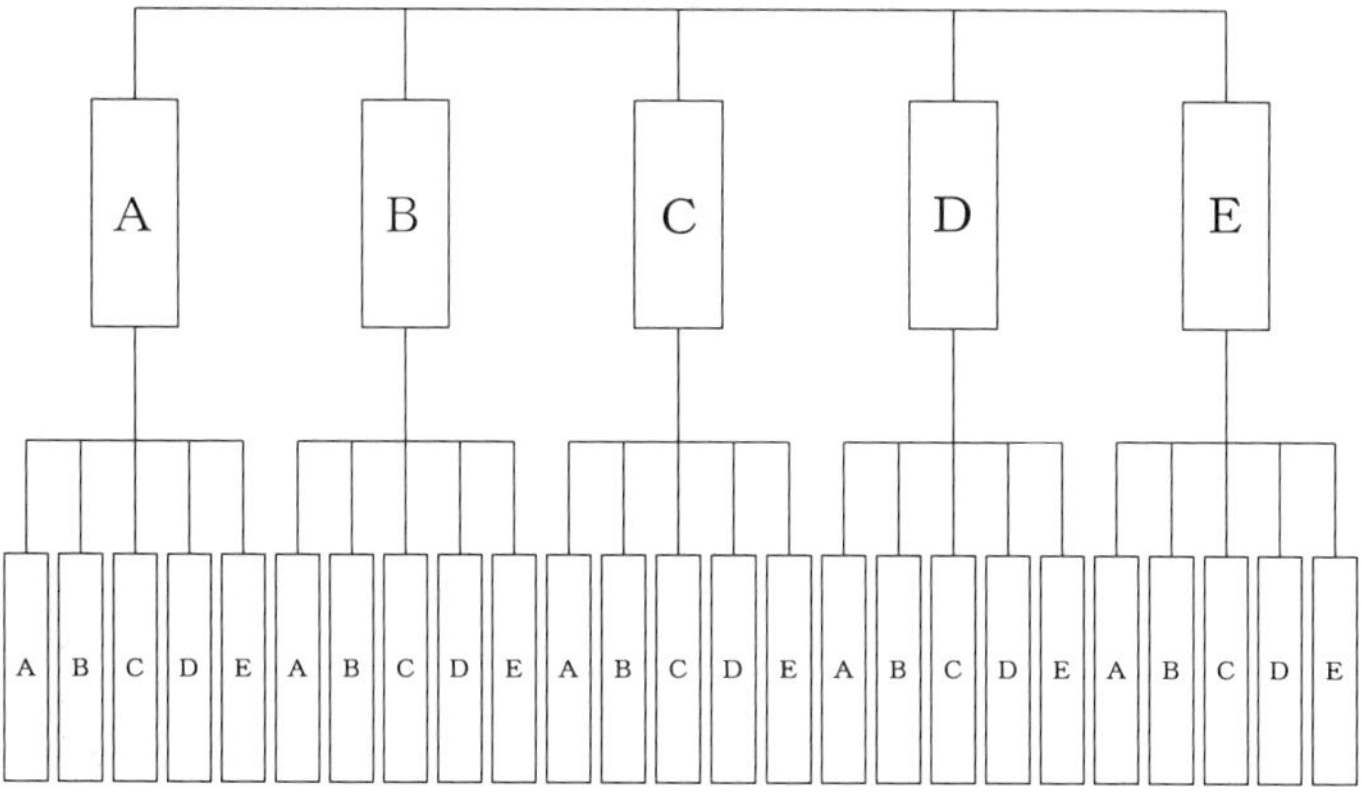

「互相渉入」の原語は、サンスクリット語のサマヴァサラナである。インド仏教の中心地であったベンガル・ビハール地方では、サ字とシャ字に、明確な発音上の区別がなかったので、この術語はサマヴァシャラナと混同されつつ複雑に展開した。その結果サマヴァサラナは、集合、集会、究極と降下という、複雑な含意を有する語となった。

なおジャイナ教では、ジナが衆生を救済するため地上に姿を現すことを、サマヴァサラナ（降下）と称した。またジナの説法の座に、神々や人間だけでなく、ありとあらゆる衆生が参列する一大集会もサマヴァサラナと呼ぶようになった。ジャイナ教絵画のサマヴァサラナでは、中央に坐すジナは東西南北の四面を向くように描かれる。

このような表現は、金剛界大日が、ニューデリー国立博物館像のような四面像となることを思わ

写真40：金剛頂の都部曼荼羅（ムスタン・チャンパラカン）

せる。覚者が真理を一切に平等に開示するため、四方に身を分かつという思想が、金剛界曼荼羅の構成原理である「互相渉入」に発展した可能性は十分に考えられる。

そしてこのような「互相渉入」思想は、金剛界曼荼羅のさらに五倍の規模をもつ曼荼羅へと発展する。この曼荼羅は五部具会《ごぶぐえ》曼荼羅といい、中国に『金剛頂経』を伝えた金剛智《こんごうち》が、長安の薦福寺《せんぷくじ》で描かせたので、「薦福寺の金泥曼荼羅」とも呼ばれた（次頁図）。余りに大規模だったので、ついにわが国には伝来しなかった幻の曼荼羅である。

ところがチベットには、この曼荼羅が「金剛頂の都部《とぶ》曼荼羅」として伝えられている（写真40）。この曼荼羅では、金剛界曼荼羅と同じ形式の曼荼羅が縦横十文字に並んでいる。金剛界

金剛界曼荼羅の拡大と縮小

金剛界曼荼羅

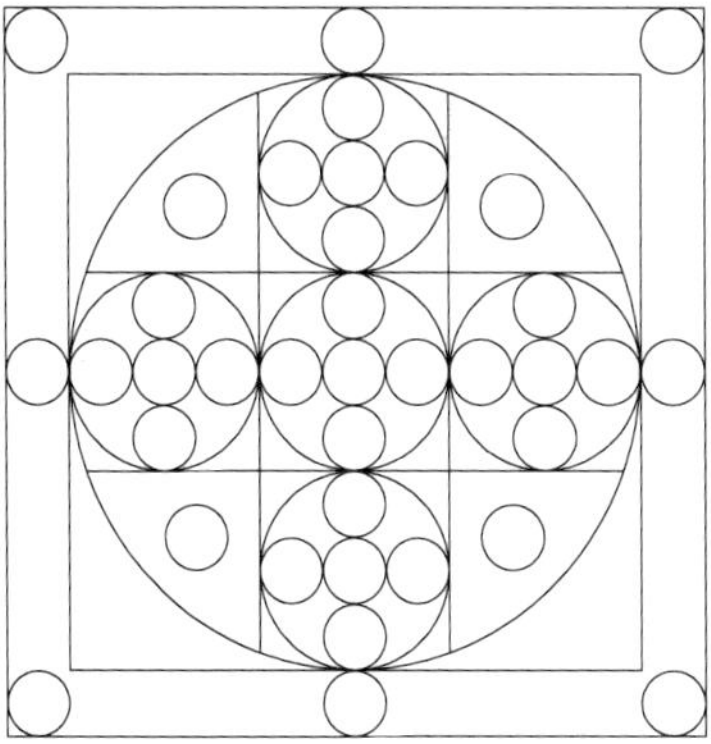

一印曼荼羅

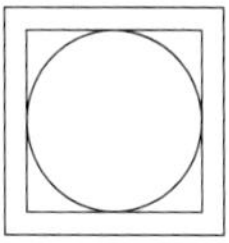

四印曼荼羅

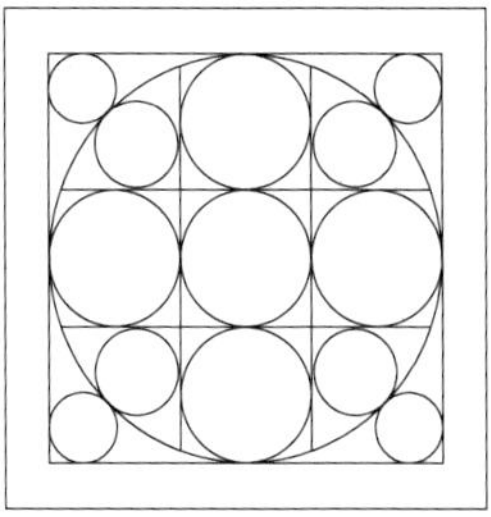

五部具会曼荼羅

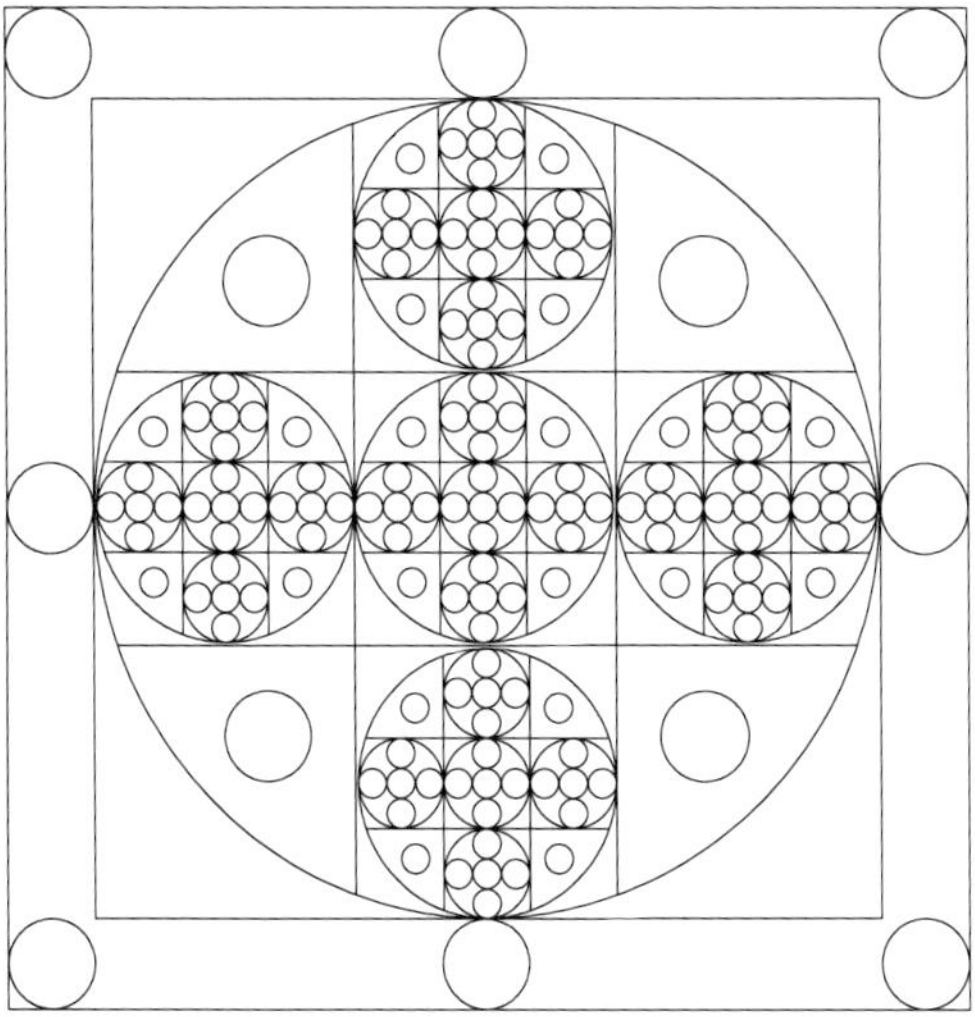

曼荼羅の「互相渉入」思想が極限にまで発展した、究極の大曼荼羅といえるだろう。

そして五部という基本要素を、「互相渉入」という観念により変形、輻輳、展開させることにより、金剛界曼荼羅は、わずか一尊の一印曼荼羅から五部具会曼荼羅まで、万華鏡のように拡大と縮小を繰り返すのである。

このように、五元論の導入は巨大化した密教のパンテオンを効率的に整理し、それを上下左右完全対称の画面に再構成することを目的としていたと思われる。

4　南天鉄塔の謎を解く

第七章で見たように、『金剛頂経』の広本は真言八祖の一人、龍猛《りゅうみょう》（ナーガールジュナ）が南天鉄塔で感得したものといわれる。はたしてこの鉄塔が実在するかについては、宗門内でも種々の議論があった。そして栂尾祥雲は、この鉄塔のモデルを南インドのアマラーヴァティー大塔に求めた。

そしてこの鉄塔で感得された『金剛頂経』は、これまでにない五部立ての組織をもつ、新しい密教聖典であった。この五部は、相互に包摂しあうことで、二十五部、無量部へと展開する。この思想を端的に表現したものこそ、金剛界曼荼羅に他ならない。

いっぽう第二章と本章では、ブッダの遺骨を納めた仏塔の四方に四仏を配するようになり、やがてこれが曼荼羅的な構造に発展していく過程を考察した。

両界曼荼羅の主尊である大日如来は、胎蔵、金剛界ともに仏塔をシンボルとしている。したがって四方に四仏を配する仏塔は、当然のことながら大日如来と、それを主尊とする曼荼羅と同一視されるようになった。

そしてジャジプルにある金剛界四仏（現状では二体）は、かつてラトナギリの仏塔の四方に安置されていたものといわれる。この四仏は、光背にそれぞれの四親近菩薩を刻出していた。この四仏が仏塔の四方を飾っていたとするなら、その仏塔はまさに、金剛界曼荼羅と同じ構造をもつことになる。インドで五世紀以後、しだいに発展してきた曼荼羅的な構造をもつ仏塔は、ジャジプルの四仏において完成の域に達したといえよう。

これに対して栂尾祥雲が南天鉄塔に比定したアマラーヴァティー大塔は、アショーカ王時代に遡りうる仏塔で、現在の規模となったのは、八宗の祖とされる龍樹《りゅうじゅ》（ナーガールジュナ）が活躍した二〜三世紀頃とされている。

したがってアマラーヴァティー大塔が、当初から曼荼羅的な構造をもっていたとは考えられない。しかしこの大塔は、基壇の四方に長方形の張り出しを設け、アーヤカと呼ばれる五本の柱を立てていた。アーヤカ柱の意味については、いまだ定説がないが、頂飾のついた中央の柱を四仏に、その左右二本ずつ四本の柱を四親近に見立てれば、アマラーヴァティー大塔の構造

金剛界曼荼羅と仏塔

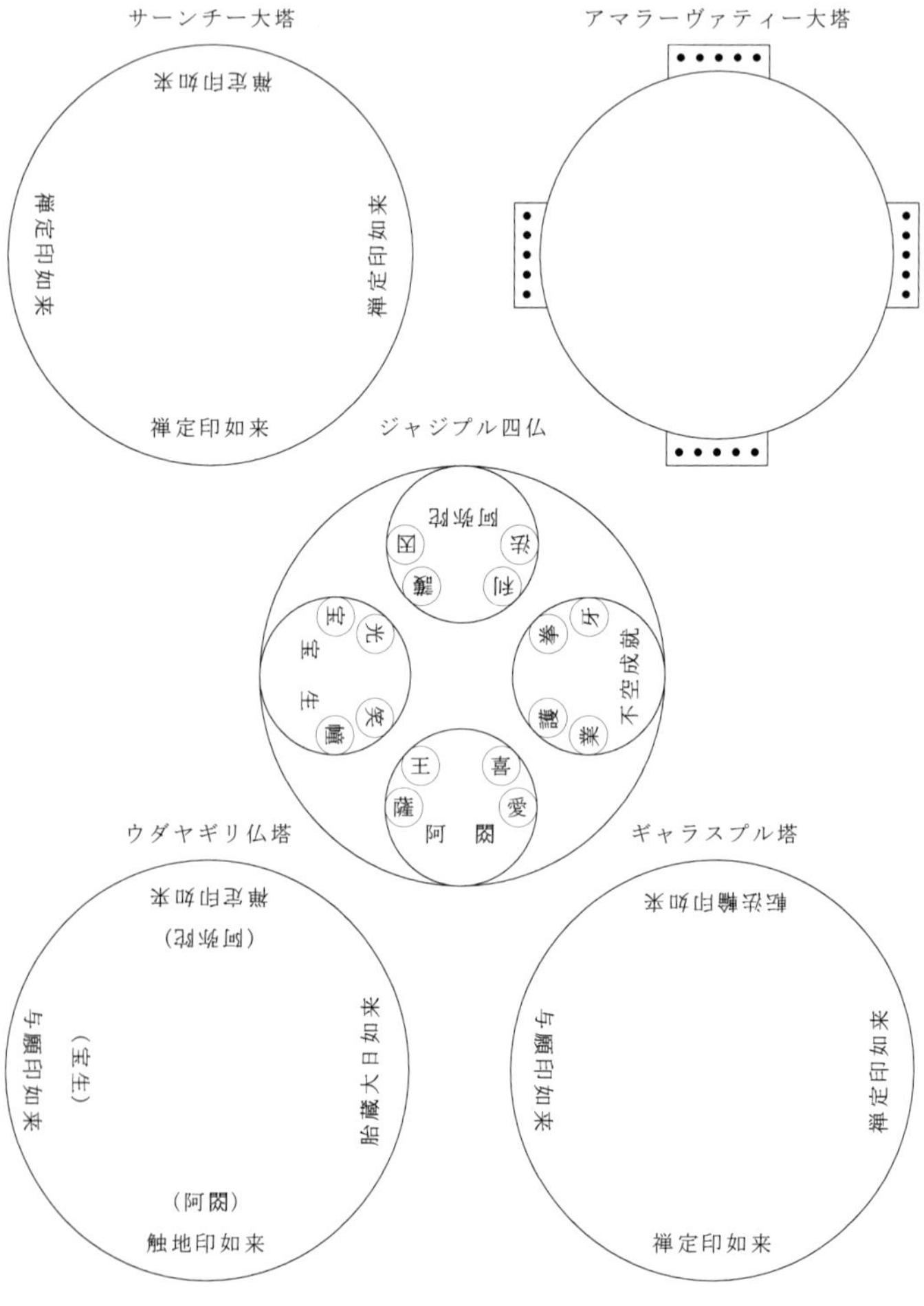
サーンチー大塔
禅定印如来
禅定印如来
禅定印如来
禅定印如来
アマラーヴァティー大塔
ジャジプル四仏
阿弥陀
因
法
利
宝生
宝
光
笑
幢
不空成就
牙
拳
護
業
阿閦
王
喜
薩
愛
ウダヤギリ仏塔
禅定印如来
（阿弥陀）
与願印如来
（宝生）
胎蔵大日如来
（阿閦）
触地印如来
ギャラスプル塔
転法輪印如来
与願印如来
禅定印如来
禅定印如来

を、金剛界曼荼羅のように解釈することもできる（前頁図）。

そしてジャッガヤペータから出土した仏像の銘文によれば、八宗の祖ナーガールジュナの後にも、南インドにナーガールジュナを名乗る人物がいたことが確認できる。

もし後世のナーガールジュナの一人が、四方に五本のアーヤカ柱をもつアマラーヴァティー大塔の構造から、金剛界曼荼羅の五元論の体系を着想したとするなら、南天鉄塔の伝承を、合理的に解釈できるのではないだろうか。

つぎにこの仏塔は、なぜ「鉄塔」と呼ばれたのだろうか。栂尾祥雲は、仏塔の表面が白色光沢を放っていたことから、白鉄すなわち錫と誤って伝えられたと解釈した（写真41）。しかし著者は、これとは異なる解釈を提示したい。

現地から出土した碑文によると、この大塔は「塔廟」（チャイトヤ）と呼ばれていた。もしアーヤカ柱を伴った塔廟という意味で、「アーヤカ・チャイトヤ」という語があるとするなら、それは「鉄製の塔廟」と解釈することが可能なのである。

サンスクリット語では鉄はアヤスとなる。これは中性as語幹の名詞であるが、パーリ語などの俗語では、しばしば男性a語幹と混同されてアヤとなる。そしてこのアヤに、接尾辞のカが付されると、語頭のアが長母音となりアーヤカという語ができるからである。

もちろんこれは誤った語源解釈であり、アーヤカ柱のアーヤカが「鉄製」を意味していたわ

写真 41：アマラーヴァティー大塔の浮彫（タミールナドゥ州立博物館）

けではないが、このような誤解の生じる可能性があることは指摘しておきたい。

前述のように、同じアンドラプラデシのナーガールジュナ・コンダやジャッガヤペータにも、五本のアーヤカ柱を立てた仏塔があったことが知られている。したがって南天鉄塔のモデルは、必ずしもアマラーヴァティーに限定されない。とくにナーガールジュナ・コンダは、八宗の祖ナーガールジュナが晩年を過ごした地とされ、その仏塔も石灰石のプレートで飾られていたから、同じように白色光沢を放っていたはずである。

しかしナーガールジュナ・コンダが、イクシュヴァーク王朝の滅亡後、急速に衰えたのに対し、アマラーヴァティー大塔はその後も繁栄し、インドから仏教が姿を消してからも、スリランカの仏教徒に護持されて一四世紀まで存続したことが知られる。密教の時代まで生き延びたという点では、やはりアマラーヴァティーの大塔が、もっとも南天鉄塔のモデルにふさわしいということになるであろう。

第十一章　両界曼荼羅の源流をチベットに訪ねる

1　ラジャ寺とシャキュン寺の沿革

本書ではこれまで、空海によって日本に伝えられた両界曼荼羅を中心に、曼荼羅の歴史的発展を見てきた。インドでは一三世紀に組織的な仏教が滅んでしまったため、本書で取り上げたいくつかの事例を除いては、曼荼羅の伝統は失われている。

これに対してインドの大乗仏教を忠実に継承したチベット仏教には、今日も曼荼羅が伝えられている。本書で見たように、チベットには中世に遡りうる曼荼羅の作例が遺されるだけでなく、現在でもインドの土壇曼荼羅にならった砂曼荼羅が制作されている。

ところがチベット仏教では、『金剛頂経』の系統が発展した後期密教（本書第十五章以下参照）が中心となり、インド中期密教に由来する胎蔵・金剛界の曼荼羅は、チベット密教の主要なレパートリーではなくなっている。日本の調査団が、一九八五年から九〇年にかけて、南イ

写真 42：ラジャ寺

ンドに亡命中のギューメー密教学堂を訪れ、砂曼荼羅を調査した時も、胎蔵や金剛界の砂曼荼羅は制作されていなかった。

ところが著者は、主任学芸員を務める富山県利賀村「瞑想の郷」で行われたチベット版両界曼荼羅復元の過程で、中央チベット（チベット自治区）に比して文化大革命の被害が軽微だった東北チベット（アムド）に、胎蔵・金剛界の砂曼荼羅の伝統が、今日も残存していることを知った。そこで著者は、二〇一四年から一七年まで三度に亘ってアムドを訪れ、チベット仏教寺院における砂曼荼羅制作の調査を行った。その成果は、すでに学会や学術誌で報告しているが、今回は胎蔵と金剛界の砂曼荼羅を制作しているラジャ（拉加）寺とシャキュン（夏瓊）寺を中心に、両界曼荼羅の源流を紹介することに

写真43：シャキュン寺現覚学堂

したい。

ラジャ寺は、青海省ゴロク（果洛）チベット族自治州マチェン（瑪沁）県にあり、黄河上流域で最大規模を誇るチベット仏教ゲルク派寺院である（写真42）。一九五八年以後の文化大革命では二度に亘る破壊を受け、多くの寺宝を失ったが、文化大革命後の一九八二年に再開されてからは、次第に復興に向かい現在に至っている。

いっぽうシャキュン寺は、青海省海東市化隆回族自治県の黄河を望む断崖の上に聳えている（写真43）。寺は一三四九年、ツォンカパのヨンジン（親教師）として有名なトゥントゥプリンチェン（一三〇六～一三八五）によって創建され、ツォンカパは、七歳の一三六三年から中央チベット留学に出発する一三七二年までの一〇年間、この寺で少年時代を過ごした。その後、同寺は宗祖ゆかりの本山として、ゲルク派の中心寺院の一つとなったが、文化大革命中に徹底的に破壊されてしまった。そのため歴史的に重要な寺院でありながら、創建当初に遡りうる文化財は、ほとんど遺されていない。

2　ラジャの砂曼荼羅

ラジャ寺では、毎年春の大曼荼羅祭に胎蔵・金剛界の砂曼荼羅を制作している。この祭りは、正しくは「キンコル・ドゥプチュー・チェンモ」（大曼荼羅成就供養祭）といい、五つの学堂が分担して、合計一五種の砂曼荼羅を制作供養する祭礼である。

このうち胎蔵曼荼羅は、『時輪《じりん》タントラ』を研究する時輪学堂、金剛界曼荼羅は、チベット医学を研究する医薬学堂で制作されている。なお時輪学堂の二階には、胎蔵大日如来像が安置され、直径三メートル五五センチメートルの曼荼羅壇が常設されていた。同じアムドで胎蔵曼荼羅の伝統が残存している甘粛省のラブラン寺でも、胎蔵曼荼羅のコースが、密教学堂ではなく時輪学堂に併設されているのは興味深い。

ラジャの胎蔵曼荼羅では、主尊の胎蔵大日と第二重の主尊である釈迦如来のみが尊形で表現され、他は三昧耶《さんまや》形で描かれている。またチベットでは通常は描かない胎蔵四仏が、曼荼羅の外縁部に尊形で描かれるのも珍しい。全体は一一三尊からなり、チベットの通例（一二〇尊前

写真44：金剛界の砂曼荼羅（ラジャ寺）

後）に比して若干少ない。これは金剛部の眷属や火天の六仙など、重要でない尊格を省略しているためである。

いっぽう医薬学堂では、二点の砂曼荼羅が制作されるが、このうちの一つが金剛界曼荼羅である（写真44）。このうち金剛界の曼荼羅壇は直径三メートル八〇センチメートルで、ラジャ寺に常設された曼荼羅壇の中でも、とくに大きい。これはダライラマ一四世が、高野山灌頂（二〇一一年）に際して制作した金剛界曼荼羅の三倍の大きさである。ラジャの金剛界曼荼羅は、金剛界三十七尊と賢劫《げんごう》千仏からなり、すべての尊格は、三昧耶形で描かれている。また金剛界三十七尊（外四供養を除く）を描く内院と、外四供養と賢劫千仏を描く外院の二重楼閣となるため、門衛の四摂《ししょう》菩薩が内外で重複してい

写真45：胎蔵の砂曼荼羅（シャキュン寺）

る。さらに二〇一五年には、金剛界曼荼羅の抨線（墨打ち）に先立って、曼荼羅壇の上で行われた金剛界法の修法（アーナンダガルバ流）も実見することができた。

3　シャキュンの胎蔵曼荼羅

シャキュン寺では、時輪学堂、密教学堂、現覚学堂の三学堂で、砂曼荼羅が制作されている（写真45）。なお現覚学堂は『大日経』を専門に学ぶ学堂で、チベット仏教圏で『大日経』に特化した学堂をもつ寺は、シャキュンをおいて他にない。また大集会堂と現覚学堂二階には、胎蔵大日如来を中心に胎蔵曼荼羅の諸尊を描いた壁画も描かれていた。いずれも文化大革命後の制作であるが、同寺における『大日経』の重要性を物語るものといえる。

現覚学堂は、チベットにおける『大日経』研究の衰退を憂えた仏教学者ツェテン・シャプドゥン（一九一〇〜一九八五）が創設した。胎蔵の砂曼荼羅は、チベットの通例にしたがって一二二尊からなるが、同じアムドにありながら、ラジャやラブランの胎蔵曼荼羅とは、諸尊の配置が大きく異なっている。学堂の創設に当たって招聘された阿闍梨が、独自の解釈で胎蔵曼荼羅を制作したためといわれている。

4 おわりに

本章では、二〇一四年から三度に亘って実施した現地調査に基づき、現在もアムドに遺される胎蔵・金剛界曼荼羅の伝統について、簡単に見てきた。またラジャ・ラブラン・シャキュンの各寺院からは、曼荼羅に関するテキストも入手し、それに基づく研究も学会で発表している。

文化大革命による壊滅的被害から三〇年余り、現地のチベット仏教は復興しつつあるが、海外に逃れたチベット難民との接触は厳しく制限されている。それだけに現地のチベット僧の中には、同じ密教を伝える日本との交流に期待する人々もいる。両界曼荼羅の源流を探るためにも、チベット仏教が伝える資料はきわめて重要である。著者の調査がきっかけとなり、将来は日本と中国国内のチベット仏教徒との交流が盛んになることを願っている。

第3部　曼荼羅の日本的展開

第十二章　別尊曼荼羅の世界

1　別尊曼荼羅とは何か？

本書では、これまで両界曼荼羅を中心に曼荼羅の歴史的発展を概観してきた。これに対して第3部「曼荼羅の日本的展開」では、両界曼荼羅以外の別尊《べっそん》曼荼羅や、曼荼羅が伝播した後、日本で独自に発展した和製曼荼羅について見ることにしたい。

別尊曼荼羅とは、一切の「部」に属する諸尊を集めた都会《とえ》曼荼羅あるいは都部曼荼羅、一つの「部」の尊格のみを集めた部会《ぶえ》曼荼羅に対し、別尊つまり特定の一尊格を本尊とする比較的小規模の曼荼羅である。両界曼荼羅以外にも、『陀羅尼集経《だらにじっきょう》』の普集会《ふしゅうえ》曼荼羅や『不空羂索神変真言経《ふくうけんさくじんぺんしんごんきょう》』の広大解脱大曼荼羅などの都会曼荼羅があり、部会曼荼羅も理論的には存在するが、作例に乏しいので、美術的には両界曼荼羅以外のすべての曼荼羅を、別尊曼荼羅と考えても誤りではない。

別尊曼荼羅は、本尊となる尊格によって「仏部」「仏頂部」「経法部」「観音部」「菩薩部」「明王部《みょうおう》」「天等部《てんどう》」などに分類される。

このうち「仏部」の別尊曼荼羅としては仏眼《ぶつげん》曼荼羅、「仏頂部」では一字金輪《いちじきんりん》曼荼羅や尊勝《そんしょう》曼荼羅、「経法部」では法華《ほっけ》曼荼羅（本書第十三章参照）、仁王《にんのう》経曼荼羅、請雨《しょうう》経曼荼羅、「観音部」では如意輪《にょいりん》曼荼羅、「菩薩部」では弥勒《みろく》曼荼羅や八字文殊《はちじもんじゅ》曼荼羅、「明王部」では愛染《あいぜん》曼荼羅や安鎮《あんちん》曼荼羅、「天等部」では焔魔天《えんまてん》曼荼羅、吉祥天《きちじょうてん》曼荼羅などが挙げられる。また天体信仰から発生した星《ほし》曼荼羅は「天等部」に分類されるが、天変に際して用いられ盛行したので、「星宿部《しょうしゅく》」として別立することもある。

日本では別尊曼荼羅が、「別尊法」つまり特定の尊格を本尊とする修法の流行によって、平安時代より盛んに製作され、重要文化財に指定された作品だけでも五〇点以上現存する。インド・中国以来の伝統的図像を墨守する傾向が強い両界曼荼羅に対し、別尊曼荼羅はインド・中国伝来の経典や儀軌に基づきながらも、民間信仰の要素や阿闍梨《あじゃり》の意楽《いぎょう》、つまり創意が強く反映されており、日本において独自の展開を遂げた密教美術のジャンルといえる。本章では、数多い別尊曼荼羅を、①初期密教系の叙景《じょけい》曼荼羅、②胎蔵系、③金剛界系、④『理趣経《りしゅきょう》』系、⑤その他に分類し、それぞれ代表的なものを見てゆくことにしたい。

2 初期密教系の叙景曼荼羅

初期密教系の叙景曼荼羅（本書第三章参照）としては、雨乞いに用いられた請雨経《しょううぎょう》曼荼羅、『宝楼閣経《ほうろうかくきょう》』に基づく宝楼閣曼荼羅、『菩提場経《ぼだいじょうきょう》』に基づく菩提場曼荼羅などが挙げられる。

雨乞いに用いられた請雨経曼荼羅は、中央の楼閣中に釈迦・観音・金剛手の三尊を描く。そして楼閣の外は一面の大海原となり、その中から頭上に龍頭《りゅうず》を戴いた龍神が現れ、楼閣の中央に坐すブッダを礼拝している。これによってブッダから龍神に命令を下して、雨を降らせることを表したのである。請雨経曼荼羅は、ほとんどが白描本であるが、これは雨乞いの度に制作され、彩色本を制作する時間的余裕がなかったためといわれる（写真46）。

3 胎蔵系の別尊曼荼羅

①八字文殊曼荼羅

八字文殊とは「おん・あ・び・ら・うん・けん・しゃ・らく」Oṃ A Vī Ra Hūṃ Khaṃ Ca Raḥ の八字を真言とする文殊菩薩で、主として息災・調伏のために修せられる八字文殊法の本尊となった（写真47）。その曼荼羅は、文殊菩薩の周囲に光網《こうもう》、地慧幢《じえどう》、無垢光《むくこう》、不思議慧《ふしぎえ》、請召《しょうじょう》、計設尼、救護慧《くごえ》、烏波計設尼の八菩薩を配し、四隅には大威徳《だいいとく》、無能勝《むのうしょう》、馬頭《ばとう》、降三《ごうざん》

写真 46：請雨経曼荼羅（東寺所蔵）

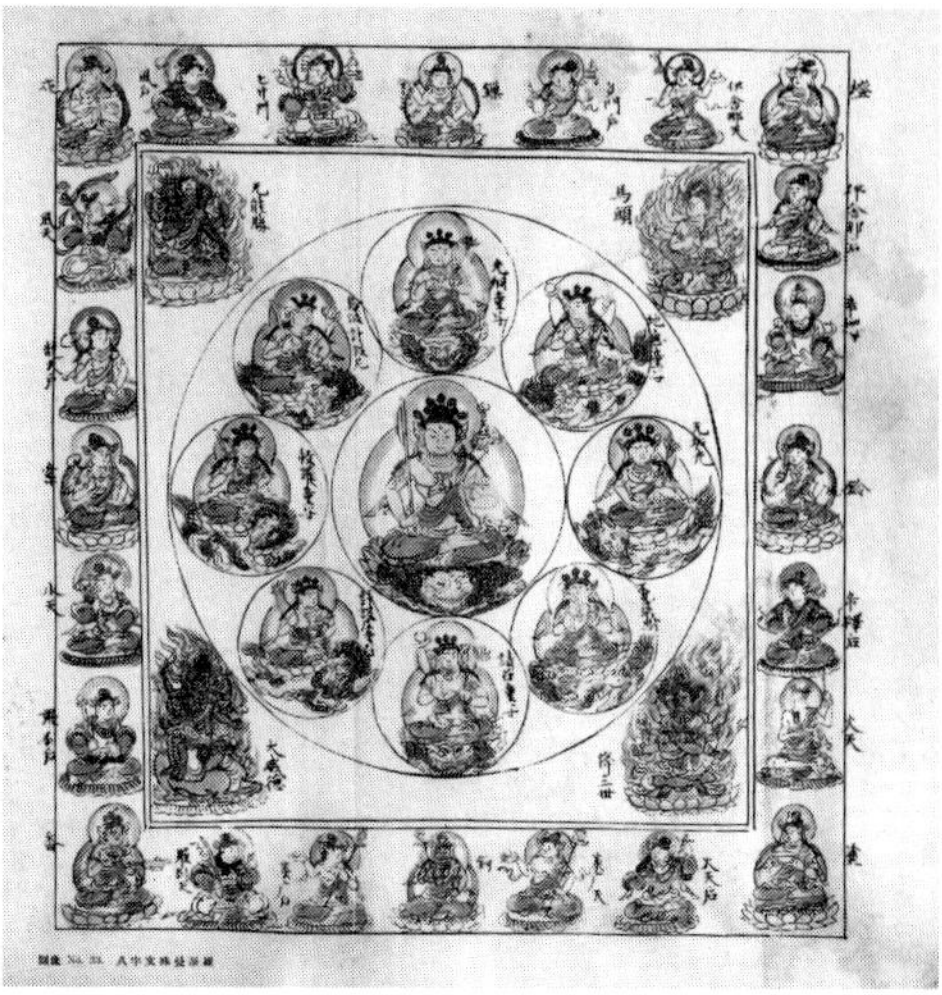

写真 47：八字文殊曼荼羅（大正大蔵経図像部より転載）

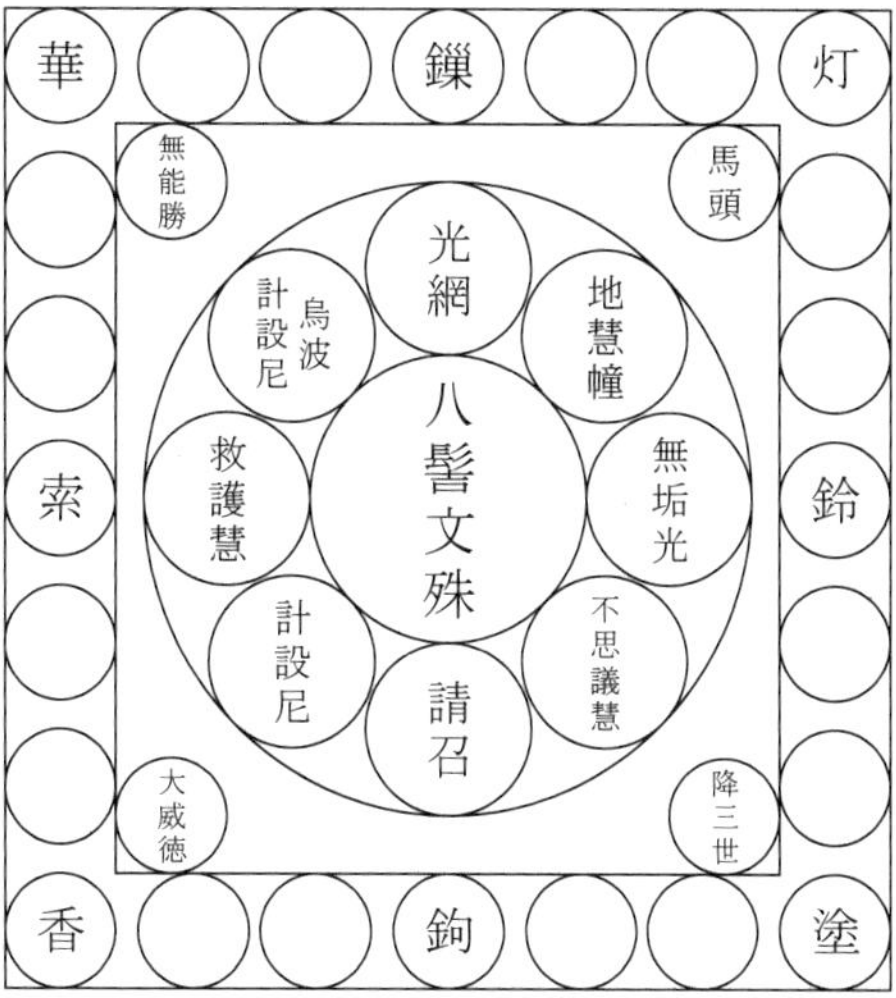

世《ぜ》の四大明王を配する。なお文殊の周囲に配される八尊の菩薩は、文殊の八字真言の一文字に対応し、光網、地慧幢、無垢光、請召、計設尼、烏波計設尼の六尊は胎蔵界曼荼羅の文殊院、不思議慧、救護慧の二尊は除蓋障《じょがいしょう》院に描かれている。なお胎蔵界曼荼羅の文殊・除蓋障・地蔵・虚空蔵の各院から構成される第三重の主尊は文殊菩薩であるので、八字文殊曼荼羅は、胎蔵界曼荼羅から文殊菩薩の眷属を抽出したものと見ることができる。

②尊勝曼荼羅

尊勝曼荼羅は、『仏頂尊勝陀羅尼《ぶっちょうそんしょうだらに》』の信仰から発展した別尊曼荼羅の一種で、延命と滅罪のための「尊勝法」に用いられ、数多い別尊曼荼羅の中でも多くの作例に恵まれている。

その図像は大別して三種ある。第一は中央に金剛界大日如来を描き、その左右に不動・降三世の二大明王を配するもので、大阪府金剛寺の作例（重文）が知られている。また同寺金堂の三尊像は、この曼荼羅を彫刻で表現したものとして有名である。

いっぽう大日如来の周囲に八大仏頂を配し、下部に不動、降三世の二大明王を描くものは、善無畏系の尊勝曼荼羅といわれる。また画面全体が方形で、大日と八大仏頂を円形、不動明王を三角形、降三世明王を半月形の中に描くのは、地水火風の四大を象徴するものといわれる。

このスタイルは高野山宝寿院本、園城寺《おんじょうじ》に二本、醍醐寺《だいごじ》本、東寺《とうじ》に二本と作例が多い（写真48）。

第三は大日如来の周囲に八大仏頂ではなく、標準型の八大菩薩を配するスタイルで、不空《ふくう》系といわれる。不空系の尊勝曼荼羅は白描図像が多く、彩色の作例に乏しかったが、近年醍醐寺と山種美術館から彩色本が同定された。本書第四章で見たように、本尊仏と八大菩薩、不動・降三世の二大明王の組み合わせは、吐蕃《とばん》時代（八〜九世紀）のチベットに複数の造像例がある。

大日如来の左右に不動・降三世の二大明王を配するのは、胎蔵界曼荼羅の主尊と持明《じみょう》院の主要尊を抽出したものである。いっぽう八大仏頂は、胎蔵界曼荼羅釈迦院の主要な構成要員であり、標準型の八大菩薩は、胎蔵界曼荼羅全体の主要な構成要員と見ることができる。したがって上記三種の尊勝曼荼羅は、胎蔵系の別尊曼荼羅とみることができる。

③仏眼曼荼羅

仏眼曼荼羅は、仏眼仏母《ぶつげんぶつも》を本尊とする別尊曼荼羅である。三重の八葉蓮華の花芯上に、法界《ほっかい》定印《じょういん》を結ぶ仏眼仏母を描き、初重の八葉蓮華の主尊前方には一字金輪仏頂、その他の七葉上には七曜。つぎの第二重の八葉上には『理趣経』系の八大菩薩、さらに第三重の八葉上には八大明王が描かれている。日本では息災・調伏法に用いられて、東寺本、東京都品川寺《ほんせんじ》本などかなりの作例を残している（写真49）。

仏眼仏母は、胎蔵界曼荼羅の遍知院に列する仏部の部母であり、中心部の八葉蓮華のパターンも胎蔵界系である。しかし外院には金剛界曼荼羅の八供養と四摂菩薩が配されており、金剛

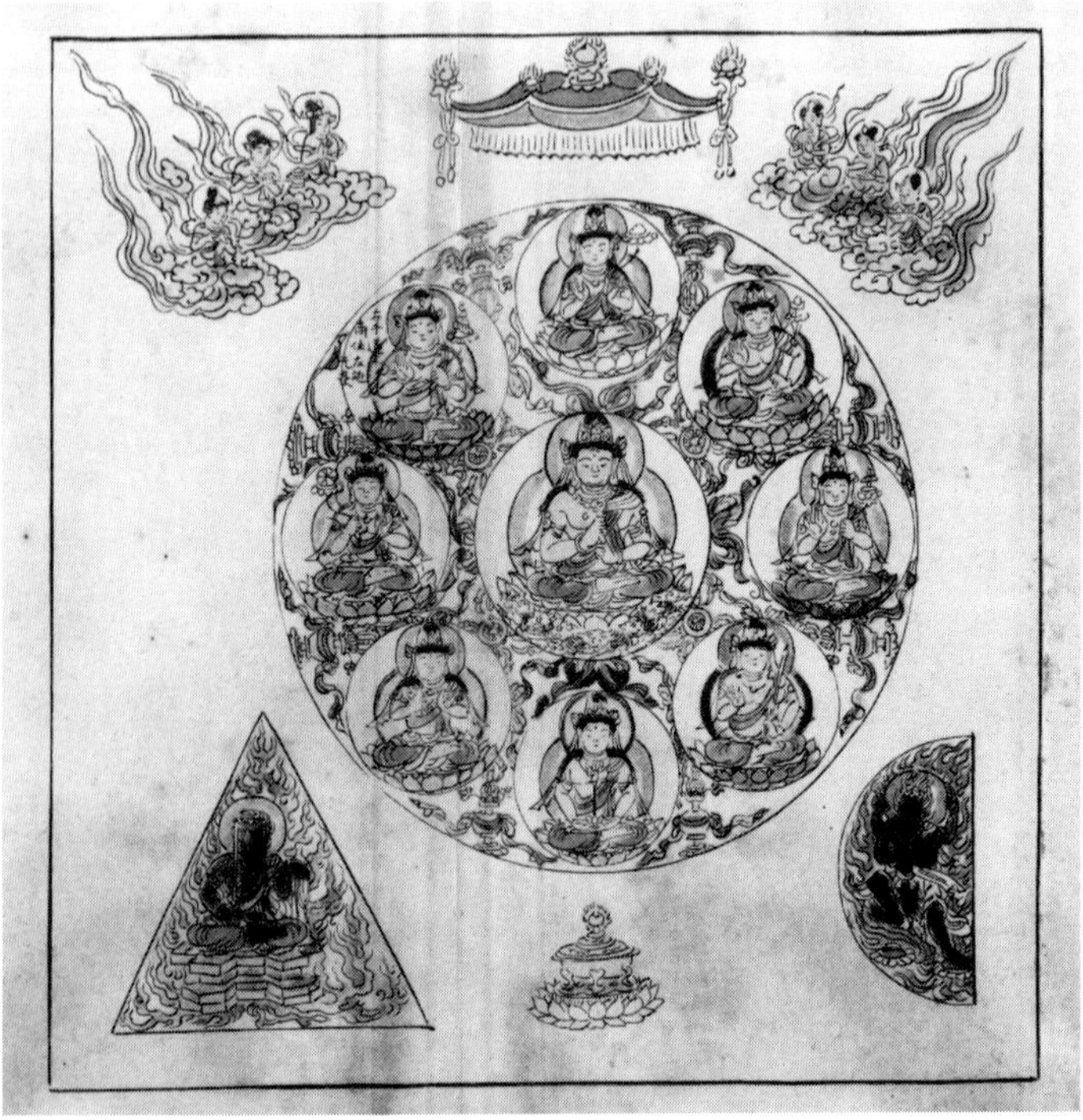

写真 48：尊勝曼荼羅（大正大蔵経図像部より転載）

尊勝曼荼羅（善無畏系）

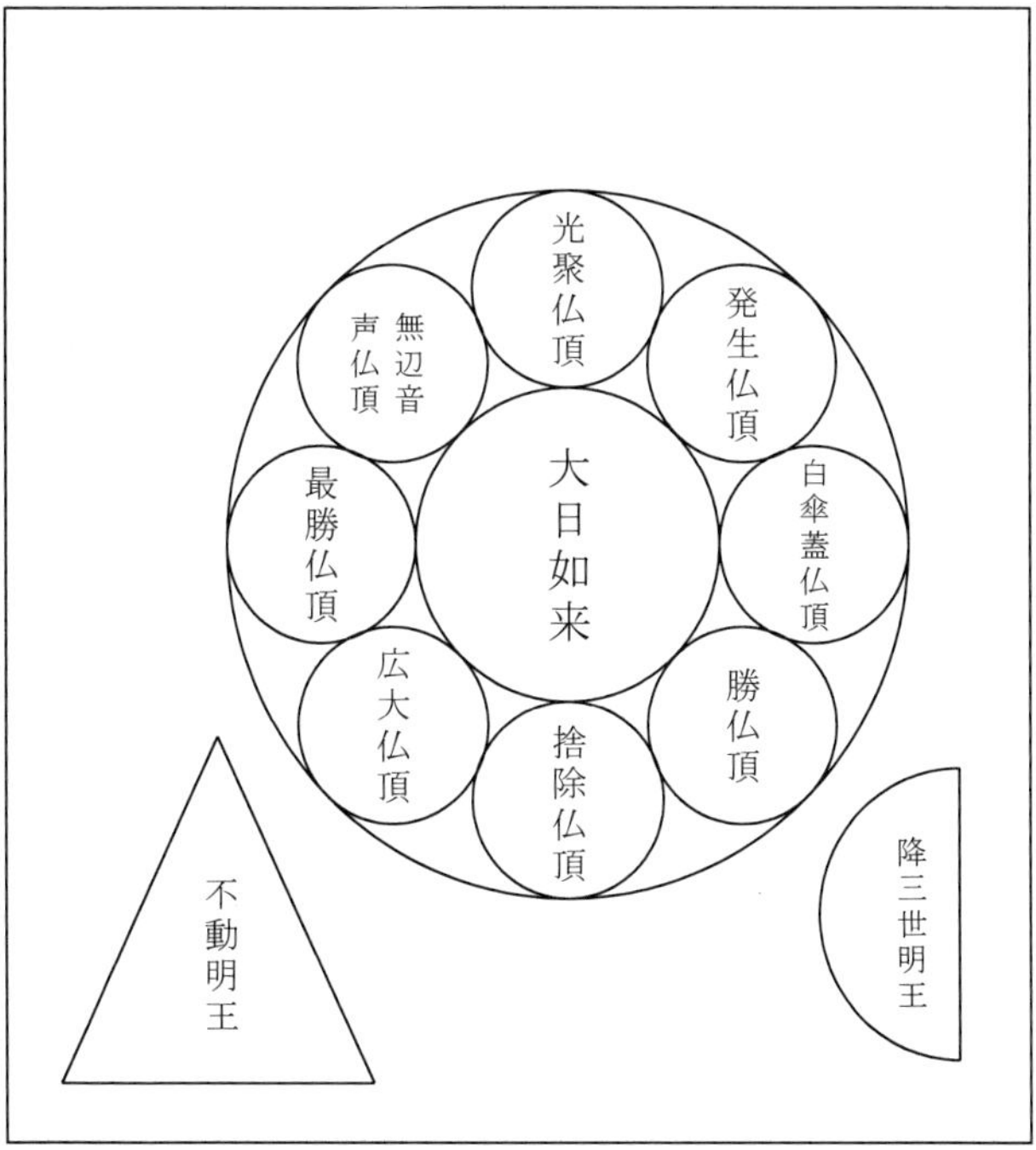

写真 49：仏眼曼荼羅（大正大蔵経図像部より転載）

界系の要素が組み合わされている。

④安鎮曼荼羅

安鎮曼荼羅は、新築の寺院や邸宅の安穏を祈る「安鎮法」に用いられる別尊曼荼羅である。台密《たいみつ》では、中央に二臂で黄色の不動明王を描き、第二院の八方の八輻輪中に四臂で青色の不動、第三院には八方天を描く。これに対して東密《とうみつ》では、四臂の不動明王を本尊として、周囲に八方天または十方天を配する曼荼羅、あるいは十二天を配する十二天曼荼羅を用いる。なお山口県国分寺（旧周防国分寺）本は、十二天を配する安鎮曼荼羅の現存唯一の彩色本である。

4　金剛界系の別尊曼荼羅

①弥勒曼荼羅

弥勒曼荼羅は、弥勒菩薩を主尊として、四方に四波羅蜜菩薩、四維に内四供養菩薩を配した別尊曼荼羅である。輪円を井桁に区切った九格子のデザインは金剛界曼荼羅と同一であり、典型的な金剛界系の別尊曼荼羅といえる。しかしその方位配当は西が下になり、胎蔵界曼荼羅と一致している。また下部には尊勝曼荼羅と同じく、不動・降三世の二大明王を配するなど、胎蔵界系の要素も取り入れられている。代表的な作例として、東京都霊雲寺本（鎌倉時代）を挙げることができる。

写真 50：五大虚空蔵曼荼羅（田治見美代子筆）

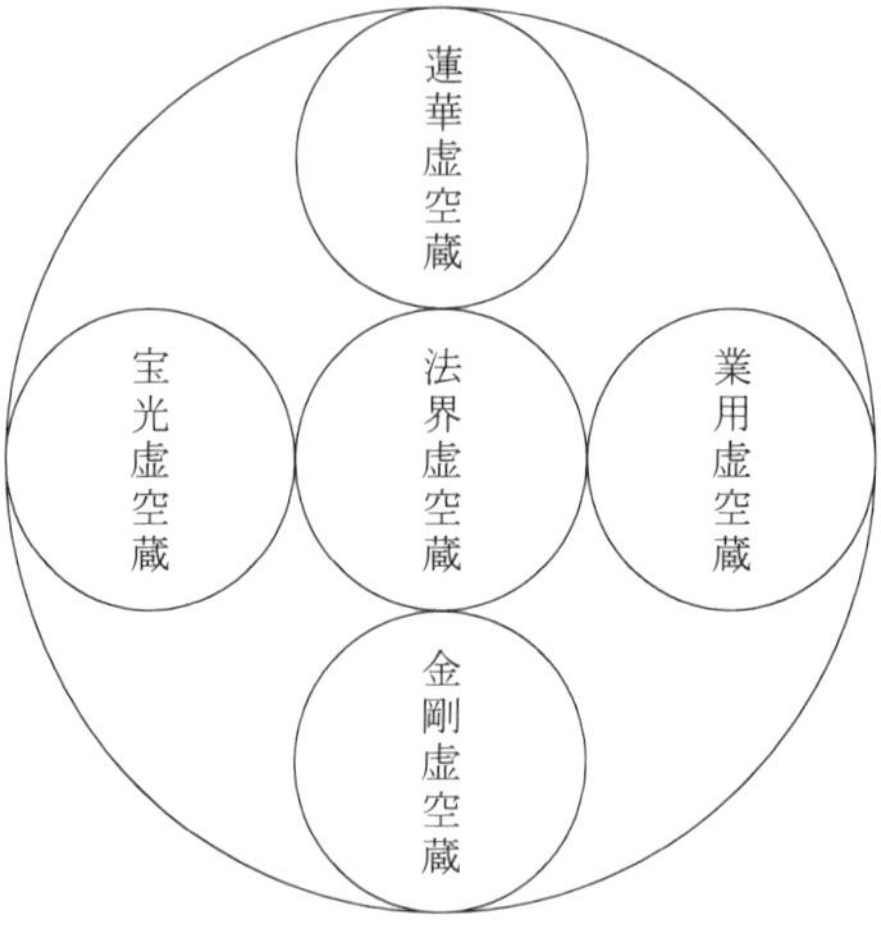

②五大虚空蔵曼荼羅

五大虚空蔵菩薩は、金剛界曼荼羅の五元論のシステムを虚空蔵菩薩に当てはめたもので、神護寺像（国宝）や東寺観智院像（重要文化財）のように、仏像としても造立された。このうち東寺観智院像は、入唐八家の一人恵運《えうん》が請来した唐の彫像である。その曼荼羅は、中央の法界虚空蔵を主尊として、東に金剛虚空蔵、南に宝光虚空蔵、西に蓮華虚空蔵、北に業用《ごうゆう》虚空蔵を配した五尊形式で、大きな月輪の中に五つの小月輪を配する金剛界曼荼羅のパターンが、そのまま採用されている（写真50）。

5　『理趣経』系の別尊曼荼羅

①五秘密曼荼羅

滅罪生善《しょうぜん》のために修せられる五秘密法の本尊となる五秘密曼荼羅は、金剛界九会曼荼羅の理趣会で、金剛薩埵とその東南西北に配される慾《よく》・触《そく》・愛・慢の四菩薩を同一蓮台上に描いたもので、『理趣経』系の主要尊を抽出した構成となっている。本曼荼羅には、曼荼羅を特徴づける方形の外郭構造がない。これは、この曼荼羅が『理趣広経』に説かれる金剛薩埵のパタ（本書第三章参照）に由来するためと思われる。

写真 51：愛染曼荼羅（根津美術館所蔵）

②愛染曼荼羅

愛染曼荼羅は、金剛界九会曼荼羅の理趣会の主尊、金剛薩埵を愛染明王に換えたものである。愛染明王は、主要な二手で金剛杵《しょ》と金剛鈴《れい》を持つことからも分かるように、金剛薩埵の化身であるから、このような曼荼羅が成立したのである。代表的な作例として、東京根津美術館本（鎌倉時代）が挙げられる（写真51）。この他、『理趣経』系の曼荼羅としては、『理趣経』各段の教理を示した『理趣経』十八会曼荼羅が知られているが、白描のみで彩色画の作例は現存しない。なお醍醐寺の大輪明王曼荼羅は、『理趣経』十八会曼荼羅の残欠が、独立した作品として表装し直されたものと考えられる。

6　その他の別尊曼荼羅

①星曼荼羅

天体信仰から派生した星曼荼羅には、①釈迦金輪を本尊とする北斗曼荼羅、②妙見《みょうけん》菩薩を本尊とする妙見曼荼羅、③道教の影響を受けた終南山《しゅうなんざん》曼荼羅、④熾盛光《しじょうこう》仏頂を本尊とする唐本北斗曼荼羅、⑤ホロスコープに似た火羅図、⑥如意輪観音を本尊とする七星如意輪曼荼羅などがあるが、このうち①北斗曼荼羅のみを星曼荼羅と呼ぶこともある。

このうち北斗曼荼羅は、天変や除災のために「北斗法《ほくとほう》」を修する時に用いられた曼荼羅である。その配置は、中央に釈迦金輪（如来形の一字金輪仏頂）を描き、初重に北斗七星と九曜、二重に黄道十二宮、三重に二十八宿を配する。台密系で用いられる円形曼荼羅と、東密系で用いられる方形曼荼羅の二種があり、両者では細部の配置も若干異なる。円形曼荼羅の作例としては奈良法隆寺本、方形曼荼羅の作例としては大阪久米田《くめだじ》寺本が有名である。

②一字金輪曼荼羅

一字金輪仏頂は、数多い仏頂尊の中でも至高至尊の存在とされる。東密では、一字金輪法は秘法中の秘法とされ、かつては勅命により東寺長者のみが修することを許されたといわれる。図像学的には如来形の釈迦金輪と、菩薩形の大日金輪がある。

一字金輪曼荼羅は、一字金輪仏頂を本尊とする別尊曼荼羅で、中央に智拳印《ちけん》を結ぶ菩薩形の一字金輪仏頂（大日金輪）を描き、周囲には世界の理想的支配者とされる転輪聖王《てんりんじょうおう》がもつ七種の宝、七宝《しっぽう》を配する。また一字金輪仏頂の前に仏眼仏母《ぶつげんぶつも》を描くことが多いが、仏眼仏母を描かない作例もある。なお（3）で見た仏眼曼荼羅では、一字金輪仏頂が仏眼仏母の前に描かれていたが、一字金輪曼荼羅では、仏眼仏母を一字金輪仏頂の前に描く例があるのは興味深い。これは一字金輪と仏眼仏母に、配偶関係が想定されることを暗示している。代表的な作例としては奈良国立博物館本、高野山遍照光院本、奈良壺坂寺本などが挙げられる。

第十三章　浄土・法華系の曼荼羅

1　叙景性の復活

空海が伝えた両界曼荼羅は、その後の日本の仏教図像の規範となったばかりでなく、その文化一般にも大きな影響を与えた。しかし両界曼荼羅の図像は、本章「2　両部統合の試み」で触れる例外を除いては、ほとんど大きな改変を加えられることなく、今日まで伝えられている。

これに対して日本では、平安後期以後、日本独自の曼荼羅が作られるようになる。そしてその中には、インドの伝統からは曼荼羅とは見なせないものも、数多く含まれている。本章では、日本に伝来した曼荼羅が、その後どのように変容していったかを見ることにしたい。

これまで見てきたように、曼荼羅とは、仏菩薩を一定のパターンに配置して、仏教の思想を図示したものである。当初は諸仏の集会する楼閣を鳥瞰的に描いた「叙景《じょけい》曼荼羅」が行われたが、七〜八世紀頃から、楼閣をキャラメルの箱を開くように展開した方形の外郭構造が現れ、鳥瞰的な風景描写を伴うものから、幾何学的なパターンをもつ曼荼羅が出現した。

空海によって日本に伝えられた両界曼荼羅は、このような幾何学的パターンをもった曼荼羅の代表例といえる。

そして本書第十七章で見る後期密教の曼荼羅は、主として金剛界曼荼羅の系統が、インドで九世紀以後、さらに発展したものである。後期密教の曼荼羅では、曼荼羅の楼閣を二重、三重にしたり、複数のパターンを組み合わせ、複雑な幾何学的構造をもった作品が見られる。このようにインドでは、曼荼羅の特徴をなす幾何学的パターンが、さらに発展し、複雑化していった。

これに対して日本では、時代が下がるにつれて、鳥瞰的な風景描写をもつ曼荼羅が現れるようになる。極楽浄土の景観を描いた浄土曼荼羅や、寺社の風景と、そこに祀られる神仏を描いた宮曼荼羅、参詣曼荼羅などは、日本独自の曼荼羅といえる。

中将姫《ちゅうじょうひめ》の伝説で名高い、奈良県當麻《たいま》寺の當麻曼荼羅（曼陀羅とも書く）は、浄土曼荼羅を代表する作品として名高い（写真52）。當麻の地は、古代から死者の魂が鎮まるとされた二上山《ふたかみやま》の東の山麓にあり、極楽に往生するため二上山に没する夕日を観想する「日想観《にっそうかん》」の道場ともなっていた。

この地に祀られた當麻曼荼羅が、伝承の通り織物であるのか絵画であるのかは、長らく謎の

写真52：當麻曼荼羅（當麻寺所蔵、辻本米三郎撮影／便利堂、写真原板所蔵・日本写真保存センター）

當麻曼荼羅（曼陀羅とも書く）

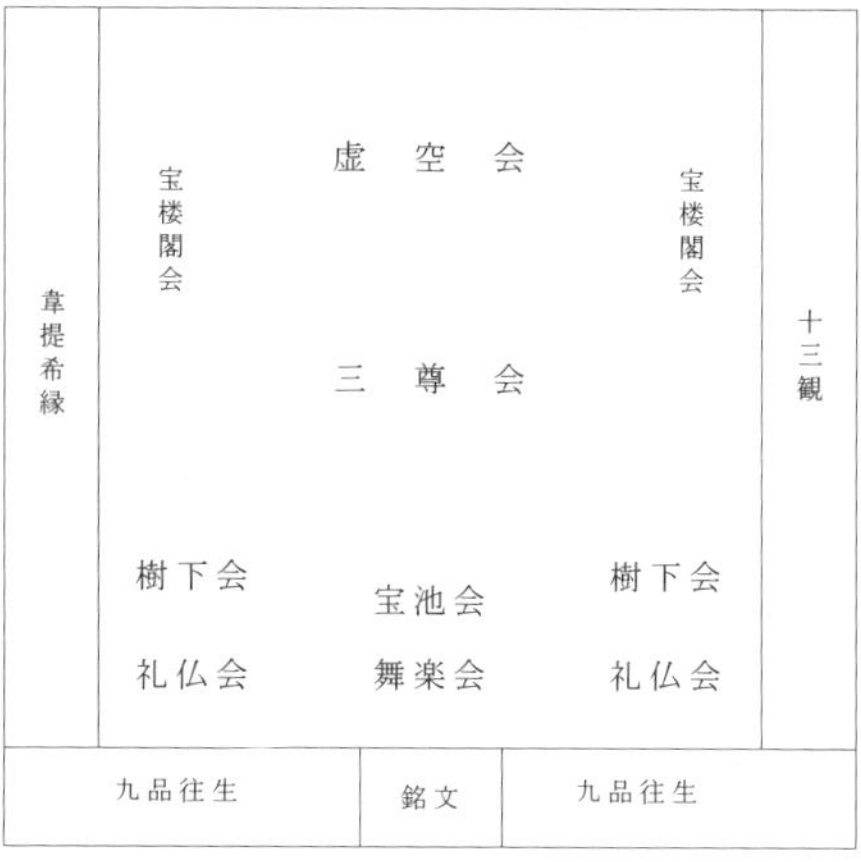

ままであったが、近年の調査で、唐から舶載された錦の綴織《つづれおり》であることがわかった。現在、根本曼荼羅と呼ばれる原本は損傷が激しく、オリジナルの綴織が残存するのは、全図の三分の一程度といわれる。そこで現在、當麻寺本堂（曼陀羅堂）の厨子《ずし》には、一五〇二（文亀二）年に制作された二代目の転写本「文亀本」（重文）が掛けられている。

當麻曼荼羅は、単に極楽浄土の景観を描くだけでなく、ブッダが阿弥陀如来の信仰を説く機縁になった物語（韋提希《いだいけ》縁）や、極楽浄土を観想する方法（十三観）、そして極楽浄土に往生する方法（九品《くほん》往生）などを図示している。

當麻曼荼羅は、極楽浄土の教えを図示した観無量寿経変相図《かんむりょうじゅきょうへんそうず》が、日本に伝えられて曼荼羅と呼ばれるようになったものである。しかし歴史的に見た場合、阿弥陀如来や極楽浄土の観想は、後に密教の曼荼羅の観想へと発展していく。したがってメディテーションの対象と、その方法を図示したという点においては、曼荼羅的な絵画であるともいえる。

宮曼荼羅・参詣曼荼羅・浄土系曼荼羅などの和製曼荼羅は、幾何学的パターンをもたないので、インド・チベットの伝統からは曼荼羅とは見なされない。しかし鳥瞰的な構図の復活という点では、曼荼羅の先祖返りと見ることもできるだろう。

2 両部統合の試み

これまで見てきたように、両界曼荼羅を構成する胎蔵・金剛界の二つの曼荼羅は、インドで別個に成立したものであった。しかし密教の究極的真理が、この両界曼荼羅によって開示される以上、この二つの体系を、どのように統合するかが、その後の日本密教の大きな課題となった。

胎蔵界・金剛界の不整合を解消する試みは、すでに平安時代に描かれた両界曼荼羅の中に見られる。奈良県の子島寺に伝えられた子島《こじま》曼荼羅（国宝、一一世紀頃）は、子島真興が一条天皇から下賜された紺綾地金銀泥の両界曼荼羅であるが、空海が伝えた現図曼荼羅とは、図像に相違点が多いことで知られている。

この胎蔵界曼荼羅では、中台八葉院の南方開敷華王《かいふけおう》如来が触地《そくじ》印を示し、北方天鼓雷音《てんくらいおん》如来が施無畏《せむい》印となっている。これは金剛部主である阿閦《あしゅく》如来と同じ触地印の天鼓雷音如来を、胎蔵曼荼羅の金剛部が描かれる南方に移し、施無畏印の開敷華王如来を北方に移すことで、金剛界曼荼羅の不空成就《ふくうじょうじゅ》如来と一致させたものと見られる（次頁図）。

いっぽう天台密教系の四天王寺本では、東方の宝幢《ほうどう》如来を触地印とし、北方の天鼓雷音如来を与願《よがん》印としている。これは金剛界曼荼羅の東方阿閦如来と、胎蔵界の東方宝幢如来の印相を一致させたものと考えられる。

このように両界の四仏の印相の不整合を、胎蔵四仏の印相を変えることで解消する試みは、

旋転曼荼羅と不旋転

子島曼荼羅

金剛界曼荼羅（東西反転）

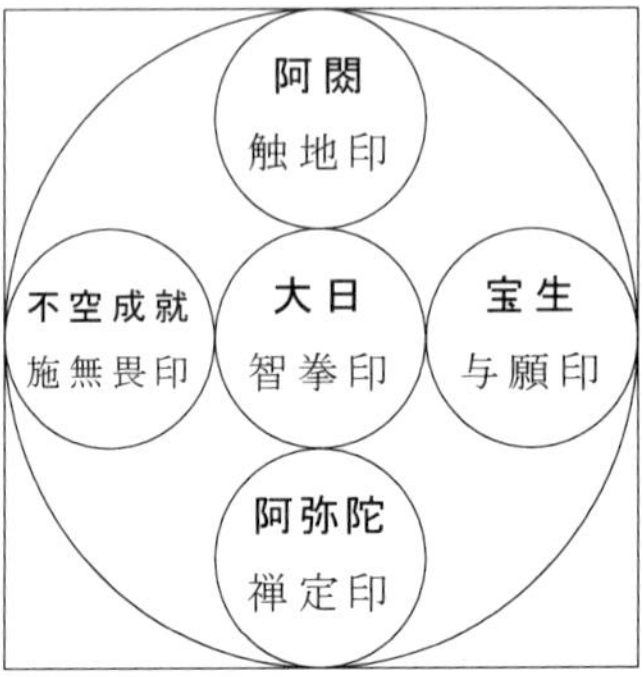

四天王寺本

現図曼荼羅

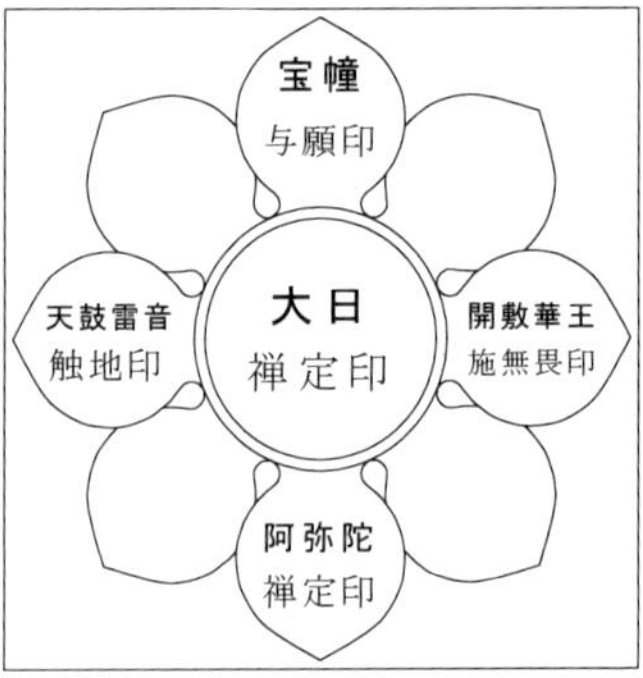

「旋転《せんでん》」と呼ばれた。これに対して、四仏の印相の不一致をそのままにする方軌は、「不旋転」という。なお「旋転」曼荼羅の例は天台系に多く、真言系では空海請来の現図曼荼羅を尊重して、「不旋転」が主流となっている。

これに対して室町時代頃からは、金剛界曼荼羅の図像を改変して、胎蔵界曼荼羅に一致させる動きも見られる。これは金剛界曼荼羅で大日如来の四方に配される四波羅蜜菩薩の位置に、胎蔵界の四仏を描くもので、高野山を中心にかなりの作例を遺している。

前述のように高野山では、大塔と西塔で金剛界と胎蔵界の四仏を入れ替える改変が行われた。金剛界曼荼羅に胎蔵四仏を取り入れたのも、これと軌を一にするものといえよう。

いっぽう両部統合の動きは、密教以外の曼荼羅にも見られる。

法華曼荼羅は、『法華経』に基づく「経法部」の曼荼羅で、別尊曼荼羅の中でも多くの作例に恵まれている。不空《ふくう》訳『瑜伽観智儀軌《ゆがかんちぎき》』と『法華曼荼羅威儀形色法経《ほっけまんだらいぎぎょうしきほうきょう》』に基づくが、チベット・ネパールには対応する文献がなく、『法華経』信仰が盛んな中国に密教を根付かせるため、不空が創作した可能性が指摘されている。しかし法華曼荼羅に描かれる菩薩の中には、漢訳には説かれず、現行のサンスクリット・テキストにのみ登場する菩薩が含まれており、不空が羅什《らじゅう》訳とは別のテキストを参照していた可能性は捨てきれない。

その中央には胎蔵曼荼羅と同じ八葉蓮華が配され、釈迦・多宝二仏並坐《にぶつびょうざ》の多宝塔が描かれる。なお『妙法蓮華経』の蓮華は白蓮（プンダリーカ）なので、八葉蓮華も白く描くのが通例である。いっぽう第二院には、金剛界の四摂《ししょう》菩薩と外四供養《げしくよう》が配され、胎蔵と金剛界の要素が融合している（次頁図）。

このように密教化した法華信仰を批判し、『法華経』への回帰を主張したのが日蓮《にちれん》である。彼が創始した本門の本尊は十界曼荼羅とも呼ばれるが、その左右には「カン」Haṃと「ウン」Hūṃが、梵字で記入されている。これは不動、愛染《あいぜん》二大明王の種字である。日蓮は若き日に、比叡山で天台密教を学んだ。一二五四（建長六）年には、月食の月輪上に不動明王、日食の日輪中に愛染明王を感得し、「不動愛染感見記」（妙本寺蔵）を遺している。

そして一二七一（文永八）年、佐渡配流の途次で描いた現存最古の本尊（楊子《ようじ》本尊、立本寺蔵）では、「南無妙法蓮華経」の題目の左右に、不動、愛染を示す「カン」と「ウン」が配されるだけで、他の尊格はまったく記されていない。ところが一二七二（文永九）年の本尊（京都妙蓮寺蔵）では、これに釈迦、多宝の二仏が加わり、やがて地涌《じゆ》の四大菩薩などを配する、本尊の様式が確立したことがわかる。

なお日本密教では、不動、愛染の二大明王は、それぞれ胎蔵界と金剛界を代表するとされている。また平賀本土寺蔵の大曼荼羅や、仙台仏眼寺蔵の飛び曼荼羅（日蓮・日興合作）には、不動・愛染の二大明王に加え、金剛と胎蔵の大日如来も記されている。このうち両界の大日は、

法華曼荼羅（松尾寺所蔵）

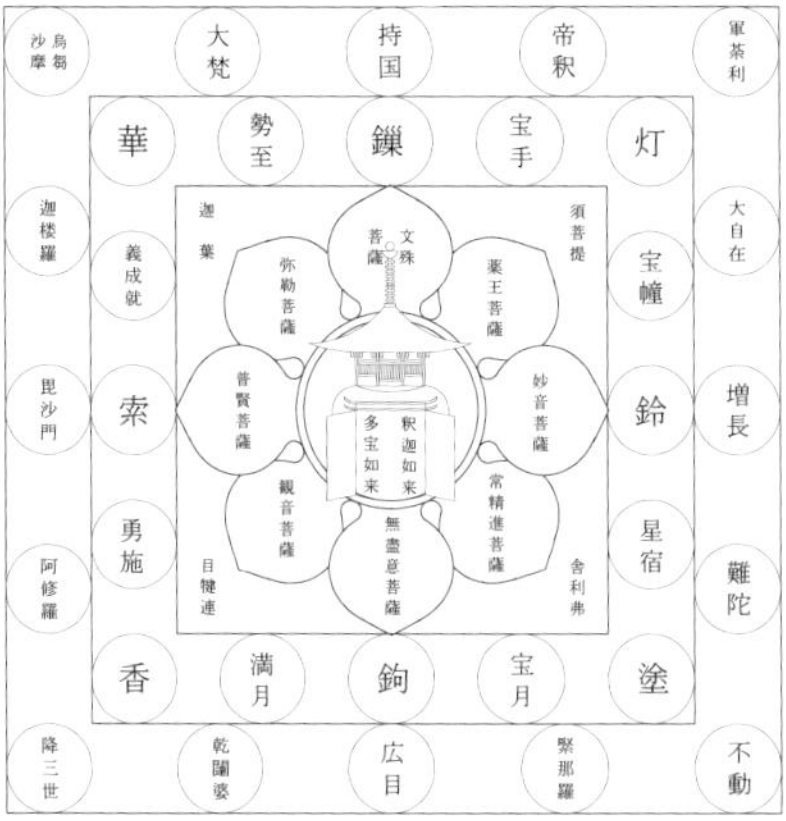
烏芻沙摩
大梵
持国
帝釈
軍荼利
華
勢至
鑠
宝手
灯
迦楼羅
迦葉
文殊菩薩
須菩提
大自在
義成就
弥勒菩薩
薬王菩薩
宝幢
毘沙門
索
普賢菩薩
多宝如来
釈迦如来
妙音菩薩
鈴
増長
勇施
観音菩薩
無盡意菩薩
常精進菩薩
星宿
阿修羅
目犍連
舎利弗
難陀
香
満月
鉤
宝月
塗
降三世
乾闥婆
広目
緊那羅
不動

大持国天王

不動明王（梵字）

大広目天王

南無無辺行菩薩

大日天王

仏滅度後二千二百二十余年之間一閻浮提之内未曾有大漫荼羅也

大六天魔王

提婆達多

大梵天王

阿修羅王

南無上行菩薩

南無舎利弗尊者

転輪聖王

南無薬王菩薩

南無天台大師

南無多宝如来

南無文殊師利菩薩

鬼子母神

天照大神

南無妙法蓮華経

日蓮

（花押）

南無釈迦牟尼仏

南無普賢菩薩

十羅刹女

南無弥勒菩薩

南無伝教大師

南無浄行菩薩

南無大迦葉尊者

八幡大菩薩

釈提桓因天王

大月天王

大龍王

南無安立行菩薩

阿闍世大王

大毘沙門天王

愛染明王（梵字）

大増長天王

後の本尊からは除外されたが、不動・愛染の二大明王は、現在の日蓮宗宗定本尊（臨滅度時《りんめつどじ》の本尊）にも含まれている（前頁図）。

このように日蓮は、彼の創始した題目が、両界曼荼羅の二元論を超える絶対的真理であることを示したのである。その後、日蓮の大曼荼羅は、仏像としても造立されるようになった。このような立体曼荼羅化には批判的な意見もあるが、日蓮宗の立体曼荼羅は各地に伝存しており、その作例数は密教系の立体曼荼羅を遥かに凌いでいる。

第十四章　神仏習合と修験道系の曼荼羅

1　垂迹系の曼荼羅

日本の伝統的神々を、仏教の仏菩薩が、辺土《へんど》の衆生を教化するために示現したものと考える本地垂迹《ほんちすいじゃく》説は、やがて仏教に基づく神道理論を生み出した。このような本地垂迹説に基づく曼荼羅を、垂迹曼荼羅と呼ぶ。本章では、神仏習合思想や修験道《しゅげんどう》など、日本独自の信仰に基づく曼荼羅を見ることにしたい。

両部神道《りょうぶしんとう》では、伊勢内宮《ないくう》の祭神、天照大神《あまてらすおおみかみ》を胎蔵界の大日如来、伊勢外宮《げくう》の豊受大神《とようけのおおかみ》を金剛界の大日如来とする。そして伊勢神宮の内宮と外宮は胎蔵界と金剛界の両部で、この両部が一体となって大日如来の顕現たる伊勢神宮を形成しているとした。真言律宗の総本山、西大寺に所蔵される大神宮御正躰《みしょうたい》は、このような両部神道に基づき、胎蔵界・金剛界の種字《しゅじ》曼荼羅を、裏表に描いた作品を大神宮御正躰、つまり伊勢神宮のご神体としたものである。

日吉神社の上七社

	現社名	祭神	旧称	本地仏
本宮	西本宮	大己貴神	大宮	釈迦如来
本宮	東本宮	大山咋神	二宮	薬師如来
摂社	宇佐宮	田心姫神	聖真子	阿弥陀如来
摂社	牛尾神社	大山咋神荒魂	八王子	千手観音
摂社	白山姫神社	白山姫神	客人	十一面観音
摂社	樹下神社	鴨玉依姫神	十禅師	地蔵菩薩
摂社	三宮神社	鴨玉依姫神荒魂	三宮	普賢菩薩

滋賀県の日吉《ひえ》大社は比叡山の地主神とされ、天台宗とともに栄えた神社である。天台宗の開祖最澄は、唐で天台の教えを承けた天台山国清寺に、山王元弼《さんのうげんひつ》真君《しんくん》という道教神が祀られていたことにならって、比叡山の地主神、日吉神社を寺の守護神「山王権現《さんのうごんげん》」として篤く信仰した（上の表参照）。そして天台宗では、天台教義に基づく神道「山王一実神道《さんのういちじつしんとう》」が興り、山王信仰に基づく垂迹曼荼羅が製作された。

滋賀県にある天台宗の名刹、百済寺《ひゃくさいじ》所蔵の山王本迹《ほんじゃく》曼荼羅は、日吉山中の景観の中に、西本宮の祭神、大己貴《おおなむち》神（本地：釈迦如来）、東本宮の祭神、大山咋《おおやまくい》神（本地：薬師如来）、宇佐宮の祭神、田心姫《たごりひめ》神（本地：阿弥陀如来）、牛尾神社の祭神、大山咋神荒魂《あらたま》（本地：千手観音）、白山姫神社の祭神、白山姫《しらやまひめ》神（本地：十一面観音）、樹下《じゅげ》神社の祭神、鴨玉依姫《かもたまよりひめ》神（本地：地蔵菩薩）、三宮神社の祭神、鴨玉依姫荒

山王本迹曼荼羅（百済寺所蔵、『特別展　琵琶湖をめぐる近江路の神と仏　名宝展』より転載）

山王本迹曼荼羅（百済寺）

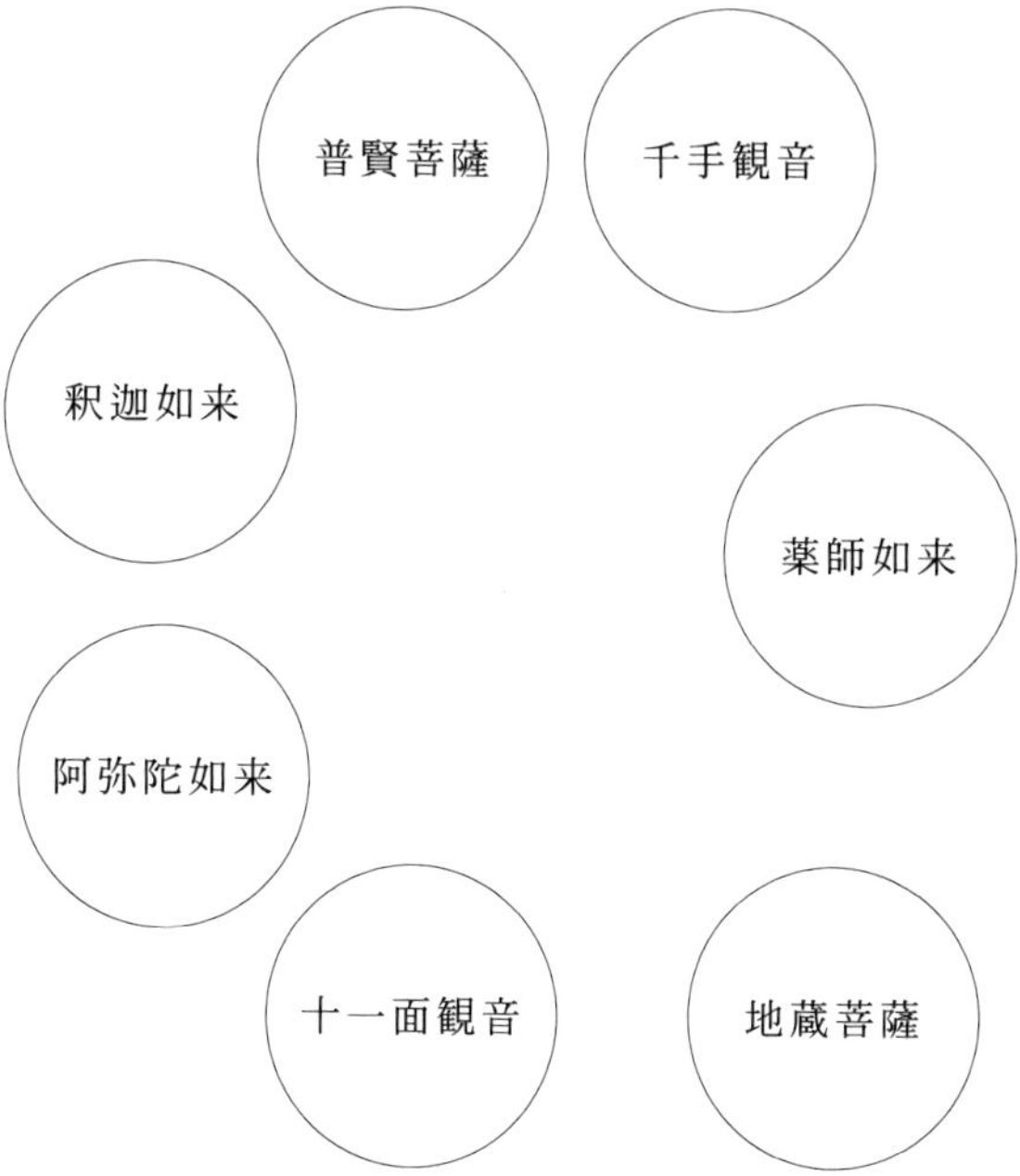
普賢菩薩
千手観音
釈迦如来
薬師如来
阿弥陀如来
十一面観音
地蔵菩薩

写真 53：立山曼荼羅（大仙坊所蔵、富山県［立山博物館］写真提供）

魂（本地：普賢菩薩）の七柱の神々を、その本地とされる仏菩薩とともに描いている（前頁図）。なおその配置は、曼荼羅的な幾何学的パターンではなく、日吉山中における各社殿の地理的位置を反映している。

いっぽう和歌山県の熊野《くまの》権現は、その本地が阿弥陀如来と考えられたため、平安後期から信仰が高揚し、院政期には歴代の上皇・法皇が参拝するなど、熊野巡礼が大流行した。

米国クリーブランド美術館所蔵の熊野宮曼荼羅は、社寺の景観を描いた宮曼荼羅《みやまんだら》の代表的作例として知られる。本作品は、熊野三山の景観を、正規の巡拝順にしたがって、下から本宮、新宮、那智《なち》の順に描き、社殿の上には、それぞれの本地仏を描いている。本作品の成立年代は、各社の景観描写から、一四世紀中頃と考えられる。

これらの垂迹曼荼羅は、神仏習合の中でも正統的な宗教絵画といえるが、時代が下がると、さらに民間信仰を取り入れた布教用の曼荼羅が出現する。

熊野観心十界曼荼羅や立山《たてやま》曼荼羅（写真53）は、布教者が信徒に見せ、絵解きをするのに用いた布教用の絵画である。熊野観心十界曼荼羅は、熊野の歌比丘尼《うたびくに》と呼ばれる女性布教者が布教に携行したもので、最古の作品でも室町時代を遡りえない。また北陸の霊山、立山の景観とその開創縁起を描いた立山曼荼羅は、江戸時代までは「御絵伝」と呼ばれ、曼荼羅の名が定着したのは、幕末から明治にかけてといわれる。したがって数多い和製の曼荼羅の中でも、最後に出現したものといえる。

2 修験道系の曼荼羅

日本では、古代からの山岳信仰と密教が習合し、修験道が成立する。この修験道にも、いくつかの曼荼羅が伝えられるが、その中で最も大規模なのが恵印《えいん》流の総曼荼羅である（写真54）。恵印流とは、当山修験《とうざんしゅげん》の祖とされる醍醐寺の聖宝《しょうぼう》（理源《りげん》大師）が、天竺の龍樹《りゅうじゅ》菩薩から直接相承したものといわれる。南天鉄塔に登場したナーガールジュナが、修験道の開創伝説にも登場するのは興味深い。

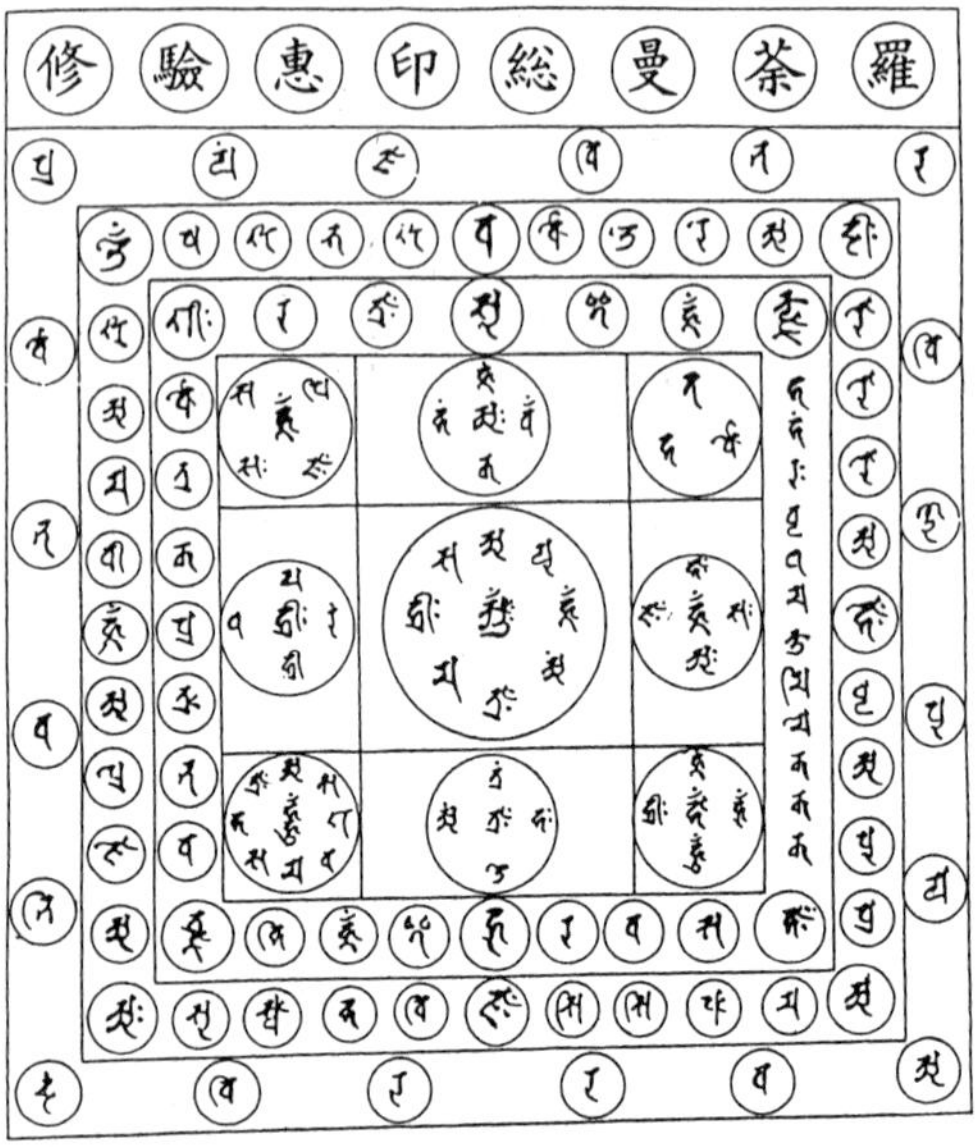

写真 54：修験恵印総曼荼羅（仲田順和提供）

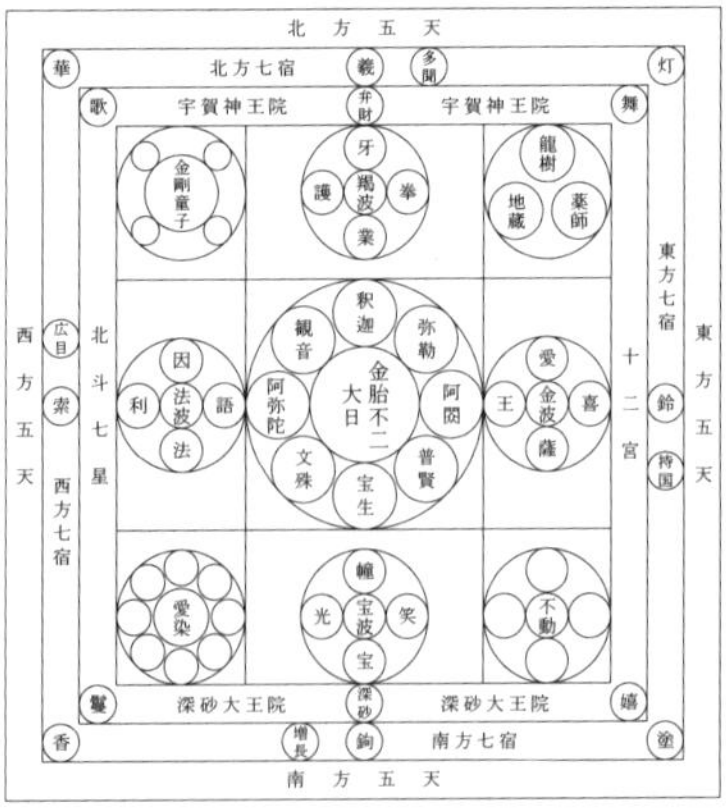

そしてこの総曼荼羅は、胎蔵界、金剛界の両界曼荼羅を統合する、独自のシステムをもっている。配置図のように、この曼荼羅は両界を統合する「金胎不二大日《こんたい》」を主尊としている。なお正統的な仏教図像とはいえないが、法界定印《ほっかいじょういん》と智拳印《ちけん》を併せもつ一面四臂の両部不二大日が、いくつかの作例を遺している。またこの曼荼羅は南を下とするが、これは両界曼荼羅が、南面する仏堂の東西の壁に掛けられたのに対し、両界を統合する意図がうかがえる。

そしてその周囲は胎蔵界曼荼羅の中台八葉院に似た構造となるが、四仏は金剛界四仏（不空成就の代わりに釈迦を描く）、四菩薩は胎蔵の四大菩薩を用いる。いっぽうその四方は、金剛界曼荼羅の東西南北の四輪と似た構造となるが、四仏の位置には、金剛界曼荼羅の四波羅蜜が描かれている。

また胎蔵界・金剛界を代表する不動・愛染の二大明王が、東南と西南の対称的な位置に配されるのも興味深い。

いままで見てきたように、三尊形式から発展した胎蔵曼荼羅は、仏・蓮華・金剛の三部が横方向に配置されていた。これに対して金剛界曼荼羅では、如来・法（蓮華）・金剛の三部が縦に配置されたため、前述の「旋転」曼荼羅でも、両者を融合するのには困難があった。

ところが恵印総曼荼羅は曼荼羅が南面するため、阿閦・阿弥陀が横方向に配され、金剛部と蓮華部が、胎蔵界曼荼羅と同じように左右に配されることになった。また宝部が画面下となるため、虚空蔵（金剛宝）も下に配される。これもまた胎蔵界の虚空蔵院の位置と一致している。さらに金剛界五仏の不空成就を釈迦とすることにより、胎蔵界の釈迦院の位置とも一致することになった。

このように修験恵印総曼荼羅は、これまで日本で行われた両部統合の試みの中でも、最も成功をおさめた例と見ることができる。

最近の研究では、恵印総曼荼羅の成立は江戸時代まで下がるといわれる。このように空海が請来した両界曼荼羅を一つの体系にまとめようとする試みは、江戸時代に至るまで行われたことがわかる。

第4部　後期密教篇

第十五章　『秘密集会』の曼荼羅

インドでは九世紀以後、『金剛頂経』系の密教が発展して、後期密教の時代に入る。本書は、両界曼荼羅の成立史を中心に、仏教図像の発展を概観することを目的として書かれた。したがって後期密教については、両界曼荼羅と関係するトピックのみを取り上げることにしたい。なお著者は、後期密教の曼荼羅や実践理論については、すでに他著で詳細に論じている。興味のある読者はこれらの著書を参照されたい。

後期密教を代表する密教聖典は、『秘密集会《ひみつしゅうえ》タントラ』である。この聖典は、『金剛頂経』十八会の第十五会として不空の『十八会指帰《じゅうはちえしいき》』に言及されることから、八世紀にはその原形が現れたと考えられる。また北宋時代に、施護《せご》によって『一切如来金剛三業最上《いっさいにょらいこんごうさんごうさいじょう》秘密大教王《ひみつだいきょうおう》経《きょう》』として漢訳されたが、中国、日本では普及しなかった。

ところがインドでは九世紀以後、「聖者《しょうじゃ》流」「ジュニャーナパーダ流」などの解釈学派が成立し、その流行は『初会《しょえ》金剛頂経』をしのぐようになった。

『秘密集会タントラ』は、『金剛頂経』の第十五会とされるように、基本的には金剛界曼荼羅の五部の体系を継承している。しかし『秘密集会』曼荼羅では、大日如来ではなく阿閦《あしゅく》如来が主尊となり、大日如来は毘盧遮那《びるしゃな》となって、東方に移った配置となる（次頁図）。

第二章で見たように、阿閦如来は、初期大乗仏教から東方の他土仏として信仰されてきた。四方四仏に開敷華王《かいふけおう》如来が割り込んだことにより、北方に移ったことはあるが、ほとんどの曼荼羅で東方に配されてきた。

いっぽう本書第三章では、阿閦が瞋恚（いかり）を浄める仏とされたことから、仏教の敵対者を退治する金剛部主となったことを紹介した。ところが後期密教では金剛部の勢力が増大し、やがて如来部の上に置かれるようになる。

また阿閦如来は、触地印《そくじ》を結んでいる。これはブッダが金剛宝座で悟りを開いた時の印相で、数多い印の中でも最も重要なものである。そのためインドでは八世紀頃から、寺院の本尊として触地印如来像を祀ることが多くなった。本書の目的から外れるので詳しく述べなかったが、本尊仏と八大菩薩の組み合わせでも、時代が下がるにつれて、本尊が触地印如来となる例が多くなる傾向がある。

このような触地印如来像は、一般的には降魔成道《ごうまじょうどう》の釈迦と見られるが、阿閦如来と解釈することも可能である。ネパール仏教では、ほとんどの寺院で本堂（クワーパードヤ・チェン）

『秘密集会』曼荼羅（ハンビッツ文化財団　図録 3-1）

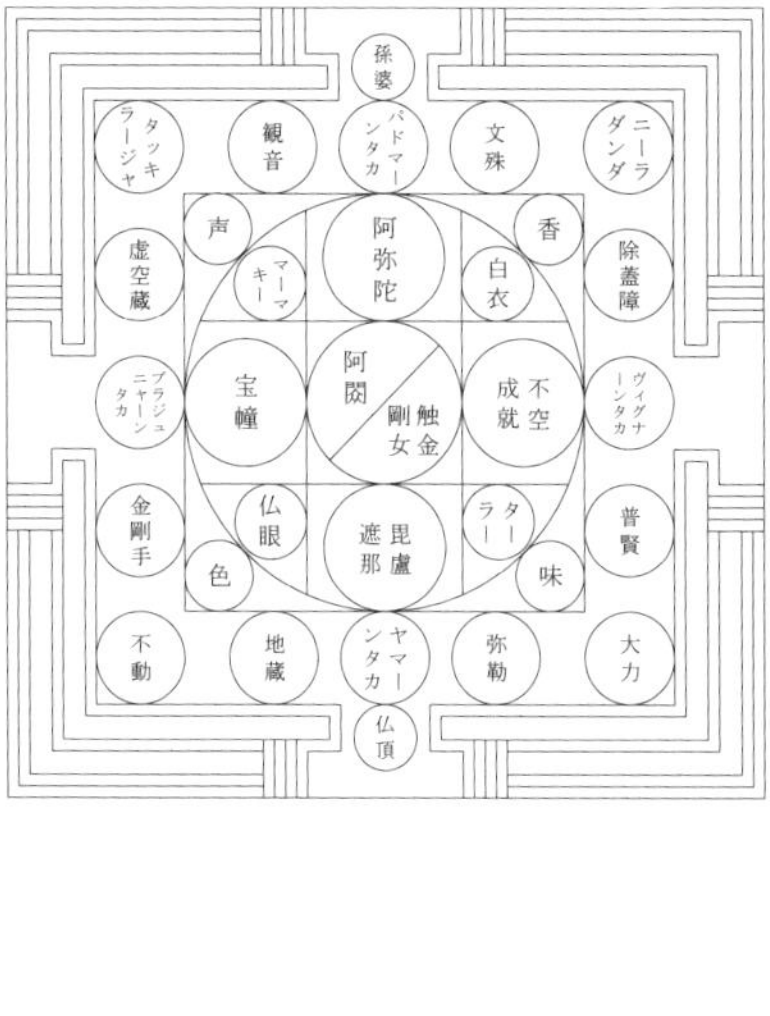

最上百族の定寂身

- 色（毘盧遮那）
  - 内外の長短の色（毘盧遮那）
  - 自他の相の色（宝生）
  - 内外の青等五色の色（阿弥陀）
  - 日月等の光明の色（不空成就）
  - 自覚のみで分明ならざる色（阿閦）
- 受（宝生）
  - （苦楽）平等の受（毘盧遮那）
  - 粘液と風より生じた受（宝生）
  - 楽の受（阿弥陀）
  - 苦の受（不空成就）
  - 病的な胆汁より生じた受（阿閦）
- 想（阿弥陀）
  - 不動の想（毘盧遮那）
  - 四足の想（宝生）
  - 無足の想（阿弥陀）
  - 多足の想（不空成就）
  - 二足の想（阿閦）
- 行（不空成就）
  - 身の行（毘盧遮那）
  - 三界の行（宝生）
  - 語の行（阿弥陀）
  - 解脱の行（不空成就）
  - 心の行（阿閦）
- 識（阿閦）
  - 眼識（毘盧遮那）
  - 耳識（宝生）
  - 鼻識（阿弥陀）
  - 舌識（不空成就）
  - 身識（阿閦）

- 地（仏眼）
  - 髪骨大便脾臓の心髄・須弥山（毘盧遮那）
  - 毛爪膿の心髄・南贍部洲（宝生）
  - 歯皮肉の心髄・西牛貨洲（阿弥陀）
  - 腱肉肋骨の心髄・北倶盧洲（不空成就）
  - 垢腸胆汁の心髄・東勝身洲（阿閦）
- 水（マーマキー）
  - 体液・奔流の水（毘盧遮那）
  - 汗・河の水（宝生）
  - 血液・雲の水（阿弥陀）
  - 唾液・池の水（不空成就）
  - 尿・大海の水（阿閦）
- 火（白衣）
  - 頭の熱・石より生じた火（毘盧遮那）
  - 臍の熱・水晶より生じた火（宝生）
  - 四肢の熱・木より生じた火（阿弥陀）
  - 腹の熱・山火事の火（不空成就）
  - 心臓の熱・供物の聖火（阿閦）
- 風（ターラー）
  - ヴィヤーナ・上風（毘盧遮那）
  - アパーナ・南風（宝生）
  - ウダーナ・西風（阿弥陀）
  - サマーナ・北風（不空成就）
  - プラーナ・東風（阿閦）

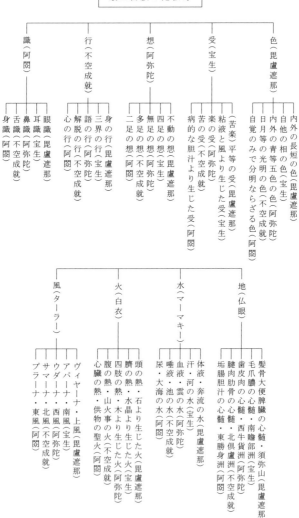

- 眼根（地蔵）
  - 三色の感知（毘盧遮那）
  - 瞳の自性（宝生）
  - 横の姿（阿弥陀）
  - 眼の動揺（不空成就）
  - 眼球中の葡萄種ほどの眼根（阿閦）
- 耳根（金剛手）
  - 耳の自性（毘盧遮那）
  - 三声の感知（宝生）
  - 耳の孔（阿弥陀）
  - 耳の根（不空成就）
  - 楽器の節のような微塵が集積した耳根（阿閦）
- 鼻根（虚空蔵）
  - 鼻の自性（毘盧遮那）
  - 鼻の内部（宝生）
  - 三香の感知（阿弥陀）
  - 鼻の孔（不空成就）
  - 微塵が集積した鼻根（阿閦）
- 舌根（観音）
  - 舌の自性（毘盧遮那）
  - 舌の根（宝生）
  - 舌の先端（阿弥陀）
  - 三味の感知（不空成就）
  - 微塵が集積した半月形の舌根（阿閦）
- 身根（除蓋障）
  - 微塵が集積した全身の身根（毘盧遮那）
  - 骨の自性（宝生）
  - 肉の自性（阿弥陀）
  - 皮の自性（不空成就）
  - 三触の感知（阿閦）
- 意根（文殊）
  - 大円鏡智（毘盧遮那）
  - 平等性智（宝生）
  - 妙観察智（阿弥陀）
  - 成所作智（不空成就）
  - 法界智（阿閦）

- 色（色金剛女）
  - 内外の長短の色（毘盧遮那）
  - 随愛の色（宝生）
  - 好悪に依存する想の色（阿弥陀）
  - 一切の事業を成就する色（不空成就）
  - 遊戯嬉戯媚態の色（阿閦）
- 声（声金剛女）
  - 耳中と頭と髪の声（毘盧遮那）
  - 歌と弦楽器の声（宝生）
  - 上顎と唇と言語の声（阿弥陀）
  - 木と河と拍掌と太鼓の声（不空成就）
  - 吽字と寂静と忿怒の声（阿閦）
- 香（香金剛女）
  - 総ての香（毘盧遮那）
  - 全身の香（宝生）
  - 三香の感知（阿弥陀）
  - 味の香（不空成就）
  - 区域の香（阿閦）
- 味（味金剛女）
  - 蜜の味（毘盧遮那）
  - 渋い味（宝生）
  - 塩の味（阿弥陀）
  - 六味の区別（不空成就）
  - 辛い味（阿閦）
- 触（触金剛女）
  - 一座に坐す触（毘盧遮那）
  - 抱擁の触（宝生）
  - 接吻の触（阿弥陀）
  - 吸引の触（不空成就）
  - 性交の触（阿閦）

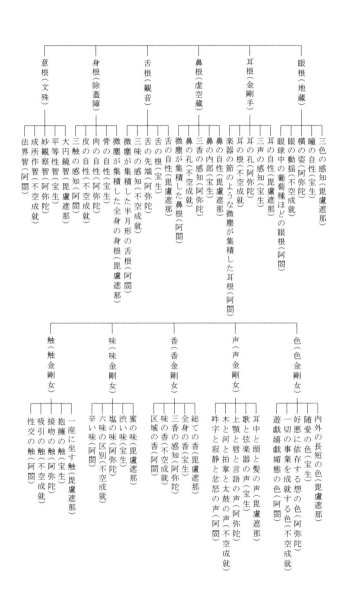

に触地印如来像を祀るが、現地の仏教徒は、これは顕教においては釈迦如来であるが、密教的には阿閦如来であるといっている。

いっぽう日本でも、空海は高野山の講堂（現在の金堂）の本尊として、触地印を結ぶ阿閦如来を安置した。おそらく空海は、八世紀以後のアジア各地における触地印如来像の流行を知っていたのであろう。

『秘密集会』曼荼羅における阿閦と毘盧遮那の主尊交代には、このような背景があると思われる。そして後期密教では、大日如来ではなく、阿閦如来（あるいはその化身とされる密教仏）を主尊とする曼荼羅の方が優勢になるのである。

『秘密集会』曼荼羅の構造は、「蘊《うん》・界《かい》・処《しょ》」に集約されるといわれる。この曼荼羅では、阿閦を主尊とする五仏が五蘊《ごうん》、仏眼をはじめとする四仏母が地水火風の四界、色金剛女《しきこんごうにょ》をはじめとする金剛女が色声香味触法《しきしょうこうみそくほう》の六処を、象徴すると考えられたからである。

また『秘密集会タントラ』本文には明確に説かれないが、「聖者流」「ジュニャーナパーダ流」では、眼耳鼻舌身意《げんにびぜっしんに》の六根を象徴する八大菩薩や六大菩薩を説く。しかしこの八大菩薩は、『理趣経《りしゅきょう》』系ではなく標準型に属している。

また曼荼羅の形状も、金剛界曼荼羅のような「互相渉入」型ではなく、輪円を井桁で区切った九格子（本書第十七章参照）となっている。しかし金剛界曼荼羅の「互相渉入」思想が、『秘密集会』には見られないというわけではない。

『秘密集会』「聖者流」では、「最上百族の定寂身《じょうじゃくしん》」が説かれる（前々頁図）。これはわれわれが経験する世界のすべてを五部の互相渉入で解釈し、『秘密集会』曼荼羅の諸尊に当てはめるものである。したがって『秘密集会タントラ』は、金剛界曼荼羅の互相渉入思想を、曼荼羅の形状ではなく、思想面で継承したと見ることができる。

そして曼荼羅の諸尊に教理概念を当てはめ、世界のすべてを説明するという思想は、インド密教で最後に出現した、『時輪《じりん》タントラ』へと継承されることになる。

第十六章　曼荼羅とコスモロジー

1　『時輪タントラ』とは何か？

『時輪《じりん》タントラ』は、インドで最後に登場した密教聖典である。『時輪』は、前述の『秘密《ひみつ》集《しゅう》会《え》』を中心とする「父タントラ」、『ヘーヴァジュラ』『サンヴァラ』などの「母タントラ」を統合する「不二《ふに》タントラ」といわれ、インド密教発展の最終段階に位置している。

伝説によれば、ブッダが南インドのダーニヤカタカの大塔で、『吉祥最勝本初仏《きちじょうさいしょうほんしょぶつ》タントラ』を説いたとき、中央アジアにあったシャンバラ国の王スチャンドラは、その教えを聴聞し、本国に帰って、このタントラを講説した。その後シャンバラに伝えられた『吉祥最勝本初仏タントラ』は、スチャンドラの七世の孫にあたるシャンバラ王ヤシャスによって、現行の『時輪タントラ』に再編集されたといわれる。

中央アジアの王が、わざわざ南インドまで来て、ブッダの教説を聴聞するというのは奇妙な話である。しかし栂尾祥雲が指摘したように、ダーニヤカタカつまりアマラーヴァティーの大塔に、南天鉄塔のような伝説が伝えられていたとするなら、なぜ南インドの仏塔と密教聖典が結びつけられたかを、合理的に説明することができる。

『時輪タントラ』は、後期密教の中でも最も遅れて成立したばかりでなく、父母両タントラの内容を総合する、画期的な体系をもっていた。それだけに『金剛頂経』と同じく、この新しいシステムの出現を合理化するには、何らかの伝説が必要になったのであろう。

なお著者は、『時輪タントラ』の教理と曼荼羅については、すでに『超密教　時輪タントラ』(東方出版)を出版している。そこで詳しい説明は同書に譲ることにするが、その特徴を一言でいえば、『金剛頂経』系の密教が五元論であるのに対し、『時輪』は基本的に六元論の体系をもつということである。

『時輪タントラ』では、『金剛頂経』で確立した如来・金剛・宝・法(蓮華)・羯磨《かつま》の五部に、金剛薩埵《こんごうさった》部を加えて六部とする。また従来の五部を、地水火風空の五大に配当するが、新しく加わった金剛薩埵部は智を司るとされる(次頁図、次々頁図)。このように五仏を五大に配当するのは、金剛界よりも胎蔵曼荼羅の特徴である。そして空海は、『大日経』の五大説と『金剛頂経』の五智説を統合して、地水火風空識の六大説を唱えた。空海の六大説は、奇しくも『時輪』の六元論を二〇〇〇年ほど先取りしたものといえる。

身口意具足時輪曼荼羅

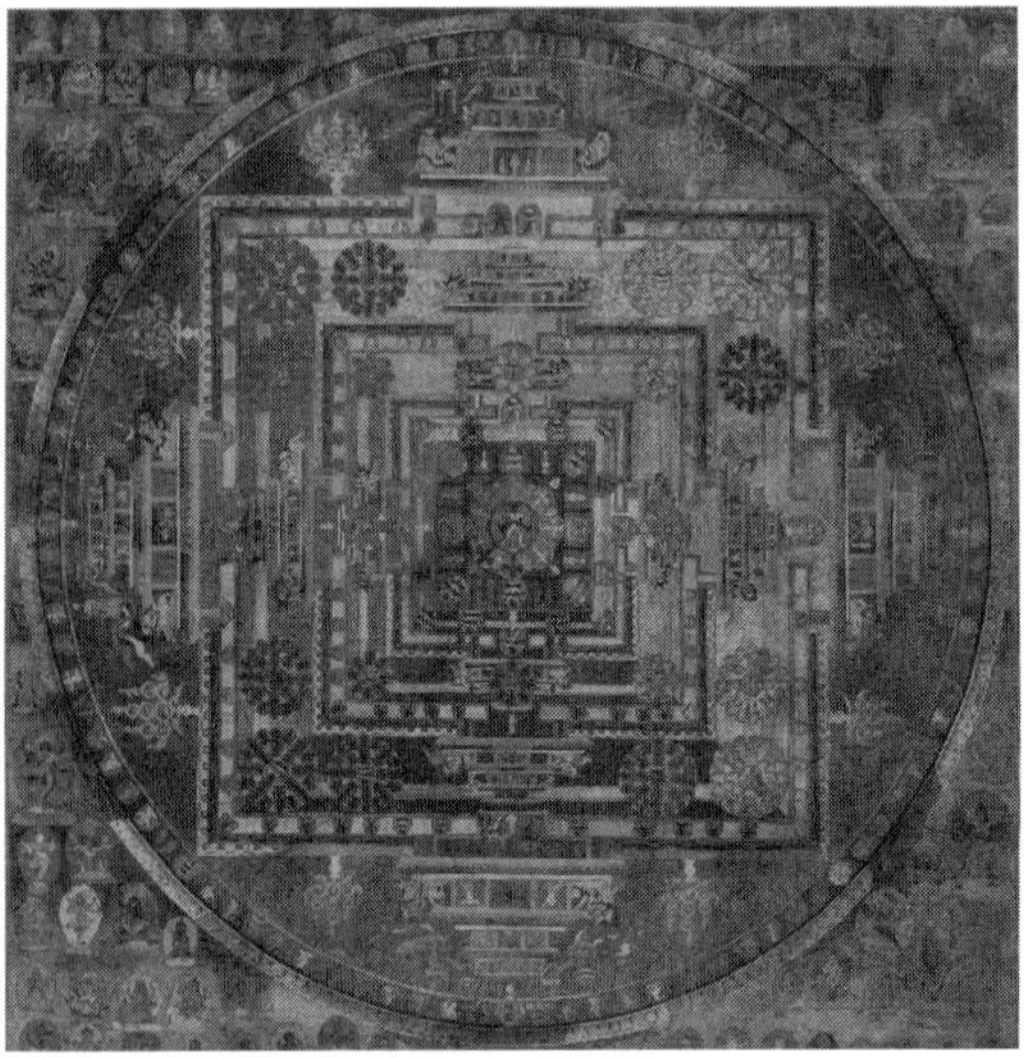

ハンビッツ文化財団［ソウル］ 図録4-1

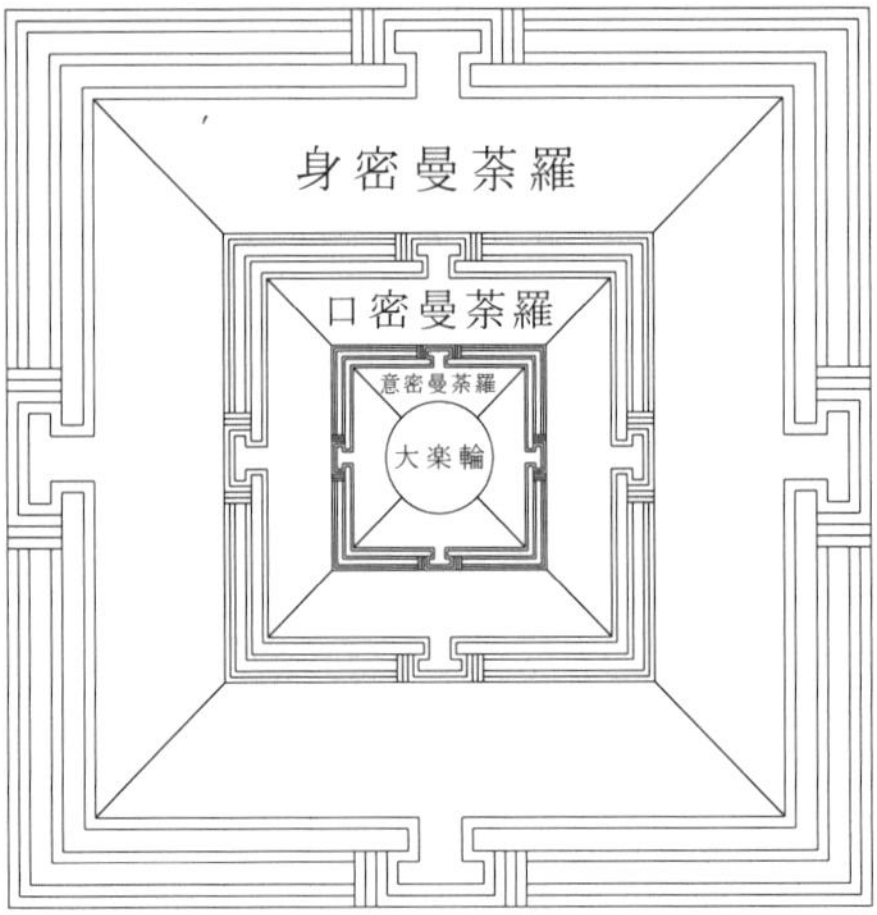

身口意具足時輪曼荼羅（意密曼荼羅）

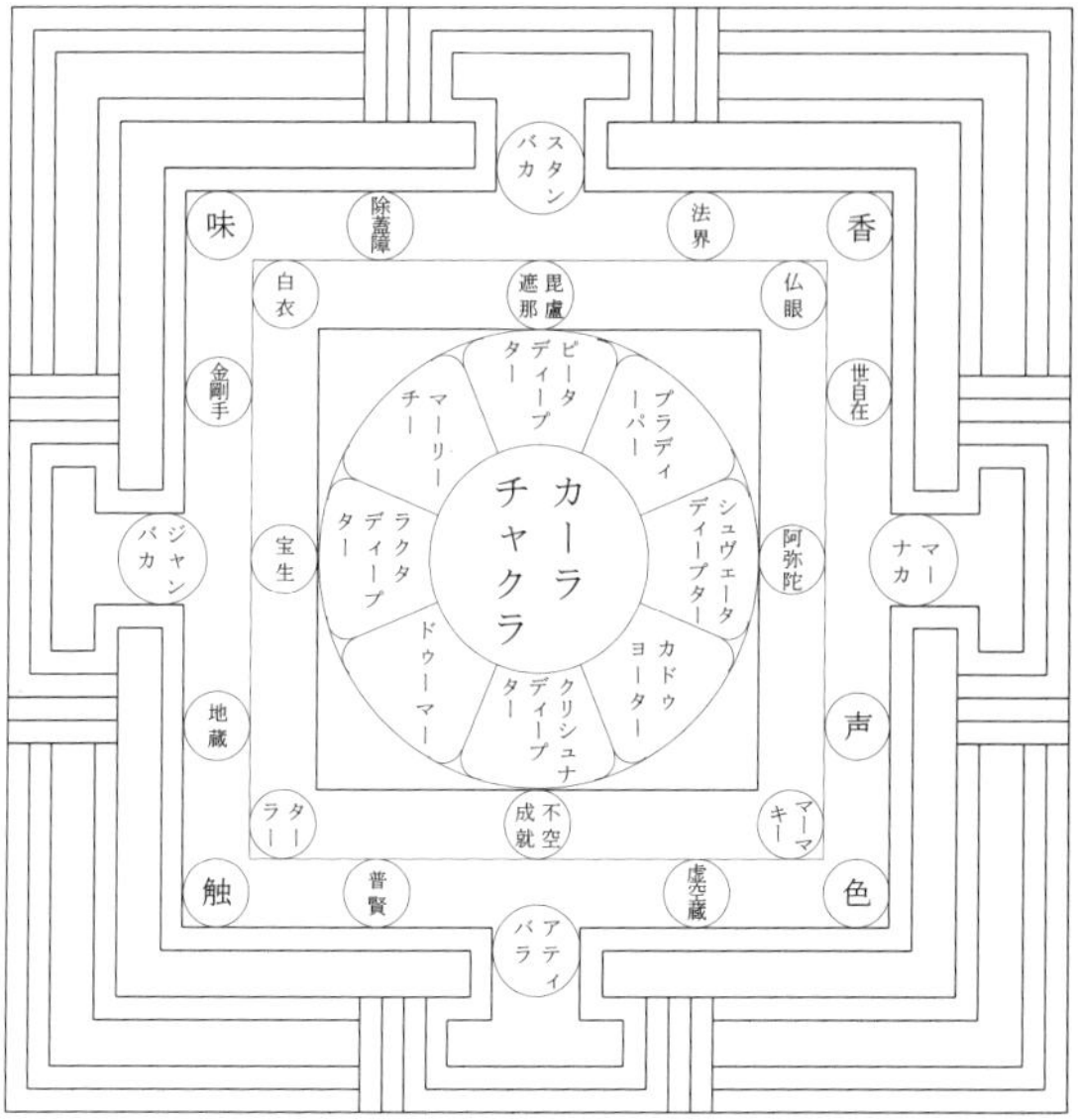

『時輪タントラ』の三十六尊と六部への配当関係

虚　空	智	風	火	水	地
阿　閦	金剛薩埵	不空成就	宝　生	阿弥陀	毘盧遮那
普　賢	金 剛 手	虚空蔵	地　蔵	観　音	除蓋障
孫　婆	仏頂転輪王	アティバラ（軍荼利）	ジャンバカ（無能勝）	マーナカ（馬　頭）	スタンバカ（大威徳）
アティニーラー	ラウドラークシャー	アティバラー	ジャンバキー	マーナキー	スタンバキー
声金剛女	法界金剛女	触金剛女	味金剛女	色金剛女	香金剛女
金剛界自在	般若波羅蜜	ターラー	白　衣	マーマキー	仏　眼

そして『時輪』では六部に、部主としての如来、部母としての六仏母、男性の六大菩薩、女性の六金剛女、男性の六忿怒《ふんぬ》と女性の六忿怒妃を立てる。『時輪タントラ』の曼荼羅の尊数は、全体で七一四尊になるといわれるが、その構成要員は、六部に分類される三六尊にまとめられる（前頁表）。

そして『時輪』では、天体の運行や須弥山《しゅみせん》世界説などの宇宙論と、人体の構造などの生理学説をパラレルに論じ、これらマクロコスモスとミクロコスモスの対応関係を、この三六尊の体系で解釈したのである。

2 曼荼羅とコスモロジーの統合

我々が住む須弥山世界は、地水火風《じすいかふう》の四大によって構成されている。そして四大に存在の場を提供する空を加えると、地水火風空の五大となる。

また須弥山の四方にある四つの大陸、四大洲《しだいしゅう》は、それぞれ四大の形状である方形（地）・円形（水）・三角形（火）・半月形（風）をしている。また四大洲の色彩は、四大の色である黄（地）・白（水）・赤（火）・黒（風）である。ところが曼荼羅の四方に配される四仏の身色は、阿閦（青）東・宝生（黄）南・阿弥陀（赤）西・不空成就（緑）北となって、四大洲の色とは不整合が生じていた。そこで『時輪』は、曼荼羅の四方に配される四仏の配置と身色を、須弥

時輪曼荼羅の基本構造

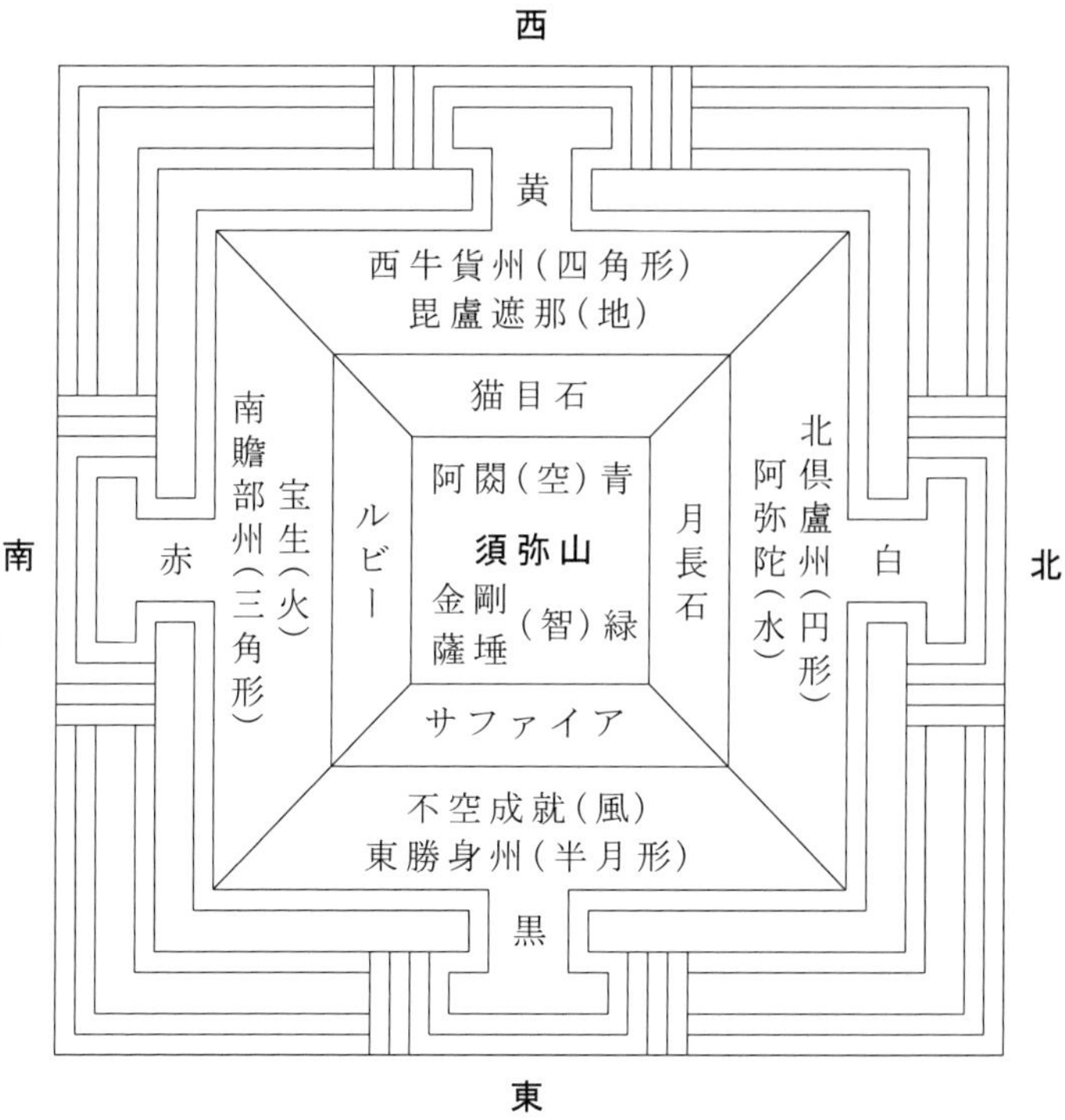

『時輪タントラ』の曼荼羅は、身口意の三層からなる極めて複雑な構造を有するが、上にはその主要構成要員である六仏の配置を略示した。なお実際の曼荼羅では、阿閦は主尊カーラチャクラ、金剛薩埵はその妃ヴィシュヴァマーターとして描かれている。

須弥山世界の四大輪と身口意具足時輪曼荼羅

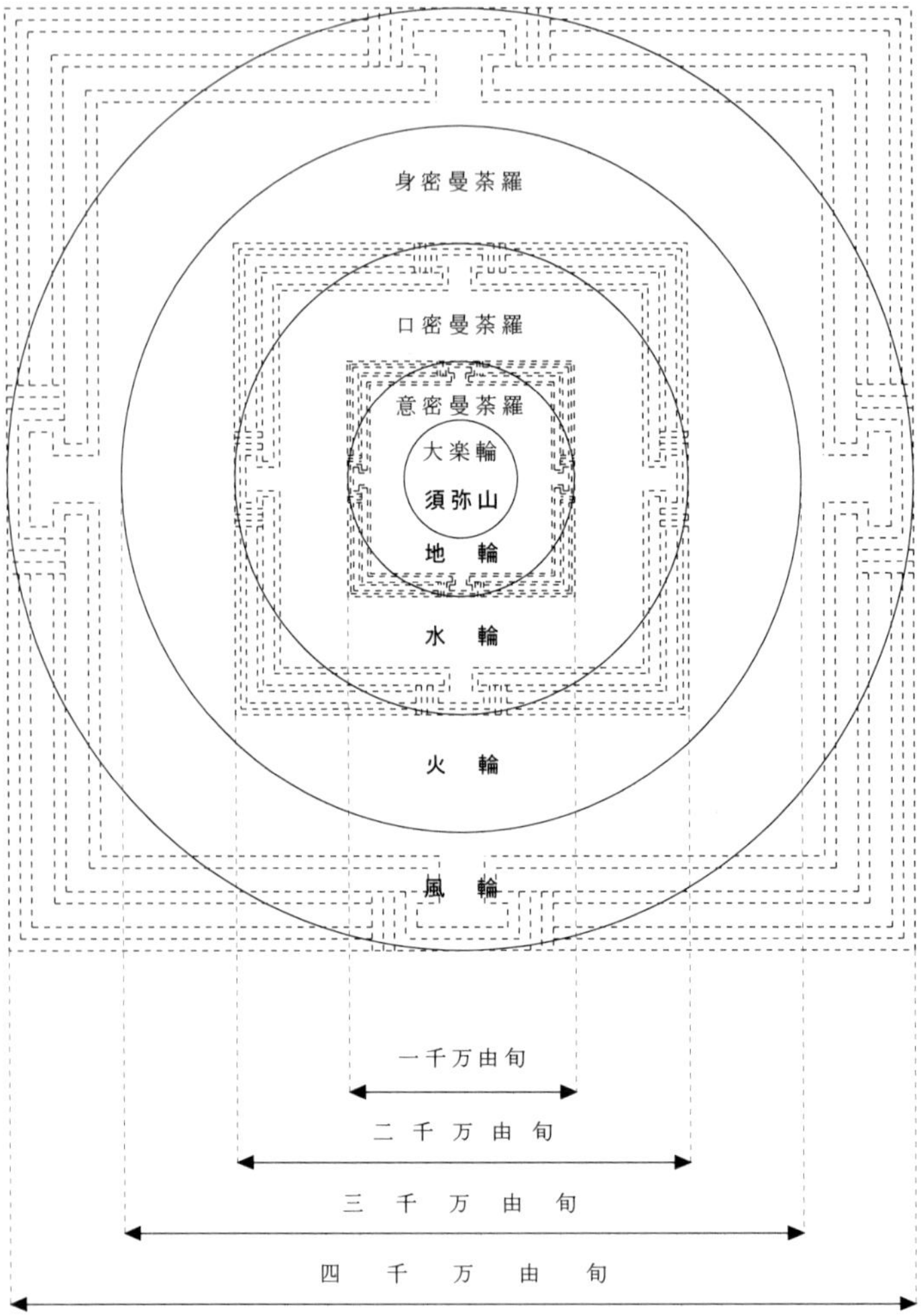

山世界の四大洲の形状と色彩に合わせて変更したのである（前々頁図）。

いっぽうこの須弥山世界は、地水火風の四大輪によって支えられている。そして三重の入れ子構造をもつ身口意具足《しんくいぐそく》時輪曼荼羅では、内側の意密《いみつ》曼荼羅が、須弥山世界の基底をなす四大輪のうち一番内側の地輪に相当し、口密《くみつ》曼荼羅は三番目の水輪に、身密《しんみつ》曼荼羅は一番外側の風輪に相当する。四大輪の直径は、それぞれ一〇万、二〇万、三〇万、四〇万由旬《ゆじゅん》だから、地輪、水輪、風輪の直径の比は三密曼荼羅の一辺の比に一致する。これによって須弥山世界と時輪曼荼羅は、度量法の上でも完全にパラレルとなるのである（前頁図）。

このように時輪曼荼羅に見られる独特の五仏の身色と配置は、これまで別個に発展してきた五仏説・五大説・須弥山世界説を、統一的に説明するためのシステムであることがわかった。そしてこのコスモグラムを用いて、『時輪タントラ』は、色彩・形状・度量法の三点において、曼荼羅とコスモロジーの完全なる統合を実現したのである。

なおシャンバラに伝えられた『時輪タントラ』を、インドに請来したとされるチルーパは、イスラム教徒の侵入を避けて、一時、オリッサのラトナギリに滞在していたと伝えられる。

当時のオリッサには、まだ胎蔵・金剛界系の密教が残存していたと思われる。したがってチルーパは、これらにヒントを得て、インド密教の最後を飾る密教体系を構築したと推定することも可能である。

このように南天鉄塔の伝説は、インドで仏教が滅亡しようとしていた一一世紀に、最後の光芒を放つことになったのである。

第十七章　CGを用いた曼荼羅の図像データベース

1　はじめに

インドで九世紀以後発展した後期密教の曼荼羅は、日本には作例が遺されておらず、一九五九年のチベット動乱以後、海外に流出した優品も、その多くは欧米に所蔵されている。そこで著者は、CGを用いたチベットの曼荼羅の図像データベースの構築を思い立った。底本としたのは、著者が学術顧問を務めていた韓国ハンビッツ文化財団の「ミトラ百種曼荼羅集」（ハンビッツ本）である。これはインド仏教の巨匠アバヤーカラグプタの『ヴァジュラーヴァリー』曼荼羅集と重複する四五点と、「ミトラ百種」にしか含まれない五五点を描いた二巻からなる巻子本で、都合一一〇点の曼荼羅を描いていた。

ハンビッツ本は、曼荼羅一点の直径が約二〇センチ、スケッチに淡彩を施しただけの作品ではあるが、曼荼羅の研究上、貴重な資料である。そこで著者は、この曼荼羅集と、典拠となる文献から、楼閣内部のパターンや内庭の塗り分けなどの図像情報を抽出して、CGによる図像データベースを構築した。この図像データベースは、二〇〇七年に『曼荼羅グラフィクス』(山川出版社)と題して刊行され、二〇一三年には、その英語版Mitrayogin's 108 Mandalas, An Image Database, Kathmandu: Vajra Publicationsも刊行された。

2　チベットの曼荼羅のパターン類型

それではチベット系曼荼羅に見られる、楼閣内部のパターンを概観しよう。チベットの曼荼羅の楼閣内部のデザインは、基本的に、蓮華、輪、九格子という三種の基本パターンと、その組み合わせからなることが明らかになった(次頁図)。

このうち「蓮華」は、蓮華の花芯上に主尊を描き、周囲の蓮弁に眷属尊を配するもので、蓮弁の数は八葉が一般的だが、チベットには四葉のパターンもある。なお日本では、同じデザインが胎蔵界曼荼羅の中台八葉院に見られる。また八葉蓮華を三重に組み合わせたパターンもあるが、日本にも同じパターンが別尊曼荼羅の一つ、仏眼《ぶつげん》曼荼羅(本書第十二章参照)に見られるのは興味深い。

いっぽう「輪」は、車輪の轂《こしき》に主尊、輻《や》の部分に眷属尊を配するもので、輻の数によって四輻輪、六輻輪、八輻輪、十二輻輪などの別がある。なお日本では、このタイプの曼荼羅は作例

曼荼羅における３種の基本パターン

八葉蓮華

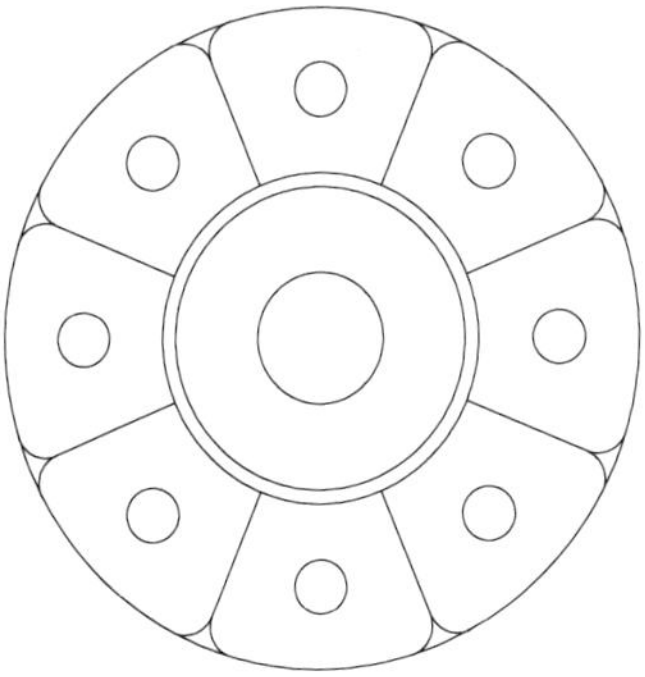

九格子

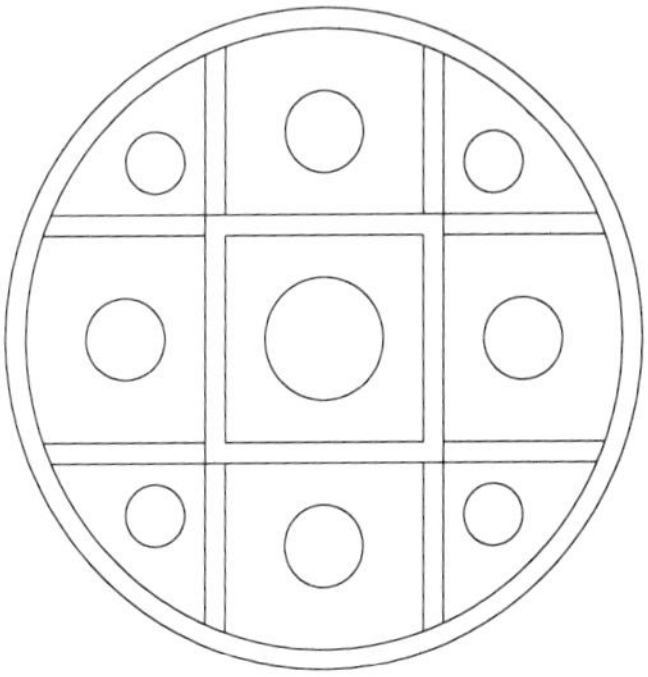

八輻輪

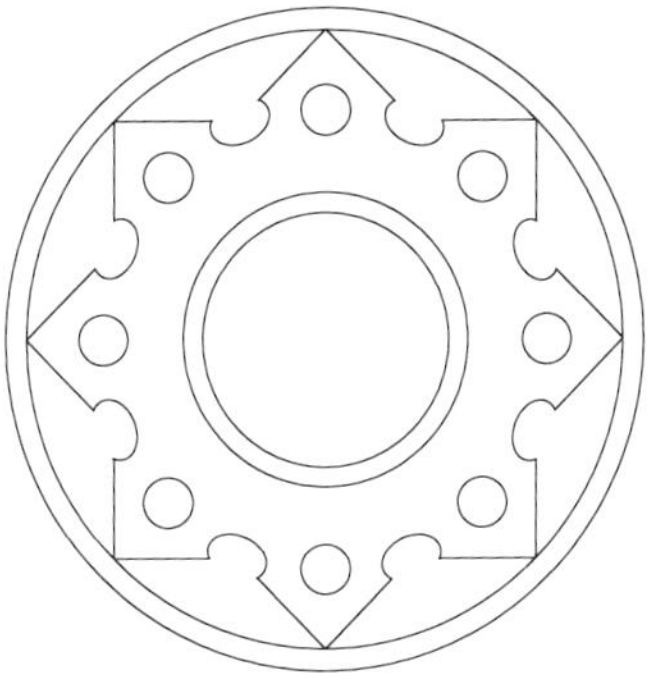

が少ないが、大輪明王曼荼羅《だいりんみょうおう》（本書第十二章参照）は八輻輪曼荼羅の典型例である。なお酒井眞典博士は、八輻輪曼荼羅は『理趣経《りしゅきょう》』系であると指摘したが、大輪明王曼荼羅も、『理趣経』の入大輪曼荼羅《じゅうだいりん》の発展形態である。

また「九格子」は、輪円あるいは方形を井桁で区切り、九つの区画に諸尊を配するものである。チベットでは、金剛界曼荼羅や『秘密集会《ひみつしゅうえ》』曼荼羅など、広義の『金剛頂経』系の曼荼羅に数多く見られる。

さらに複雑な形状の曼荼羅には、これらの基本パターンの組み合わせが見られる。具体例を挙げると、チャクラサンヴァラ六十二尊曼荼羅では、三重の八輻輪の中心に八葉蓮華が描かれる。また金剛界系の一切義成就《いっさいぎじょうじゅ》曼荼羅では、九格子の中心に四葉蓮華が描かれている。これに対して、大きな楼閣の中に複数の小さな楼閣を配した複合型の曼荼羅もある。

チベットの曼荼羅は、日本の曼荼羅にはない円形の外郭構造をもっている。そのため日本のものと著しく異なった印象を与えるが、日本の曼荼羅に対応する楼閣内部のデザインには、共通点が多いことがわかった。とくに蓮華、輪、九格子の三要素が、それぞれ胎蔵、『理趣経』、金剛界系の曼荼羅を特徴づけるものであることは興味深い。

3　内庭の塗り分けパターン

それではつぎに、曼荼羅の内庭の塗り分けを概観しよう。なお本書では次頁に、曼荼羅の主な塗り分けパターンを示した図を掲載した。あわせて参照されたい。

チベットの曼荼羅は、内庭の中心部と四方を、対応する五仏の身色にしたがって五色に塗り分ける。五仏の身色は、毘盧遮那《びるしゃな》（白）・阿閦《あしゅく》（青）・宝生《ほうしょう》（黄）・阿弥陀（赤）・不空成就《ふくうじょうじゅ》（緑）とするのが一般的だが、タントラによっては異なる配当が説かれることもある。

金剛界系の瑜伽《ゆが》タントラでは毘盧遮那が主尊となるので、内庭の塗り分けは中央（白）毘盧遮那・東（青）阿閦・南（黄）宝生・西（赤）阿弥陀・北（緑）不空成就となる（図のA）。

いっぽう瑜伽タントラの主尊が、毘盧遮那から阿弥陀に入れ替わると、中央と西の色が交代する（図のB）。これは、阿弥陀如来を部主とする蓮華部の曼荼羅の特徴である。

いっぽう『理趣経』の曼荼羅では金剛界曼荼羅と反対に、中央（白）・東（赤）・南（緑）・西（青）・北（黄）となるものが多い（図のC）。これは、金剛薩埵と欲触愛慢《よくそくあいまん》の五秘密の身色にしたがったものと思われる。

これに対して後期密教系の無上瑜伽《むじょうゆが》タントラは阿閦を主尊とするので、中央（青）阿閦・東（白）毘盧遮那・南（黄）宝生・西（赤）阿弥陀・北（緑）不空成就となる（図のD）。この塗り分けは、チベットでは最も一般的である。

また第十六章で見たように、『時輪タントラ』の曼荼羅は、中央（青）阿閦・東（黒）不空

曼荼羅の四方の塗り分け

A 金剛界曼荼羅

B 瑜伽タントラ(阿弥陀主尊)

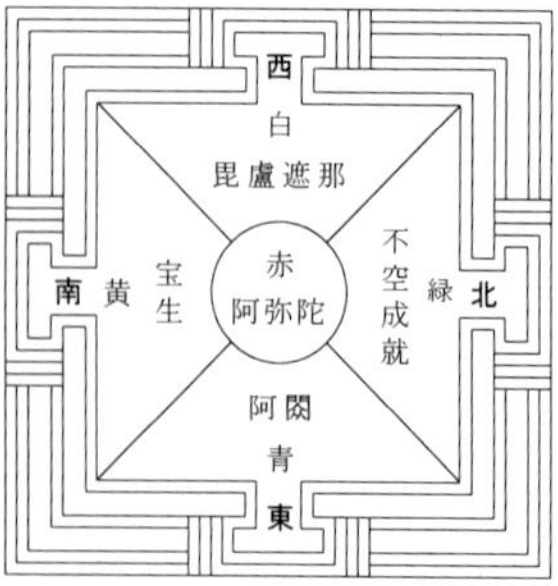

C 『理趣経』系

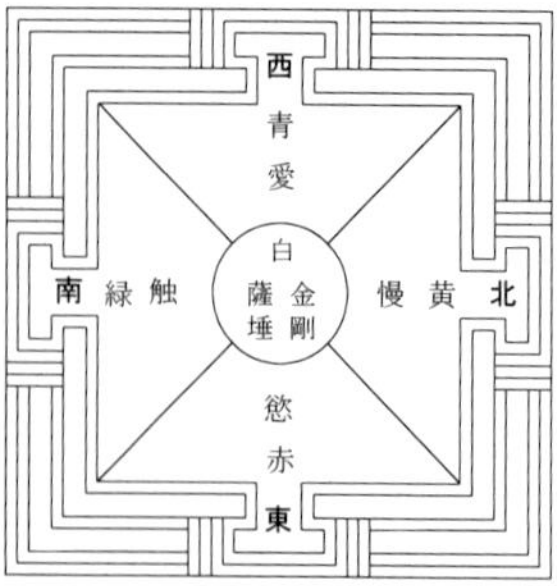

D 無上瑜伽タントラ

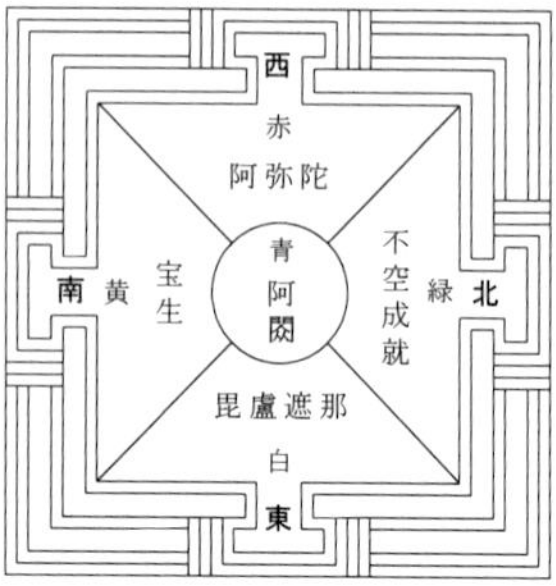

E 『時輪タントラ』

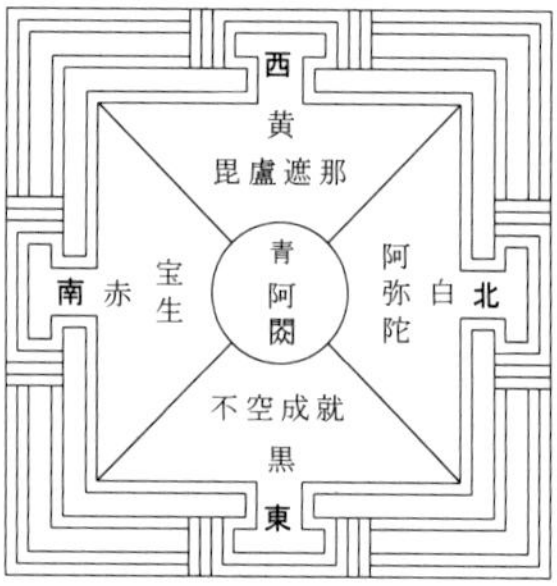

F 胎蔵曼荼羅

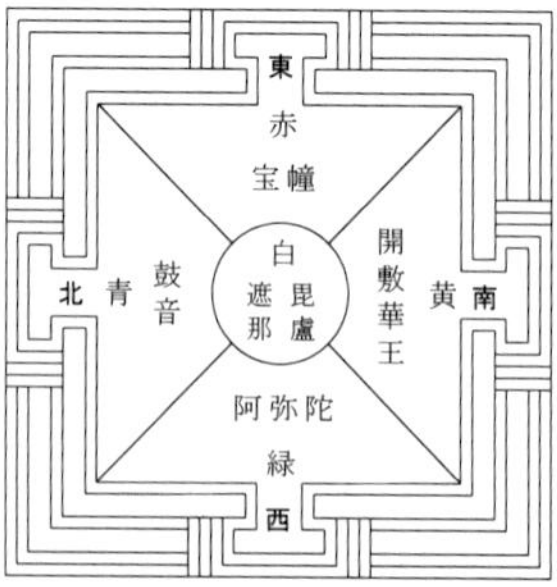

成就・南（赤）宝生・西（黄）毘盧遮那・北（白）阿弥陀という、従来とは全く異なる塗り分けを採用している（図のE）。

なおミトラ百種には含まれないが、胎蔵曼荼羅は、中央（白）毘盧遮那・東（赤）宝幢《ほうどう》・南（黄）開敷華王《かいふけおう》・西（緑）阿弥陀・北（青）鼓音《くおん》という塗り分けとなる（図のF）。

このようにチベット系の曼荼羅に見られる内庭の塗り分けには、複雑な教理的背景がある。詳しくは前述の拙著を見られたい。

4　CGによる曼荼羅の図像データベース

チベット系の曼荼羅は、上下左右完全対称の幾何学的プランをもち、一定のパターンが繰り返し現れるという特徴がある。また図像を正確に記録しなければならない曼荼羅集では、個々の曼荼羅の相違点を正しく描き分けるとともに、すべての曼荼羅に共通な要素は、判で押したように一様に表現することが望ましい。そのような点で、曼荼羅の図像データベースは、CGに最適なモチーフといえる。

CGのソフトウェアは、ドロー系とペイント系に大別される。ドロー系のソフトは、データを座標系で記述するため、どのような高解像度でも、なめらかな円や曲線が出力できるという利点がある。しかしドロー系ソフトで高解像度のCGを制作した場合、かなりのCPUパフォーマンスを必要とする。

またドロー系ソフトの間では、完全なデータの互換性が保証されていない。とくに複雑なグラデーションやテクスチャーを含む曼荼羅では、データをコンバートすると、いちいちのグラデーションの階層やテクスチャーの部分が、複雑なポリゴンに分解され、データが厖大に膨れ上がってしまうことがある。

これに対してペイント系ソフトはＧＩＦ、ＢＭＰ、ＴＩＦなど、色数や解像度に応じて、いくつもの共通フォーマットがあり、データの互換性が保証されている。またグラデーションやテクスチャーもピクセルとして出力されるので、ＣＰＵに負担をかけることがない。

そこで著者は、複雑なプランをもつ曼荼羅の輪郭線のみをドロー系ソフトで制作した後、これをプリントアウトするサイズによって適当な画素数の画像データに落とし、グラデーションやテクスチャーを含む彩色は、ペイント系ソフトで行うという方式を採用した。

この方式では、将来コンピュータやプリンターのパフォーマンスが向上し、さらに大きな画素数のデータが制作できるようになっても、ドロー系ソフトで制作したデータはそのまま、あるいは若干の改良を加えるだけで使い回すことができる。

著者が曼荼羅のＣＧを造りはじめた当初は、画像サイズが一二〇〇×一二〇〇ピクセルで、書籍のカット・イラストにしかならなかったが、現在では八四〇〇×八四〇〇ピクセルのデ

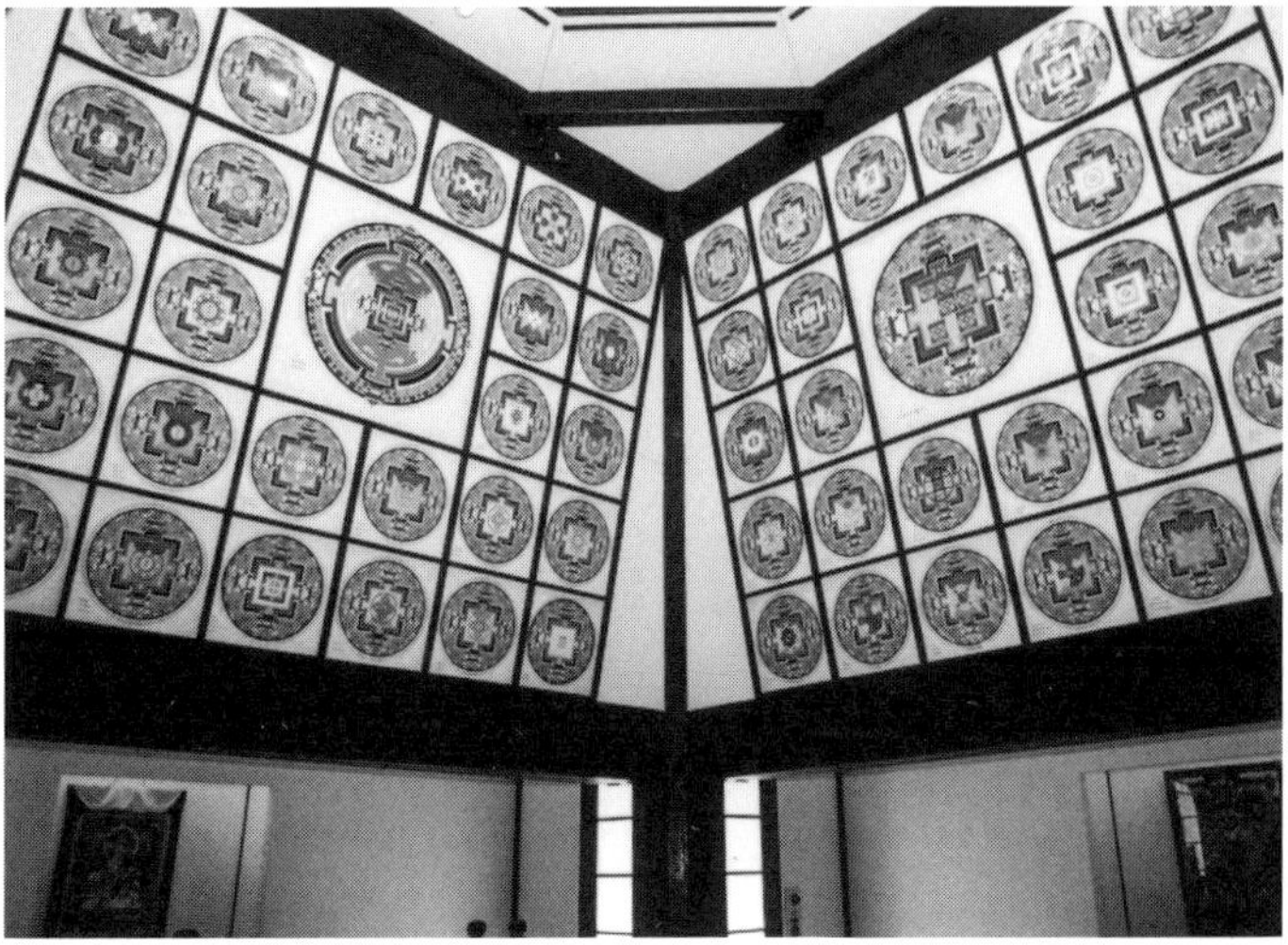

写真 55：利賀村「瞑想の郷」の CG 曼荼羅

ータまで制作できるようになった。

なお一八〇〇万ピクセルのデータでは、現在市販されている最大のプリンターで一メートル一〇センチメートル四方にプリントアウトしても、ピクセル・データであることによる画面のギザギザは、よほど注意して見ないと気づかない。

著者が制作した曼荼羅のCGは、日本全国五会場を巡回したハンビッツ文化財団の「タンカの世界」展にあわせて刊行された『タンカの世界』（山川出版社、二〇〇一年）のイラストとして、はじめて使用されたが、一点あたりの画素数は一三〇〇万ピクセルに過ぎなかった。

これに対して、著者が主任学芸員を務める富山県利賀《とが》村「瞑想の郷」の二〇〇三年度企画展に展示した作品では、画素数が三倍以上の五〇〇万ピクセルになったが、染料系のプリンターで印刷したため、褪色のため半年で撤去せざるを得なかった。

そこで著者は、複雑な構造をもつ曼荼羅の解像度を一八〇〇万ピクセルに上げるなど、データにさらなる改良を加えるとともに、褪色しにくい顔料系インクで印刷して、二〇〇六年から「瞑想の郷」の恒久的な展示物として公開している（写真55）。

エピローグ

第十八章　空海とエミール・ギメの立体曼荼羅

青色顔料「ウルトラマリン」の発明で財をなしたフランスの実業家の御曹司で、美術蒐集家のエミール・ギメが日本を訪れたのは、一八七六（明治九）年のことであった。彼は日本で精力的に美術品を蒐集したが、その中でも空海が自ら構想した東寺講堂の立体曼荼羅に深い感銘を受け、その縮小模型を京仏師の山本茂助に造らせて持ち帰った。

この立体曼荼羅は、ギメがリヨンに設立したギメ美術館の大広間に飾られていたが、その国有化（一八八五年）とパリ移転（一八八九年竣工）にともなってパリに移された（写真56）。その後一時は忘れ去られて倉庫に眠っていたが、一九六八年に修理され、イエナ通りにある別館（アネックス）に陳列されていた。また一九八九年には、国立ギメ美術館の創立一〇〇周年を記念して日本に里帰りしている。

ギメがプロトタイプとした東寺講堂諸尊は、五智如来、五大菩薩、五大明王、梵天・帝釈天、四天王の二一尊からなり、空海が請来した「仁王経《にんのうきょう》五方諸尊図」などに基づく一大立体曼荼羅であった。中央の五智如来は、柔和な姿で衆生を教化《きょうけ》する時は五大菩薩となり、仏教に敵対する悪しき者を調伏《ちょうぶく》する場合は、忿怒《ふんぬ》の形相著しい五大明王に変身する。これによって空海は、『金剛頂経』の五元論の体系を、誰の目にも明らかなように具象化したのであった。

なおギメの立体曼荼羅と東寺講堂諸尊を比較すると、ギメは空海の体系にいくつかの改変を施していることがわかる（次頁図参照）。ギメは、東寺講堂諸尊に含まれていた梵天・帝釈天を省略する代わりに、胎蔵界曼荼羅の四大菩薩を加えている。

また東寺講堂諸尊では、東西南北の諸尊は中尊の四隅に配置されていた。これは東西南北の諸尊を規定通りに配置すると、南面する東寺講堂では南・中央・北の尊格が一列に並び、前から見にくくなることを考慮したものである。また東寺講堂（現状）では、五智如来と五大菩薩は、南方尊と西方尊を前面に出し、五大明王と四天王では東方尊と南方尊が前面に出ている。これは五大明王では降三世《ごうざんぜ》（東）と軍荼利《ぐんだり》（南）、四天王では持国天《じこくてん》（東）と増長天《ぞうちょうてん》（南）が、須弥壇《しゅみだん》上で左右相称の図像となるので、前面から見たバランスを配慮したものと思われる。

ところがギメは、これらの視覚的配慮を無視し、五智如来、五大菩薩、五大明王をすべて規定通りの位置に配置している。これによってギメは、金剛界系の五元論のシステムを、ヨーロッパ人の前で忠実に再現して見せたのである。

いっぽうギメは、この立体曼荼羅に胎蔵系の四大菩薩を加えている。現状では、この四大菩

写真56：エミール・ギメの立体曼荼羅（部分）（Photo©RMN-Grand Palais (MNAAG, Paris)/Thierry Ollivier / distributed by AMF）

東寺講堂諸尊とギメの曼荼羅

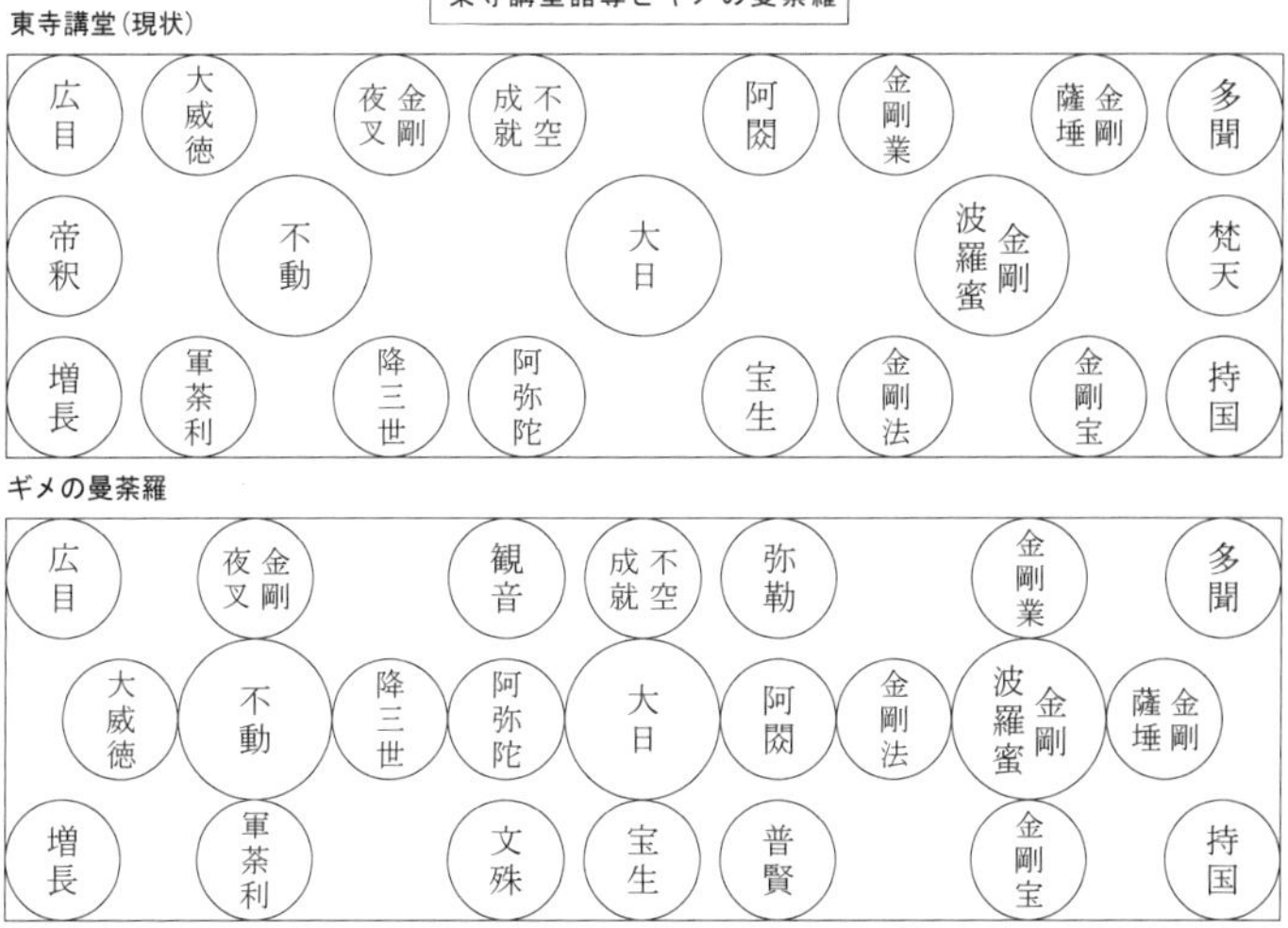

現状では金剛界の四大転輪王と胎蔵の四大菩薩が入れ替わっている。

薩は五大菩薩の中尊、金剛波羅蜜の四方に置かれているが、この配置には疑問がある。おそらく当初は、胎蔵系の四大菩薩は、胎蔵界曼荼羅の中台八葉院と同じように、主尊大日如来の四隅に配置されていたのではないだろうか。このように考えると、この配置は本書第十四章で紹介した修験《しゅげん》恵印《えいん》流の総曼荼羅と一致し、まさにフランス版の両部統合の試みといえるように思われる。

なおこの立体曼荼羅は、一八七八年のパリ万国博覧会に展示されて大きな反響を呼び、ヨーロッパに曼荼羅が知られる機縁を作った。そして現在、マンダラはすでに世界語の地位を確立しているといってよい。

しかし現代の欧米では、中国日本系の両界曼荼羅より、むしろチベット系の曼荼羅が知られている。これは一九五九年のチベット動乱以後、チベット仏教が欧米に急速に普及したためである。しかし本書で見たように、チベットに伝えられた後期密教系の曼荼羅は、金剛界曼荼羅のシステムが、インドにおいてさらに発展したものである。したがってその五元論の体系を、はじめてヨーロッパに紹介したギメの立体曼荼羅の歴史的意義は大きい。そしてそれが胎蔵系の要素を加味していたことは、両界曼荼羅が日本の宗教文化にどれほどの影響を与えたのかを、改めて認識させるものといえよう。

なおギメの立体曼荼羅は、ギメ美術館の改組に伴い、再び倉庫に収容されてしまった。著者は、欧米に曼荼羅の存在を知らしめた記念碑的な作品が、再び世に出ることを願っている。

あとがき

著者が、紺野敏文教授（当時）のご紹介で、慶應義塾大学文学部で美術史特殊講義を講じるようになったのは、二〇〇一年のことである。そこで二〇〇四年に『両界曼荼羅の誕生』（春秋社）を刊行し、慶應義塾の教科書として採用することになった。

これに先立つ二〇〇二年の夏、著者は文化人知識人の親睦団体「エンジン01」の高野山合宿に際して、講師の委嘱を受けた。高野山のシンボル＝根本大塔は、『金剛頂経』が発見された「南天鉄塔」をモデルに、空海が構想したものである。そこでこの機会に、両界曼荼羅と南天鉄塔について話すことにした。本書のハイライトともいうべき第十章第四節「南天鉄塔の謎を解く」は、この高野山での講演がベースになっている。

ところが『両界曼荼羅の誕生』は二〇一六年に初版完売し、版元品切れとなってしまった。そこで二〇一七年に『両界曼荼羅の仏たち』（春秋社）を刊行して、教科書として三年の間、講義を続けてきた。『両界曼荼羅の誕生』が両界曼荼羅の根幹をなす五仏や、三部・五部といった尊格群を中心とした概説であったのに対し、『両界曼荼羅の仏たち』は、曼荼羅に描かれる一々のほとけに焦点を当て、個別の尊格を中心に曼荼羅の成り立ちを見てきた。そのような点で『両界曼荼羅の仏たち』は、前著『両界曼荼羅の誕生』と相互補完的な関係にあり、両書があいまって曼荼羅理解の深化に資するものと自負していた。

ところが慶應義塾の教科書に指定したところ、『両界曼荼羅の仏たち』に準拠した講義は、内容的に難しかったという意見が、期末のレポートで寄せられるようになった。著者の本務先である東方学院や東京大学仏教青年会など、仏像彫刻や写仏の講座があるところでは、『両界曼荼羅の仏たち』で説いた曼荼羅の仏たちの信仰史、持物・印相の象徴性などは、有益な知識であったが、美術史や宗教学だけで仏教関係の学科がない慶應義塾のような総合大学では、同著の内容は専門的すぎたのである。

そこで前著『両界曼荼羅の誕生』の構成を活かしつつ、講義の中で補足的に説明していた点を付け加えて、大幅な増補改訂を施したのが本書『両界曼荼羅の源流』である。

なお本書執筆中の二〇一九年に、著者を慶應義塾にご紹介頂いた紺野敏文先生が亡くなられた。筆者も本年中に六五歳を迎えるため、慶應義塾の講義は来年度で終了する。長年に亘る講師生活の集大成として、新たに刊行された本書を教科書として、有終の美を飾りたいと考えている。

いっぽう南天鉄塔をモデルとする根本大塔が聳える高野山大学からは、令和二年度から通信制で曼荼羅の講座の委嘱を受けた。高野山大学は定年が七〇歳のため、これからも本書を教科書とすることができる。まもなく真言宗立教開宗一二〇〇年を迎える高野山で、南天鉄塔の謎を解明する本書を教科書として、スクーリングを行うことを、今から楽しみにしている。

そのように本書は、筆者が本務先の東方学院や各大学で、曼荼羅の講義・講演を行う際の教科書として書かれた。しかし講義の受講者だけを対象としていたのでは、とても一〇年ばかりの間に初版完売することはできなかった。一般読者にお買い上げ頂いた部数は、少なく見積もっても大学・講演の受講者が購入した部数の一〇倍以上になるであろう。このように前著は、密教や曼荼羅について関心をもつ一般読者にも幅広く支持されてきたし、その増補改訂版である本書もまた、一般読者に親しんで頂けるものと自負している。

本書の成るにあたっては、春秋社の神田明社長、豊嶋悠吾氏のお世話になった。また観蔵院曼荼羅美術館からは染川英輔氏の筆になる両界曼荼羅の図版提供を受け、奈良国立博物館、富山県立山博物館、富山県南砺市利賀村「瞑想の郷」、ハンビッツ文化財団（韓国）、根津美術館、フランス国立博物館連合（RMN）、東寺、當麻寺、松尾寺、百済寺、頼富本宏先生（故人、版権所有者＝頼富本典師）、土谷遙子先生、仲田順和先生、田治見美代子氏、Ulrich von Schroeder氏からも、貴重な資料写真の提供を受けた。また本書で言及した以外にも、多数の研究者の著書、論文を参照させていただいた。末筆となってはなはだ恐縮であるが、記して感謝の意を表させていただきたい。

二〇二〇（令和二）年二月一七日

著者

高橋尚夫・野口圭也・大塚伸夫 編

空海とインド中期密教

『大日経』『金剛頂経』『理趣経』等、インド中期密教を代表する経典の思想・実践・曼荼羅の特徴を挙げ、真言宗の祖・空海がそれをどのように受容し、かつ展開したかを探る。

２８００円

高橋尚夫・木村秀明・野口圭也・大塚伸夫 編

初期密教 思想・信仰・文化

わが国では「雑密」と呼ばれてきた初期密教を、「主要経典」「陀羅尼・真言」「図像・美術」「修法・信仰」の四つの面から、碩学と新進気鋭の研究者22人が総合的に解説する。

４２００円

田中公明

両界曼荼羅の仏たち

胎蔵・金剛界の両界曼荼羅に描かれる一々の尊格に焦点を当て、その成立に至る歴史的経緯・象徴するもの・図像表現を、図表や写真を豊富に用いて明快に紹介。図版95点。

２８００円

田中公明

仏教図像学 インドに仏教美術の起源を探る

仏像や仏画に込められた象徴的意味を読みとる「仏教図像学」の本邦初の入門書。ガンダーラ仏から菩薩、天部、忿怒尊、曼荼羅まで仏教美術を総合的に解説。図版１７０点。

２６００円

田中公明

千手観音と二十八部衆の謎

インドでは見つかっていない千手観音像、それを守護する二十八部衆の起源、文法的に間違っている大悲呪など、多くの謎を徹底的に解明した史上初の千手観音の解説書。

２５００円

※価格は税別

【著者紹介】
田中公明（たなか きみあき）
1955年、福岡県生まれ。1979年、東京大学文学部卒。同大学大学院、文学部助手（文化交流）を経て、（財）東方研究会専任研究員。2014年、公益財団化にともない（公財）中村元東方研究所専任研究員となる。2008年、文学博士（東京大学）。ネパール（1988-1989）、英国オックスフォード大学留学（1993）各1回。現在、東方学院講師、慶應義塾大学講師、東洋大学大学院講師、高野山大学客員教授（通信制）［いずれも非常勤］、富山県南砺市利賀村「瞑想の郷」主任学芸員、チベット文化研究会副会長。密教や曼荼羅、インド・チベット・ネパール仏教に関する著書・訳書（共著を含む）は本書で57冊となり、論文は約140編。詳しくは、下記の個人ホームページを参照。http://kimiakitanak.starfree.jp/

両界曼荼羅の源流

2020年3月20日　第1刷発行

著　　者　田中公明
発 行 者　神田　明
発 行 所　株式会社 春秋社
〒101-0021　東京都千代田区外神田2-18-6
電話　03-3255-9611（営業）
　　　03-3255-9614（編集）
振替　00180-6-24861
https://www.shunjusha.co.jp/
装 幀 者　鈴木伸弘
印刷・製本　萩原印刷株式会社

ISBN978-4-393-11259-5　　定価はカバー等に表示してあります

索　　引

サ

シ

リ

ル

レ

ロ

ワ

図表リスト

第六章　現図曼荼羅の成立

第七章　南天鉄塔の謎

第八章　三部から五部へ

第九章　教理命題の尊格化

第十章　五元論の完成

第十一章　両界曼荼羅の源流をチベットに訪ねる

第十二章　別尊曼荼羅の世界

第十三章　浄土・法華系の曼荼羅

當麻曼荼羅（當麻寺所蔵、辻本米三郎撮影／便利堂、写真原板所蔵・日本写真保存センター）／旋転曼荼羅と不旋転／法華曼荼羅（松尾寺所蔵）／日蓮宗宗定本尊

第十四章　神仏習合と修験道系の曼荼羅

日吉神社の上七社／山王本迹曼荼羅（百済寺所蔵、『特別展　琵琶湖をめぐる近江路の神と仏　名宝展』より転載）／山王本迹曼荼羅（百済寺）／立山曼荼羅（大仙坊所蔵、富山県［立山博物館］写真提供）／修験恵印総曼荼羅（仲田順和提供）

第十五章　『秘密集会』の曼荼羅

『秘密集会』曼荼羅（ハンビッツ文化財団　図録 3-1）／最上百族の定寂身

第十六章　曼荼羅とコスモロジー

身口意具足時輪曼荼羅（ハンビッツ文化財団［ソウル］　図録 4-1）／身口意具足時輪曼荼羅（意密曼荼羅）／『時輪タントラ』の三十六尊と六部への配当関係／時輪曼荼羅の基本構造／須弥山世界の四大輪と身口意具足時輪曼荼羅

第十七章　CG を用いた曼荼羅の図像データベース

曼荼羅における３種の基本パターン／曼荼羅の四方の塗り分け／利賀村「瞑想の郷」の CG 曼荼羅

第十八章　空海とエミール・ギメの立体曼荼羅

エミール・ギメの立体曼荼羅（部分）（Photo©RMN-Grand Palais (MNAAG, Paris)/ Thierry Ollivier/ distributed by AMF）／東寺講堂諸尊とギメの曼荼羅